Tatuaż z tryzu

Ziemowit Szczerek

Tatuaż z tryzubem

wydawnictwo czarne

Wołowiec 2015

Projekt okładki Agnieszka Pasierska / Pracownia Papierówka
Projekt typograficzny Robert Oleś / d2d.pl
Fotografia na okładce © by Jerome Sessini / Magnum Photos / Forum

Copyright © by Ziemowit Szczerek, 2015

Redakcja Tomasz Zając
Korekty Gabriela Niemiec / d2d.pl, Małgorzata Tabaszewska / d2d.pl
Redakcja techniczna Robert Oleś / d2d.pl
Skład pismem Warnock Pro Małgorzata Poździk / d2d.pl

Wydrukowano na papierze Ecco book 70 g/m² vol. 2,0,
dystrybuowanym przez firmę Antalis Sp. z o.o.

ISBN 978-83-8049-177-9

Chodź, pomaluj moją postapokalipsę
na żółto i na niebiesko

Wieczór był piękny, a droga – masakra. Oznakowanie dróg – też. Przez otwarte okno auta wdychałem zapach Hałyczyny: zapach łąk, spalin starych aut, zapach pyłu z dróg. Czasem jakichś zwierząt, krów czy koni. Na wsi – zapach wsi: gnojówki, mleka, koszenia. Nagrzanych słońcem kamieni, tynku i drewna. Czasem plastiku, czasem – palonej gumy. Opon czy cholera wie czego.

Co chwila się gubiłem. Co tu kryć: drogi po prostu prawie nie było. Nie było jej widać spod dziur. Za jakiś czas, myślałem, próbując nie urwać zawieszenia, te drogi po prostu nie będą przejezdne. Nie będzie drogi, skończy się. Wyczerpie, jak wkład w długopisie. Wyglądało to wszystko tak, jakby wszyscy naprawdę uwierzyli, że niepodległe państwo jest boskim bytem, który ogarnie się sam.

Z rzadka pojawiało się auto, którego kierowca, podobnie jak ja, jechał pięć na godzinę i lawirował od skraju jezdni do skraju jezdni. I mielił pod nosem przekleństwa albo, pogodzony z rzeczywistością, gadał sobie przez komórkę, jednocześnie wykręcając piruety kierownicą.

Jedyna manifestacja faktu, że działało tu jakieś państwo – była w malowaniu. Co tylko się dało, pomalowano na żółto-niebiesko. Państwo ukraińskie nie było w stanie nadać przestrzeni własnej formy, nie umiało jej apdejtować, więc choć opanowywało ją symbolicznie. Żeby nikt jej przypadkiem nie zwinął.

*

Wszystko więc było na żółto-niebiesko. Powyginane barierki przy drogach i mostach, przystanki autobusowe. Na przystankach wymalowani Kozacy z szablami, Niebiańska Sotnia z Majdanu, tryzuby, upowcy i portrety Bandery. Żeby nie zapomnieć, że *szcze ne wmerła* Ukraina. Że jednak jest. Wyglądało to wszystko jak partyzanckie państwo ukraińskie. Bo Ukraina, spętana przez okoliczności wewnętrzne i zewnętrzne, niezdolna do wylewania asfaltu, malowania pasów, ogarniania wsi i miasteczek i tych wszystkich rzeczy, które zazwyczaj robi państwo – ograniczyła się do koniecznego minimum egzystencji. I teraz wysyłała tylko sygnały z podziemia: jeszcze tu jestem. Jeszcze żyję.

Malowano na żółto-niebiesko co się dało. Tu ławeczkę, tam rynienkę. Stare, socjalistyczne place zabaw. Opony robiące za ogrodzenia. Widziałem nawet pomalowanego na żółto-niebiesko starego dostawczego ziła, który dożywał sobie swoich dni zaparkowany pod jakimś sklepem.

Jeździłem po zadupiach: Pustomyty, Szczerzec, Łany, Kahujów, Horbacze. Wsie były spokojne. Puste wręcz. Czasem jakiś pies poszczekał, czasem jakiś rudy kot smyknął.

Czasem mijałem stare polskie cmentarzyki. Były dokładnie takie same jak stare cmentarze niemieckie na Dolnym Śląsku, w Lubuskiem czy na Pomorzu. No, może krzyże bardziej toporne, może więcej betonu, a mniej kamienia, może liternictwo nie aż tak koronkowe. Ale chodziło o to samo: kruszejące nagrobki z martwymi nazwiskami sterczące pomiędzy dzikimi chaszczami, pomiędzy starymi drzewami. Wydawało się, że nikt już o tych nagrobkach nie pamiętał. Tu i ówdzie płowiały jakieś biało-czerwone flażki, pozostawione przez odwiedzające rodziny albo jakichś kresowych romantyków. Dookoła wytryskała bujna zieleń. Wychodziłem z tych cmentarzyków i znów zapuszczałem się w kraj. Wokół niebieszczały się i żółciły pozostałości po radzieckiej cywilizacji.

*

Nowe cmentarze, ukraińskie, wyglądały prawie tak samo jak współczesne cmentarze polskie. Proste płyty, proste litery. Tu i ówdzie widać było te laserowo wycinane portrety zmarłych, tak popularne w całej Europie Wschodniej, od Kamczatki po Serbię. W Polsce z jakiegoś powodu się nie przyjęły. A przecież wschodnioeuropejskie trendy się w Polsce raczej przyjmują, od dresiarskiej subkultury począwszy, na zabudowywaniu balkonów skończywszy. A to – nie. Patrzyły więc na mnie laserowo wycięte oczy staruszek w chustkach na głowach i dziadków z przylizanymi włosami, którzy, gdyby za życia ktoś im powiedział, że będą mieli laserowo wypalone podobizny na grobach, toby się przeżegnali i uciekli ze strachu.

Tu też, na cmentarzach, było żółto-niebieskie malowanie. Na płotach, na bramach. Na pomnikach ukraińskich bohaterów leżały wieńce i kwiaty.

*

Słońce spadło już prawie na ziemię, niebo spomarańczowiało i zaczęło to wszystko wyglądać jak po zagładzie nuklearnej. Nie było to takie znów dalekie od prawdy. Apokalipsa już się na tej ziemi odbyła i teraz wszystko powoli, spokojnie doniszczało się. No okej, czasem coś naprawiano, ale było to naprawianie nie do końca serio, jakby w oczekiwaniu, że na prawdziwą naprawę nadejdzie jeszcze czas. Kiedyś, kiedy będzie lepiej. Za piętnaście Majdanów.

*

W miejscowości Opary na żółto-niebiesko pomalowano blaszany okap przystanku. Na tym żółto-niebieskim naszkicowano Kozaka. Ciało miał na żółtym, głowę już na niebieskim, wyglądał więc trochę tak, jakby mu ją dokręcono. W dłoniach trzymał dwie nagie szable. Stał po pas w chmurach. W oparach. Pewnie chodziło o symboliczne przedstawienie kogoś z Niebiańskiej Sotni, ale wyglądało to jak przerysowany na ścianę plakat jakiegoś filmu. Tak jak to robią w Afryce. Koślawo, ale z sercem.

*

Chmury, z których wystawał Kozak, były białe. Tą białą farbą z rozpędu machnięto też zdychający i kruszejący murek przy przystanku. To musiało być wygodne dla władz lokalnych, myślałem, omijając dziury w jezdni. Kupuje się żółtą i niebieską farbę i wręcza jakiemuś patriocie przejawiającemu zdolności plastyczne. Artysta patriota, myślałem, zawsze się znajdzie, namaluje, a potem jest spokój z remontem przez kolejnych parę lat.

Na zielonym, krzywym koszu na śmieci stojącym obok napisano „PTN PNH". *„Putin, poszoł na chuj".* Nikogo na przystanku nie było. W ogóle w zasięgu wzroku nikogo nie było. Porządna, prowincjonalna apokalipsa.

*

Tak samo działo się, pamiętam, na Krymie, w czasie gdy jeszcze rządziła tam Ukraina. Wszystko żółto-niebieskie. Barierki, ściany, bramy. Czasem nawet słupy. Tak jakby się spodziewali tego, co się stanie, i chcieli, żeby Rosjanie mieli w cholerę skrobania, czyszczenia, przemalowywania. Pewnie zresztą mieli. Pewnie nadal mają, bo tego ot tak sobie usunąć się nie da. Cały Krym był żółto-niebieski.

To samo w Donbasie, to znaczy – tej jego części, która pozostała pod władzą Kijowa. W Krasnoarmijśku na żółto-niebiesko pomalowano gigantyczny betonowy napis z nazwą miasta na wlotówce. Przy okazji machnięto też w te kolory płaskorzeźbę krasnoarmiejca w budionówce. Nawet gwiazdy mu z czapki nie skuto.

I stał tak, smutny, żółto-niebieski wojak Armii Czerwonej, jak gdyby zwycięzcy wypalili mu na czole swoje piętno. Wyglądał jak upokorzony jeniec.

*

Czekaliśmy na marszrutkę z Kramatorska do Słowiańska. Jakiś czas wcześniej ukraińskie wojsko wygoniło z obu miast separatystów i teraz na żółto-niebiesko pomalowane było wszystko, co się dało. Lenin, bo wtedy jeszcze w Kramatorsku stał, pomalowane miał nogawki i cokół. Tryzub wymalowano nawet na kiosku z czeburekami. Tutaj to malowanie nie wyglądało jak maskowanie niemożności. Tutaj to wyglądało jak taniec zwycięstwa. Bardzo smutny taniec, zimowy i ponury, bo wydawało się, że między Kramatorskiem a Słowiańskiem są tylko dwa kolory, zimowe: czerń i biel. Ta żółć i ten błękit, generalnie kojarzące się przecież z latem, ze słonecznym niebem, nie ożywiały niczego. Nie robiło się od nich lżej.

Bo trwała zima, śnieg przyczerniał, po oblodzonych schodach dworca wchodziły ostrożnie staruszki w ciężkich paltach. Główna hala autobusowego dworca była upiornie pusta, tylko w rogu trząsł się z zimna jakiś pies. Przed budynkiem kilku żołnierzy z ukraińskimi emblematami na ramionach zaczepiało dziewczynę. Ta popatrzyła na nich z pogardą i palcami pokazała im, jakie, według niej, mają. Żołnierze rozrechotali się, ale jakoś niepewnie. Miało to być rozrechotanie szydercze, ale nic z tego nie wyszło, bo kilku podróżnych oczekujących na marszrutki lekko się uśmiechnęło i odwróciło wzrok. To wystarczyło: kramatorski *vox populi*, a raczej *risus populi*, rozstrzygnął, kto wygrał, i żołnierze zaczęli szurać butami, chrząkać coś niepewnie, po czym zwinęli się gdzieś za jakieś budy, których było w okolicy pod dostatkiem. Jak to we wschodnich miastach przy dworcach, od Odry po Ocean Spokojny. Wyglądali jak spłoszone dzieciaki, którymi zresztą byli. Budy i tu pomalowano na żółto-niebiesko.

– Poszli sobie mierzyć – rzuciła jakaś kobiecina w wielkiej futrzanej czapie i cały peron zaczął się śmiać, i był to jeden z tych wyzwalających śmiechów. Ludzie chichotali i cały ten przygniatający pejzaż zimowego Kramatorska przestał tak bardzo przygniatać.

*

Podjechała marszrutka z butlami z metanem na dachu, wyglądającymi, jakby zaraz miały eksplodować i litościwie obrócić w gruzy całą okolicę. Do przedniej szyby przyklejona była plastikowa koszulka na dokumenty z kartką A4 z napisem „Słowiańsk" w środku. Ludzie się uspokoili, przestali rechotać, wsiedli i znów popadli w ciężką depresję. Było białawo-czarnawo, sino i szaro. Na przydrożnych słupach elektrycznych namalowano żółto-niebieskie pasy. Wszędzie na tej samej wysokości, jak gdyby ktoś, jadąc samochodem, wystawiał przez okno dwa pędzle.

W tym biało-czarnym i sinym też niszczały pozostałości radzieckiej cywilizacji, jak ruiny padłego imperium.

A niszczały te pozostałości wszędzie, jak Ukraina długa i szeroka. Bo Związek Radziecki budował szeroko, z gestem. Miał, w końcu, przegonić cały świat.

Wyznaczyć nowe światowe centrum i zamienić dotychczasowe centra w peryferie. To nie Moskwa i stolice
wszystkich republik miały gonić Paryż i Nowy Jork,
tylko odwrotnie. To Francja i Ameryka miały gonić
Nowy Rzym i Nowe Ateny.

Tak więc Związek Radziecki budował, budował
i budował, ignorując fakt, że buduje na wyrost. Że
uprawia kult cargo. Związek Radziecki myślał, że jeśli
zbuduje Nowy Rzym tutaj, na końcu Europy i świata,
w krainach, które krańcowość mają w nazwie, to
one same zamienią się w Nowy Rzym. Że Rosjanie,
Ukraińcy, Białorusini, Tadżykowie, Kazachowie, Aze-
rowie – zamienią się w Nowych Rzymian. Tak się nie
stało i gdy ideologia napędzająca Związek Radziecki
zaczęła się wyczerpywać, gdy przestała wypełniać
człowieka radzieckiego i Związek Radziecki swoją
treścią – ten człowiek radziecki i Związek Radziecki
po prostu wrócili do dawnej formy jak dmuchana
zabawka, z której zeszło powietrze. Wrócił do swoich
nieostrych kategorii narodowych, z hal wykładowych
i muzeów ateizmu wrócił do cerkwi i meczetów. Opuś-
cił te wielkie fabryczyska, bo nie był w stanie ich używać tak, by to nadal miało sens. W pobudowanych mu
milionowych miastach zaczął żyć tak jak na dawnych
wsiach, klecąc na balkonach szopy, z czego się tylko da,
i hodując pod blokami warzywa. Z Nowego Rzymu
uszło powietrze i prowincja znów stała się prowincją.
Jego ziemie ukrainne znów stały się Ukrainą. I ruiny
niedoszłego Nowego Rzymu niszczały teraz wśród
traw i śniegów, malowane na żółto-niebiesko.

*

Cywilizacje powstawały przy rzekach. Przy ciągach komunikacyjnych. Egipskie miasta – przy Nilu, mezopotamskie – wzdłuż Eufratu i Tygrysu. Nawet polska, nie do końca opierzona cywilizacja kształtowała się wzdłuż Wisły i dróg handlowych. Waregowie podporządkowywali sobie ruskie osady leżące wzdłuż Dźwiny i Dniepru – na szlaku od Waregów do Greków. Na arterii. Arterią Kijowa jest metro. To przy jego stacjach, jak przy rzece, powstały wewnątrzkijowskie miasteczka: ciągi wąskich uliczek między straganami. Cywilizacja prowincjonalnego Kijowa, tego poza Chreszczatykiem, dzielnicą rządową, poza ulicami wokół Złotej Bramy i Padołem. Poza tymi miejscami, w których funkcjonuje nowy kijowski gród z jego nową arystokracją i bogatym mieszczaństwem. Przedmieścia jeżdżące metrem, dojeżdżające do jego stacji marszrutkami i autobusami – funkcjonują tu, w tych przymetrowych miasteczkach.

A te miasteczkoidy wyglądają jak odpowiedniki arabskich medyn czy zachodnioeuropejskich uliczek handlowych w starych miastach. Stragany kryte niebieskim brezentem, na nich majtki, skarpety, płyty z filmami z Moskwy i Hollywoodu, bo wszystko tu jest zawieszone pomiędzy dwoma centrami, między Zachodem a Rosją, która sama przecież jest kopią Zachodu, tylko przerobioną przez swoistość swojej prowincjonalności i zionącą na ten Zachód takim hassliebem, jakiego świat nie widział. Która gra z Zachodem w tchórza, by mu udowodnić, co to nie ona. I tupie nogą, wściekła wściekłością pokracznego i niekochanego dziecka, aż miasta się trzęsą, aż państwa się walą.

*

Na tych targowiskach, tych medynach, tych miasteczkach tworzących się przy portach ciągu kijowskiego metra można więc kupić wszystko, co jest potrzebne do życia. I przy okazji dowiedzieć się – ile jest potrzebne. Bo rzeczy niepotrzebnych tu nie ma. To trochę smutne miejsca, bo przypominają o fakcie, że człowiek jest zwykłym mechanizmem o ograniczonej liczbie podstawowych funkcji. No i tak: kurtki i czapki zimą, szorty i podkoszulki latem. Dresy domowe, kapcie, buty sportowe i niedzielne. Te sportowe to najczęściej podróby najnowszych modeli najków, riboków i adidasów, które ciągną tutaj ze szwalniczych dzielnic Stambułu, wyładowywane są w Odessie, w brzydkim porcie, a potem rozlewają się po całym kraju i jego okolicy: pociągami, marszrutkami, samochodami, autobusami, między kruszejącymi ogrodzeniami zamkniętych dawno temu fabryk, między błękitno-żółto malowanym betonem. Szybko się te buty rozwalają i rozklejają, krzywe ściegi ranią stopy – ale są tanie. Zresztą wszystko na tych bazarach jest tanie. O to chodzi: Nowy Gród kijowski, sklepy przy Chreszczatyku i wokół Majdanu, restauracje – to wszystko ceny dla nowej elity, arystokracji. Dla mieszkańców Nowego Grodu. Tutaj, na podgrodziu, na bazarach, przy metrze, wszystko jest na kieszeń zwyczajnych ludzi. Na kieszeń i na gust. Zamiast restauracji japońskich, tajskich i ekskluzywnych gruzińskich – czebureki, hot-dogi i chaczapuri ze straganu. Zamiast skrzących się diamentowym światłem butików z ciuchami o wartości ciężkich dolarów, z koszulami za dwie emerytury i butami za cztery – ciuchy na wagę. Albo i nowe. Też z Turcji, może z Chin, czort wie skąd.

A tamte, z butików, to niby, kurwa, skąd? – prychają ludzie z podgrodzia, z przymetrza i wydymają pogardliwie wargi.

Bluzki damskie, bluzy męskie – i odwrotnie. Te wszystkie czarne kurtki, te słynne stereotypowe czarne kurtki, w których biega cała Poradziecja – też stąd. Cała moda. Ciemne dżinsy, czasem nawet z taką fanaberią jak przetarte fabrycznie dziury. Podkoszulki z napisami haftowanymi błyszczącą nitką. Lejące koszule i spodnie od dresu. Buty z długimi noskami, białe, wsuwane mokasyny, swetry we wzory. Wszystko stąd.

Wisi to wszystko na manekinach, a manekiny jak półtusze ludzkie: bez głów, bez rąk, często same torsy. Same nogi prezentujące pończochy i spodnie. Te niewykorzystane – pospinane łańcuchami jak niewolnicy na targu. Podstawowy sprzęt elektroniczny: małe, tanie radia, tanie odtwarzacze CD i DVD, telefony komórkowe i karty do nich. Spożywczaki, mięsne; warzywa i owoce, przyprawy, sery i mleko. Czipsy, dziesiątki rodzajów piwa i wódki, papierosy. Słodycze. Kilka sklepów z narzędziami. Gazety i magazyny, w tym te stare, sprzed tygodnia czy tygodni. Krzyżówki, żeby starsze panie i panowie mieli nad czym łamać głowę w metrze, w kuchni, na działce, przed snem. Żeby prostymi hasłami i wpisywanymi w kratki cyrylickimi literami zapełnić czas, zapełnić dziurę po sensie życia, po państwie, po świecie, po historii, po przyszłości, po rzeczywistości, bo to, co się dzieje teraz, to tylko erzac, to tylko ociekający krwią, śliną i spermą erzac, w który po prostu można się wkręcić albo nie, ale który trudno brać na serio.

No i właśnie, tu i ówdzie stragany z patriotyzmem. Z podkoszulkami z tryzubem, niebiesko-żółtą flagą. Czasem z Banderą. Z napisem „PTN PNH" czy „Putin chujło". Z Kozakiem z szablą albo z samopałem. Z koprem, czyli po rosyjsku „ukropem", bo tak właśnie, „ukropami", Rosjanie nazywają Ukraińców, i Ukraińcy uznali, że to jest w sumie *cool*, więc włączyli koper w poczet symboli narodowych.

Starsi ludzie obwąchują z nieufnością te stoiska, te tryzuby, te flagi, te dresy żółto-niebieskie z napisem „UKRAINA" na plecach, te kokardy w barwy narodowe, żeby sobie we włosy wpinać, te pierścionki z godłem. Ale młodzi się kręcą, przymierzają, oglądają, podnoszą. Patrzą tylko na metki: jeśli *made in China* czy *made in Bangladesh*, to spoko. Ale jeśli *made in Russia*, to z czym do ludzi.

Przed stacjami, na parkingach samochody z ponaklejanymi paskami z motywem ludowych wycinanek. Czasem, na jednym czy drugim aucie, ukraińska flaga.

*

Są też tacy, którym się to wszystko nie podoba. Gapią się ponuro na żółto-niebieską modę, na Bandery i tryzuby, ale niewiele mówią. Nie wychylają się, bo trochę nie pora. Od Majdanu nie minęło wiele czasu, na granicach – wojna. Nie podoba im się, gdy słyszą, że ukraińskość spłynęła na ludzi jak błogosławieństwo, a wcześniej nie było nic. Jakaś nieokreślona „radzieckość". Radzieckość to też było coś. To też była tożsamość. A jeśli nie radzieckość, to choćby świat języka rosyjskiego, rosyjskiej kultury. „Russkij mir". Rosjanie, Ukraińcy, Białorusini – wszystko to byli „nasi". Niektórzy Mołdawianie pewnie też, pewnie niektórzy Litwini. Bo Kaukaz, Azja Środkowa – to już nie. To już obcy. Radzieccy – ale jednak obcy. Bardziej „oni" niż „my". Więc nie, to nie tak, że przed ukraińskością nic nie było. Ukraińskość, według nich, jest czymś nienaturalnym. Gdyby ktoś ich pytał, to Ukraińcy są prawdziwymi separatystami, bo odrywają się od „russkogo mira", a nie odwrotnie. Ale nikt ich nie pyta, to co się będą narzucać.

Niektórzy – gdy zagadać – pomruczą, pomruczą, ponarzekają, pomarudzą, ale powściągliwie. Powiedzą, że są sceptykami. Nie, że są za czymś czy przeciw czemuś – oni tylko zadają pytania. Zachodu, mówią, nigdy tu nie było i nigdy nie będzie. Złodzieje natomiast zawsze byli i będą zawsze. Janukowycz, mówią, owszem, był złodziejem i bandytą, bo każdy, kto rządzi, jest złodziejem i bandytą, ale kurs hrywny był stabilny i ogólna sytuacja – też mniej więcej stabilna. A teraz cholera wie, co będzie i co robić. Dawniej wiadomo było, komu ile dać, żeby załatwić i żeby był święty spokój. Teraz w sumie też wiadomo, bo korupcja, jaka była, taka i jest, ale zamęt się zrobił i czort wie, co będzie jutro. I tylko głowa od tego wszystkiego boli. Od tego krzyku „sława Ukrainie", od tego żółto-niebieskiego. A ile farby na to idzie. Nie lepiej to na chore dzieci dać?

Na jednym z bazarów siedział bladooki facet, handlował starymi gazetami. Włosy miał jasne, jakby spłowiałe, i ruchy powolne, anemiczne. Opowiadał współhandlującym, że on to i w Polsce był, i na Litwie był, i na Łotwie był, i nie bardzo jest czego zazdrościć. Z tą swoją bladością i anemicznością nie wyglądał na takiego, kto kiedykolwiek zapuścił się dalej niż dwa przystanki marszrutką od miejsca zamieszkania, ale jak mówił, że był, to myślałem, że może i był. Pozory mylą.

– Co im ten Zachód dał, tej Polsce, tej Litwie? – pytał tymczasem bladooki i kręcił głową anemicznie. Gówno im, mówił, dał. Najbiedniejsze kraje Eurosojuza, mówił. Za komuny to tam przemysł był, fabryki były, a teraz co? Czyszczenie kibli w Anglii i wielka emigracja. Ja tam nie wiem, wzruszał ramionami, ja tam się nie znam, ja jestem tylko sceptyk, ja tylko zadaję pytania, ale jeśli wam się wydaje, że wy będziecie na tym Zachodzie czymś więcej niż tanią siłą roboczą, że będziecie jeździli mercedesami, a nie czyścili sracze, to powodzenia i życzę szczęścia.

Okoliczni handlarze próbowali z nim dyskutować, mówili o wolności słowa, o demokracji, o braku korupcji, a on tylko parskał:

– Brak korupcji, jasne, demokracja, jasne, wy naprawdę wierzycie w te bajki, wy naprawdę wierzycie, że na Zachodzie nie ma korupcji, że tam naprawdę jest demokracja? Co wy, frajerzy jesteście? W bajki wierzycie? W propagandę?

Słuchałem, myśląc, że z perspektywy wschodnioeuropejskiego targowiska wiara w demokrację, wolność słowa i brak korupcji faktycznie brzmią jak bajki dla frajerów. Ktoś spytał bezradnie:

— Ale co, z Rosją mamy iść?

On zwrócił w jego stronę blade, dziwnie nieobecne oczy i powiedział:

— A czy ja mówię, że z Rosją? Ja tylko jestem sceptykiem, ja tylko zadaję pytania. Poza tym co, myślicie, że ktoś tam was chce, na tym Zachodzie? Akurat. Tak samo was tam chcą jak arabskich imigrantów.

Przysłuchiwałem się do momentu, w którym rozpaczliwie zaczęto facetowi zarzucać, że jest ruskim agentem, i poszedłem dalej.

*

Na stacjach metra tymczasem żółto-niebieskie wlepki, plakaty z żołnierzami walczącymi na Donbasie, kolesie i laski w patriotycznych podkoszulkach. Co chwila u kogoś tatuaż z flagą, tryzubem, cytatem jakimś z Szewczenki wydziaranym zawijasami. Czasem jacyś żołnierze z frontu wracają; z armii albo z batalionów ochotniczych. Dzieciaki poznają po emblematach, z jakiej są formacji, i pokazują ich sobie palcami z podziwem. Ale przechodnie nie biją już im raczej braw jak jeszcze jakiś czas temu. Bo na początku to bili. Co się tylko żołnierze pojawili na jakimś dworcu czy stacji metra, to wszyscy z miejsca: krzyk i oklaski. Żołnierze uśmiechali się nieśmiało, niepewni, czy to dla nich.

Teraz idą w tych mundurach zachodniego wzoru, w mundurach z demobilu wszystkich armii Zachodu, w butach wojskowych — i ciągną się za nimi wojenne traumy. Wleką się za nimi te tygodnie w ruinach świata, który znali od zawsze, który pod wieloma względami był taki sam jak ten, w jakim się wychowali, i który wydawał im się nienaruszalny i niezniszczalny. Bo bloki w Donbasie i bloki w Kijowie, w Czerkasach, w Tarnopolu, w Winnicy – przecież to właściwie to samo. Przecież rozpierdolone wsie poddonieckie to wioski ujęte w tę samą Poradziecję, z której oni sami powychodzili. Więc idą – i ciągną się za nimi gruzy własnego świata jak *memento mori*. Gdzieś na froncie wsiadają w wojskowe samochody, jadą pomiędzy tymi rozpieprzonymi budynkami z białej cegły, które wyglądają identycznie jak ich rodzinne białoceglane budynki, jadą do Kramatorska czy Mariupola, wsiadają tam w pociągi, w pociągu prowadnik albo prowadnica wydają im zafoliowane poszewki na pościel, jak było na początku, teraz i zawsze, i oni wykonują mechanicznie te wszystkie ruchy, które robią od dziecka: wrzucają plecaki albo pod leżankę, jeśli mają miejsce na dole, albo do luku bagażowego, jeśli na górze, rozkładają na leżance zrolowany materac, rozrywają folię poszewek i oblekają w nie poduszki i pierzyny. Zdejmują buty, spodnie, składają to wszystko w kostkę, a później kładą się i zasypiają, i jest im albo gorąco, bo okna nie można otworzyć, albo odwrotnie, zimno, bo przez nieszczelne okno wieje, i sztywnieją im łokcie i mięśnie na karku, i zakrywają się po czubek głowy pierzynami, i trzęsą się, nie tylko z zimna, ale też dlatego, że mają dopiero, kurwa, po dwadzieścia lat i widzieli już zagładę własnego świata, i strzelali do takich samych kolesiów jak oni sami, i to nie jest jakaś tam napuszona retoryka, że wszyscy ludzie równi, że wszyscy ludzie tacy sami, tylko oni, kurwa, naprawdę strzelali do takich samych Wowów i Paszków jak oni sami, do ludzi wychowanych na tych samych filmach i tej samej muzyce co oni, mówiących tym samym językiem i klnących tym samym matem. A tamci, kurwa, strzelali do nich.

I za kilka–kilkanaście godzin są u siebie, w świecie, który wygląda tak samo jak ten rozpierdolony, dokładnie tak samo. Tyle że nie jest rozpierdolony. No, mniej rozpierdolony. Inaczej rozpierdolony. I to jedyna różnica, myślą, idąc ulicami i rozglądając się po tym wszystkim spode łba, i widząc umowność tego wszystkiego, tego życia, które się tutaj toczy, nieświadome, głupie, któremu się wydaje, że to już tak wszystko będzie, że to tak będzie na stałe, że mogą sobie, frajerzy, planować, że szkoła, praca, ślub, dzieci, dzieci do szkoły, na uniwersytet albo politechnikę, na prawnika, na informatyka, na inżyniera, za granicę może, że mieszkanie w bloku, najlepiej nowym, z balkonem od razu fabrycznie zabudowanym, żeby nie trzeba było samemu, albo że nawet dom pod miastem, że samochód, że wakacje w Turcji, w Egipcie, że wycieczka do Europy.

A potem piją, chleją z kolegami. Co mają robić. Ryczą, wrzeszczą i płaczą, by wyryczeć z siebie to wszystko, ale nie wiedzą za dobrze, jak to zrobić, w końcu mają, kurwa, po dwadzieścia parę lat, więc wszystko wytryskuje z nich, wylewa się przez szpary i dziury w ich niedokształtowaniu. Nie umieją się jeszcze maskować, przeżuć przeżytego i wypluć, ot tak, od niechcenia, w rzuconym raz na jakiś czas słowie bądź dwóch. Bardzo by tak chcieli, ale to nie jest takie proste, tego się trzeba nauczyć, więc po prostu piją i – na przemian – histerycznie się śmieją albo histerycznie ryczą.

We Lwowie, w knajpie, która wtedy jeszcze nosiła nazwę Prawy Sektor i w której wnętrzu można było pooglądać sobie kiczowate obrazy Majdanu, cudownej ukraińskiej przyrody i jeszcze cudowniejszej ukraińskiej historii, albo od razu zapisać się do batalionów ochotniczych – siedziało kilku chłopaków. Jeden był w mundurze i wrócił z frontu. Jego kumple, tak jak i on, nosili krótko obcięte włosy, jeden miał skórzaną kurtkę, inny – dresową bluzę. Ten w mundurze śmiał się za głośno i za często i polewał wódkę z karafki. Po kolorze sądząc, była to miodówka z papryką. Pozostali patrzyli na niego ze słabo skrywanym przerażeniem. A on śmiał się, wył wprost ze śmiechu, lał im kieliszek za kieliszkiem i kazał pić. Pili więc, wiedząc, że jeśli nie wypiją, to ten śmiech z miejsca przejdzie w ryk i skowyt, że się to wszystko może skończyć jakimś obłędem, rzucaniem stołami, krzesłami i skalpowaniem przechodniów, więc pili, wystraszeni i sterroryzowani na śmierć. A nie wyglądali, trzeba dodać, na ułomków. Przeciwnie, wyglądali jak małe tankietki, które gdyby chciały, rozpierdoliłyby pół ulicy na kawałki.

Innym razem, też we Lwowie, chłopacy w mundurach siedzieli na placu zabaw. Gdzieś w okolicach rogu Jefremowa i Japońskiej, tam gdzie przedwojenna modernistyczna architektura spotyka poradziecką blachę falistą. Też pili, ale ponuro, prawie bez słowa. Trudno było powiedzieć, czy dopiero jadą na wojnę, czy z niej wrócili, ale siedzieli na tym placu zabaw tak, jakby siedzieli w twierdzy i jakby żadna siła nie miała prawa ich stamtąd ruszyć. Jak w sanktuarium tam siedzieli. Pili jakieś piwo i palili papierosy, i widać było, że w dupie mają całe bohaterstwo świata i wszystkie jego wojenne opowieści. Ale nie wyglądali na wystraszonych, o nie. Raczej na takich, co to bez kija nie podchodź. Milicjanci, którzy zbliżali się od strony Konowalca, dostrzegli to w mgnieniu oka swoim szóstym gliniarskim zmysłem, bezbłędnym narzędziem do wykrywania i unikania zagrożenia, ale nie wykorzystali okazji, żeby podbić do nich, dopierdolić się do czegoś i wydębić parę hrywien kary albo łapówkę. Obleźli ich szerokim łukiem, patrząc sobie nawzajem w noski wytartych butów.

*

Pili też w Dniepropetrowsku. Na brzegu rzeki. Nie było to chlanie: popijali raczej coś z ukrycia. Jakąś wódkę zmieszaną z colą czy sokiem. Śmierdzieli potem, brudem i alkoholem, mieli czarno za paznokciami i dłonie takie, jakby od urodzenia przerzucali gołymi rękami ziemię. Tu już nie było wątpliwości, że są z frontu. Siedzieli na brzegu Dniepru, tam gdzie rzeka jest, przynajmniej dla Polaków, zdecydowanie za szeroka, bo dla Polaków miara Wisły to podstawowa miara rzeki, i żartowali, niezbyt głośno. Od nich z kolei czuć było rezygnację. Spokojną, nienaturalnie jakoś pogodną rezygnację. Dość przerażającą, szczerze mówiąc, bo wyglądali tak, jakby wyszli właśnie z piekła, usiedli na krawężniku i zaczęli się łagodnie uśmiechać. Widać było, że ani nigdzie im się nie spieszy, ani im nie zależy, żeby gdziekolwiek iść, choć biła od nich tymczasowość. Mieli plecaki, niektórzy reklamówki powypychane jakimiś swetrami, kocami, inni – sportowe torby na ramię. Właściwie gdyby nie to, że nosili mundury i że plecaki niektórych były wojskowe, wyglądaliby jak wędrowni handlarze. Albo bezdomni. Szczególnie z tym swoim popijaniem z ukrycia i lekkim śmierdzeniem wódą. Żartowali tak spokojnie, jak pili, i w tym otępiałym nieco spokoju było coś przerażającego. Tak samo przerażającego jak to coś w histeryczności chłopaka ze lwowskiej knajpy i ponurości tych z placu zabaw.

Przed sobą mieli Dniepr, po prawej stronie – wchodzącą w rzekę restaurację w kształcie latającego spodka, a po lewej – niedokończony hotel Żagiel. Oczko w głowie Breżniewa, który pochodził z nieodległego Dnieprodzierżyńska; rozpoczęty w latach siedemdziesiątych z wielkim rozmachem: miały się tu mieścić sale balowe, kinowe, koncertowe i konferencyjne, restauracje na setki miejsc, kawiarnie, cała wypoczynkowa infrastruktura, dziesięć wind pasażerskich i siedem towarowych. Ale najpierw umarł Breżniew, potem Związek Radziecki i na brzegu Dniepru pozostał gigantyczny, wyszczerzony trup bez okien, drzwi i podłóg. Jak ścierwo potwora wyrzuconego na brzeg. Po dziesięciu windach osobowych i siedmiu towarowych pozostało dziesięć i siedem ziejących szybów wiodących w czarną pustkę.

W tych ruinach po Związku Radzieckim, jak to w ruinach, się pije, ćpa. Coś się bazgrze i maluje po nagich ścianach. Czasem ktoś strzela samobója, skacząc w czeluść, czasem ktoś po pijanemu spadnie.

Pomysł państwa ukraińskiego na to, co zrobić z obiektem, był prosty: pomalowano go na żółto-niebiesko. Na fasadzie wymalowano wielki tryzub. Tak, to był kolejny trup wystrojony w barwy narodowe. Robił teraz za gigantyczny billboard, największy w mieście symbol dniepropetrowskiego patriotyzmu.

*

Miałem ochotę podejść do chłopaków i zapytać ich, co dla nich znaczą te symbole. Ta flaga i ten tryzub. Urodzili się, to prawda, już w niepodległej Ukrainie, najwyżej w późnym Związku Radzieckim, i pod tym tryzubem i tą flagą przeżyli całe swoje świadome życie. Ale – wydawało mi się – te symbole nigdy wcześniej nie były dla nich czymś, za co warto zabijać czy umierać. Nigdy nie były czymś do końca serio, czymś absolutnym.

– Jestem Ukraińcem, ale to tożsamość, którą sam sobie wybrałem – powiedział mi kiedyś mój kumpel z Zakarpacia. – Ale jeśli coś by mi w niej zaczęło nie grać, tobym się tej ukraińskości wyrzekł, i tyle.

Okej, Zakarpacie to specyficzny, pograniczny region, ale Ukraina była krajem, który podarował się sobie sam. Który po prostu stał się, bo upadł Związek Radziecki i coś trzeba było z tym wszystkim zrobić. I przed serią Majdanów ukraińska tożsamość nigdzie, poza zachodnią Ukrainą, nie była czymś oczywistym.

Na zachodzie, jasne, wszystko wyglądało inaczej. Tam ukraińskość ma swoją formę i kształt, ma swoje mity i swoją mowę. Ale tu, na wschodzie, wszystko stało się niepostrzeżenie. I tworzyło się niepostrzeżenie.

W starą radziecką formę stopniowo zaczęła wchodzić nowa. Nieco, choć nie bardzo, inna od tej, którą przybierała rzeczywistość po drugiej stronie granicy. Zmieniły się w gruncie rzeczy detale. Tabliczki na urzędach i instytucjach: stały się teraz niebieskie, a litery – żółte. Na starych, dobrych, gigantycznych czapach milicjantów i żołnierzy widniały teraz w miejsce gwiazd tryzuby. Na rejestracjach aut pojawiły się żółto-niebieskie znaczki. I czapki, i samochody były takie same jak w ZSRR i takie same jak w Rosji, ale inne już były na nich stemple. Dawne pocztowe skrzynki z wytłoczonym rosyjskim napisem „POCZTA" przemalowano na żółto, a na tym wytłoczeniu niebieską farbą od szablonu pisano „POSZTA". Ruble wymieniono najpierw na karbowańce (ta nazwa jest po prostu ukraińskim tłumaczeniem słowa „rubel"), a później na hrywny. I choć wszyscy nadal nazywali je rublami, to jednak banknoty, które pojawiły się w kieszeniach, były czymś innym niż te dawne i czymś innym niż te rosyjskie. Twarze na banknotach opowiadały inną historię. A przynajmniej inaczej ustawiały narrację. Dotychczasowe pobocza dziejów wywlekały na sam środek, w światło reflektorów.

Słowem, rzeczywistość była taka sama, ale próbowała ją opieczętować inna symbolika. I ta symbolika próbowała wciągnąć rzeczywistość w inny świat.

*

Ukraińskie barwy, błękit i żółć, wzięły się z symboliki Księstwa Halicko-Wołyńskiego, które w herbie miało lwa złotego w tarczy niebieskiej. To złoto i błękit to według niektórych kolory Andegawenów, których węgierska linia panowała w średniowieczu nad Rusią Halicką. Teraz interpretuje się je często jako kolor nieba i kolor uprawnej, żyznej ziemi pokrytej zbożem. Co bardziej romantyczni Ukraińcy twierdzą, że to bardzo wygodny symbol, bo na Ukrainie gdzie nie spojrzysz – tam flaga. Ci mniej romantyczni uważają, że żeby flaga naprawdę dobrze oddawała ukraiński krajobraz, to na dolny pas powinno się dodać sporo pokruszonego betonu i rozjeżdżonego błota.

Nie bardzo wiadomo, skąd się wziął ukraiński tryzub. To znaczy – wiadomo, skąd się wziął na herbie: zaproponował go historyk Mychajło Hruszewski, gdy w 1917 roku projektowano herb powstającej właśnie Ukraińskiej Republiki Ludowej. Projekty były różne: żółta cyrylicka litera „U" na błękitnym tle, żółte gwiazdy na błękitnym tle (tyle, ile jest liter w słowie „Ukraina", albo tyle, ile jest tradycyjnych ukraińskich regionów), archanioł Michał, Kozak z muszkietem. Mychajło Hruszewski zaproponował herb wielki w tarczy dzielonej na sześć pól. W polu sercowym, centralnym, znaleźć się miał złoty pług na tle błękitnym – symbol pokojowego, sielskiego narodu. A wokół: wszystkie tradycyjne ukraińskie symbole, czyli święty Jerzy, lew Księstwa Halicko-Wołyńskiego, zaporoski Kozak, symbol Kijowa – kusza trzymana w dłoni, i tryzub właśnie, znak Rurykowiczów, założycieli Kijowa. Z tego wszystkiego pozostał sam tryzub: był na Ukrainie symbolem najbardziej rozpoznawalnym, a poza tym najłatwiej było go narysować na murze.

Ale czemu właśnie tryzub wzięli sobie na godło Rurykowicze? Jedni twierdzą, że to uproszczony, schematyczny rysunek pikującego sokoła, inni, że to znak starosłowiańskiego Peruna. Są też tacy, którzy utożsamiają tryzub z Neptunem i Posejdonem. A nawet, czemu nie, z Atlantydą. Najprawdopodobniej jednak wywodzi się od tamg stepowych koczowników – symboli, którymi nomadzi znakowali swoje zwierzęta poprzez wypalanie ich na ciałach koni i bydła i które później urosły do rangi znaków rodowych.

*

Tak właśnie mówił szofer, który wiózł nas do Donbasu, pan Władimir. Władimir, bo, wywodził, no dobra, mówią, że jest Ukraińcem, to jest tym Ukraińcem, ale urodził się jako Władimir i umrze jako Władimir, a nie jako Wołodymyr. Władimir lubił kryminały, a najbardziej opowieści o odeskich legendarnych bandytach. Te o Miszy Japończyku, piosenki o zdradzieckiej Murce i tak dalej. Jechaliśmy przez zmarznięty step, gdzieś na granicy Zaporoża i Dzikich Pól, to wszystko, myślałem, działo się tutaj, a pan Władimir opowiadał nam o tym, kto rządził na odeskiej Mołdawance. Gdzieś w okolicach Perszotraweńska zaczęło wiać śniegiem, a później nagle się rozpogodziło. Przy przystanku autobusowym stojącym pośród stepu parkował transporter opancerzony, a obok niego – milicyjny radiowóz. To było dziwne, bo do obwodu donieckiego było jeszcze dość daleko, ale widocznie uznali, że strzeżonego. Choć na dobrą sprawę nie było za bardzo wiadomo, przed czym się strzec albo co z tym jednym transporterem robić, jakby co. Zatrzymaliśmy się *vis-à-vis* przystanku, pod jakimś zamkniętym na trzy spusty i opuszczonym hotelem o bryle z lat dziewięćdziesiątych. Za przystankiem był step i ciągnął się po koniec świata. Panu Władimirowi się nie podobał taki step. Dzicz, Azja, mówił. Odessa, mówił, to co innego. Cywilizacja. Rosyjska, porządna kultura. Dniepropetrowsk, w którym mieszkał, też, mówił, obleci. Też są, mówił, historie bandyckie w Dniepropetrowsku, całkiem, mówił, porządne. Nie takie jak te z Odessy, ale też niezłe. Ale te stepy, mówił, ech...

Ukraiński tryzub, wywodził, to właśnie z tych stepów. Pieczyngowie, mówił, barbarzyńcy, takie symbole mieli. W porządku, opowiadał, teraz to symbol państwowy, trzeba szanować, ale nie można zapominać o jego pochodzeniu. Flaga już lepiej, opowiadał, tocząc okiem po stepie szerokim, flaga jest szwedzka, porządna. Skandynawska, niebiesko-żółta. Jak Ikea. On, mówił, kiedyś woził meble z Ikei, z Polski. Porządne meble, nie ma co gadać. Tak samo jak Volvo – porządna marka. Szwecja – dobra rzecz. No i ta ukraińska flaga to to samo, wywodził, co flaga Szwecji. Bo to Szwedzi założyli Ukrainę. Wikingowie, mówił. To było, według niego, porządne pochodzenie. Dlatego, opowiadał, dopalając papierosa, wszystkie ukraińskie symbole szanuje, i tryzub, i flagę, ale flagę jednak bardziej.

Dopalił, zgasił, dokręcając czubkiem buta na tandetnym, czerwonym bruku przed hotelem, i pojechaliśmy dalej.

Nie ma Boga w Kijowie

Mój Boże, jakie to miasto było wielkie. Chodziłem Chreszczatykiem i wyobrażałem sobie to biedne polskie wojsko, które zdobyło je w 1920 roku. Przecież, myślałem, te biedne chłopaczki spod Piotrkowa, Bełchatowa, spod Kielc, Radomia i Częstochowy, gdy zobaczyły to mieścisko wielkie, te domy wysokie – nawet jeśli wtedy nie były jeszcze tak wysokie jak teraz – to musiały przez nie maszerować z szeroko otwartymi ustami. I muchy im pewnie w te usta szeroko otwarte wpadały. Kamienice wspinające się na wzgórza, wystające ponad dachy – to naprawdę musiało robić wrażenie. Nie tylko na tych ze słomianych wsi Kongresówki, ale i na „Galileuszach" z błotnistej Galicji czy na wielkopolskich ceglanych małomiasteczkowcach. Przybyli tutaj jako triumfatorzy, a Chreszczatykiem, wyobrażałem sobie, szli onieśmieleni i pewnie niejeden, gdyby tylko mógł, ściągnąłby z głowy hełm i międlił go w dłoniach jak czapkę.

Generał Kutrzeba tak pisał w swoim kostycznym, wojskowym stylu o zdobyciu Kijowa: „Najbliżej Kijowa stojący 1. pułk szwoleżerów [...] stwierdziwszy, że Kijów nie jest obsadzony, wtargnął patrolem złożonym z ochotników, którzy pojechali tramwajem do centrum miasta". Nawet mi się to podobało: szwoleżerowie zdobyli miasto tramwajem. Potem wmaszerowali inni. Zmęczeni długą kampanią, z nogami odparzonymi od ciężkich buciorów i poranionymi od brudnych onucy. I, jestem pewien, łazili po mieście z oczami jak kurze jaja.

No bo co oni wcześniej widzieli? Łódź? Warszawę? Jasną Górę? Kraków, jeśli który z Galicji? Lwów, bo po drodze? W porządku, miasta jak miasta, spore, ładne – ale Kijów: wielki, rozłożysty, na wzgórzach, a Dniepr w dole – jak jezioro szeroki.

Po tym wjeździe tramwajem polscy oficerowie poszli szukać pozostałości Złotej Bramy. Tej samej, na której Bolesław Chrobry w 1018 roku, podczas zwycięskiej wyprawy kijowskiej, miał wyszczerbić Szczerbiec. Według Galla Anonima było to tak, że ludzie Bolesława dziwili się, czemu władca, wkroczywszy „bez oporu do wielkiego i bogatego miasta", szczerbi bez sensu miecz o niebronione wrota, a ten odpowiedział im „ze śmiechem, a wcale dowcipnie", że „tak jak w tej godzinie Złota Brama miasta ugodzoną została tym mieczem, tak następnej nocy ulegnie siostra najtchórzliwszego z królów, której mi dać nie chciał". Chrobremu chodziło o Przedsławę, siostrę Jarosława Mądrego, który Bolesławowi ręki Przedsławy konsekwentnie odmawiał, co zresztą skłoniło Chrobrego do tej wyprawy. Tysiąc kilometrów na wschód, zarośnięte chłopy, konie i wozy ciężko grzęznące w błocie. Chrobry na czele zbrojnych, brodatych osiłków, przez mokradła, lasy i pustkowia. „Jednakże nie połączy się [Przedsława] z Bolesławem w łożu małżeńskim – dowcipnie nadal wywodził Chrobry (Gall kazał mu mówić o sobie w trzeciej osobie) – lecz tylko raz jeden, jak nałożnica, aby pomszczona została w ten sposób zniewaga naszego rodu, Rusinom ku obeldze i hańbie".

Tak się stało: Chrobry Przedsławę najprawdopodobniej zgwałcił, a następnie, jako nałożnicę, zabrał ze sobą do Wielkopolski. Znów: tysiąc kilometrów, tym razem na zachód, mokradła, lasy, pustkowia, Chrobry to na koniu, to na wozie. Podobno był gruby. Wyobrażam sobie, jak sapiąc, podrzemuje w siodle albo na wozowych deskach, jak, czerwony na twarzy, wdycha zapach końskiego gówna i jak jedzie przez tę ziemię, w większości jeszcze nienazwaną, przez tę czystą mapę fizyczną, z dopiero kształtującą się nakładką mapy politycznej. Czasem, z nudów zapewne, bo ileż można słuchać tego grubego, obozowego, wojowatego pieprzenia i bąków puszczanych przy ognisku, zachodzi do Przedsławy. Zastanawiałem się, czy z nią rozmawiał. O czym. Jak. Czy się rozumieli – ona do niego po staroрusku, on do niej po staropolsku. Czy ją gwałcił w drodze, czy – kto wie – traktował z jakimś jednak szacunkiem.

Polscy żołnierze, tak samo jak Chrobry w 1018 roku, zdobyli Kijów bez walki. Oficerowie pobiegli więc szukać tej Złotej Bramy, a żołnierze oglądali ze zdumieniem wielkie miasto. Niektórzy poradzili sobie szybko i, jak zapisał w swoich wspomnieniach ówczesny porucznik Stanisław Mayer ze Lwowa, szybko znaleźli miłe lokale, w których wesoło sobie popijali. Nie tylko Mayer pisał, że ich parada na Chreszczatyku była owacyjnie witana przez kijowian, których miasto prze-chodziło wtedy z rąk do rąk jak piłeczka, a przed Po-lakami siedzieli w nim bolszewicy.

Kutrzebie dość zabawnie wyszedł opis tej defilady, przyjmowanej przez Rydza-Śmigłego:

„Wojska nasze nie były w roku 1920 w swym ze-wnętrznym wyglądzie i w rozmaitych organizacyjnych szczegółach całkowicie ujednostajnione, lecz odwrot-nie, posiadały cały szereg drobnych odrębności, uze-wnętrzniających się w pewnych lokalnych, pochodze-niowych zabarwieniach. Przede wszystkim więc piętna wojskowości zaborców nie były jeszcze zneutralizowa-ne. Objawiały się one w odrębnych sposobach wykona-nia marszu, mustrze orkiestr i drobnych szczegółach porządkowych. Jednak różnice te nie raziły wzrokowo, a raczej wytwarzały u obcych wrażenie, że Polska musi być duża, jeżeli pochodzące z rozmaitych stron od-działy mają swoje odrębności. Widziano naocznie, że zebrano w Kijowie oddziały reprezentujące wszystkie części dużej naszej ojczyzny, które biorą czynny udział w operacjach wojennych na szerokich polach Ukrainy, aby walcząc »za naszą i waszą wolność«, współdziałać w tworzeniu prawdziwie niepodległej Ukrainy".

„Ilustrowany Kurier Codzienny" z 11 maja 1920 roku, pobiwszy na pierwszej stronie w zwycięskie taraba-ny, ponapawawszy się wielkim triumfem pstrokatego oręża polskiego, udowodnieniem, na co Polskę stać po ponadwiekowej niewoli i tak dalej, na drugiej stronie bierze oddech i zamieszcza artykuł pod tytułem *Kijów*.

„Jak wygląda i czem jest Kijów dzisiejszy? – pyta w nim autor, podpisany tajemniczo jako Kijowianin. – Może nie całkiem dzisiejszy, ten, po którym przeszły hordy bolszewickie, ale Kijów z okresu przedwojennego lub z pierwszych lat wojny...

Na to pytanie wielu z wygnańców polskich, którzy przepędzili w niem lata wojenne, odpowiedziało, wynajdując bez naśladownictwa jeden i ten sam paradoks: »Prześliczne miasto i obrzydłe mieścidło«.

Obrzydłem mieścidłem nazwie go przechodzień, który musi bezustannie drapać się pod górę i zbiegać na dół po pochyłościach, na których latem traci się oddech, a zimą często przejść nie można, nie chwytając się przydrożnych przypadkowych podpór. Obrzydłe miasto będzie dla każdego, kto podbił sobie nogi na »kocich łebkach«, stanowiących większość bruku kijowskiego, albo kto patrzy na tortury koni na ulicach, wyjątkowo wybrukowanych doskonale, zanadto doskonale, bo czarnym granitem, na którym latem konie ślizgają się, padają bezustannie, a nawet się zabijają w oczach przechodniów, jak na stokach szklanej góry. Obrzydłe miasto będzie to dla każdego, komu dokuczą gwałtowne wiatry, trwające rok cały, a cichnące tylko wieczorami. Na koniec dla estetyki Kijów to mieścidło, bo zabudowany jest budowlami bez wdzięku, tak, że jedynemi dwoma pięknymi budynkami nowożytnemi w Kijowie są Kenassa Karaimska przy ul. Wielkiej Podwalnej i nowy kościół polski przy ul. Wielkiej Wasilkowskiej.

Ale kiedy zmęczony turysta sobie odpocznie, kiedy spojrzy na miasto z grzbietu jednego ze wzgórz, wtedy długie, szerokie, powietrzne i słoneczne ulice, ciągnące się dalej, niż oko sięgnie, pełne zieloności, wydadzą mu się pięknemi, a miasto rozrzucone wdzięcznie na pagórkach i poprzeplatane zielonemi drzewami daje niezwykle malowniczy widok. A kiedy patrzy się na nie wczesnym rankiem w dzień pogodny, przy niewidzialnej, pełzającej u ziemi mgle, wtedy robi wrażenie snu albo bajki, bo złote kopuły cerkiewne wydają się, jakby wisiały w powietrzu ponad zielenią drzew [...].

Brzydkie są i bez charakteru budowle Kijowa, szczególnie kamienice, dosięgające niejednokrotnie 7 pięter, ale zbudowane solidnie, z wielkiemi, czystemi i często zarośniętemi zielenią podwórzami. Ale mieszczą mieszkania wygodne, nawet w oficynach zaopatrzone we wszystkie wygody, nie tylko wodociągi i elektryczność, ale też łazienki tak urządzone, że paląc tylko w kuchni, cały dzień można mieć w nich gorącą wodę. Wszystkie też nowsze domy kijowskie miały elektryczne windy, a większe z nich nawet po kilka wind.

Układ śródmieścia kijowskiego jest podobny do układu Paryża, a jeszcze bardziej Warszawy. Jak w Warszawie środek miasta stanowią dwie równoległe ulice: Marszałkowska i Krakowskie Przedmieście z Nowym Światem jako przedłużeniem, tak samo jest w Kijowie. Tworząc śródmieście, biegnie dnem jednego z parowów Kreszczatyk, najgłówniejsza ulica kijowska o ruchu takim, o jakim Wiedeń nigdy nie mógł nawet zamarzyć, a mająca przedłużenie w ulicy Wielkiej Wasilkowskiej. Drugą ulicą, równoległą, kijowskiego śródmieścia jest Wielka Włodzimierska, która ciągnie się grzbietem wzgórza".

I teraz coś, co zapewne interesowało polskich oficerów: „W połowie tej ulicy, a więc w samym środku miasta, znajdują się ruiny, ostatni szczątek starych fortyfikacji Kijowa, uważane za resztki »Złotej Bramy«, przez którą onego czasu miał wjechać do Kijowa Bolesław Chrobry. Dziś Kijów rozrósł się w olbrzymie miasto, przez które można jechać godzinę i więcej, tak że otoczenie zewnętrzne starodawnej stolicy znalazło się w samem jego sercu [...].

Drugi brzeg Dniepru jest niski i piaszczysty i na tym brzegu w lecie publiczność kijowska tysiącami zwykła była używać kąpieli dnieprowych z prawdziwie żeńską naiwnością i prostotą. Ludzie z niższego i wyższego towarzystwa, mężczyźni, kobiety i dzieci, używali tych rozkoszy, nie ograniczając ich żadnymi, choćby najlżejszymi kostiumami [...]".

A dalej jest już koniec świata. Prowadzi do niego główna arteria miasta. „Drugi koniec Kreszczatyku i Wielkiej Włodzimierskiej gubi się w stronę stepów [...]" – pisze Kijowianin.

*

Polski triumfalny przemarsz Chreszczatykiem, z którego swoją drogą wielu żołnierzy pomaszerowało wprost w ten majaczący na jego końcu step, by dalej bić się z bolszewikami, mógł podobać się wielu kijowianom, szczególnie tym bolszewikom niechętnym. Wielu jednak przyglądało się polskiemu wojsku sceptycznie. Michaił Bułhakow, zdecydowanie jeden z najbardziej w świecie znanych kijowian, poświęcił wejściu polskiego wojska do Kijowa opowiadanie *Pan Piłsudski*.

A więc: w kijowskim salonie siedzi towarzystwo. Na ulicach po ucieczce bolszewików sytuacja niepewna.

Towarzystwo, podminowane i wystraszone, czeka na Polaków. Przez okno wpadają urywki ukraińskich zdań (*„z wikna jich, suczych syniw!"*), bo Ukraińcy są tym razem, wyjątkowo, sprzymierzeni z Polakami. Towarzystwo trochę się boi Ukraińców. Dokładnie tak samo, jak dwór boi się rozdokazywanego chłopstwa. Ukraińcy dla salonu to wyłącznie wieśniacy. A wieśniacy potrafią być agresywni, cholera wie, co im przyjdzie do głowy. Rosyjskojęzyczny Kijów tkwił w ukraińskim morzu na podobnych zasadach co polskojęzyczny Lwów. Ukraińcy zawsze żyli gdzieś w okolicy, w drewnianych chałupach, ze zwierzętami pod jedną strzechą. Miejska paniusia i panicz mogli tam wejść po to, by zaznać egzotyki, tak samo, jak wchodziliby do chaty w afrykańskiej wsi, podtykając sobie chusteczki pod nos i mrucząc *„mon Dieu!"*. Język ukraiński było tu i ówdzie w Kijowie słychać, ale podobnie jak w XIX-wiecznym Krakowie słychać było bronowicką gwarę. W kuchniach, na targu, w podlejszych szynkach.

Towarzystwo trochę się więc boi, ale podtrzymuje się na duchu. Liczy też trochę na Polaków, że nie dopuszczą do tego, by sytuacja wymknęła się spod kontroli. W powietrzu latają takie zdania:

„Polacy to dżentelmeni. Walą tylko z angielskiej broni i wyłącznie do żołnierzy. Nie do bab". „Polacy to dżentelmeni. Zabijają tylko czerwonych". „– Przecież my się nawet bronić nie możemy... – A przed kim się bronić? Przed obrońcami? [...] – pan Piłsudski właśnie przychodzi nas bronić!"

Towarzystwo siedzi więc i czeka w napięciu. Szuka na siłę wszystkich pozytywnych stereotypów na temat

Polaków, jakie mu przychodzą do głowy. Negatywne, których jest zapewne znacznie więcej, odgania. Nie jest to łatwe.

„Polacy to kulturalny naród. Wszyscy grają Chopina i wszyscy mówią po francusku. I co niedzielę słuchają mszy katolickiej [...]. Po każdej potyczce ustawiają ołtarz polowy i wychwalają Pana. A przed podniesieniem, tydzień w tydzień, doprowadzają przed ołtarz związanych drutami brańców, sokoły nasze. I każą im się ukorzyć przed tym ołtarzem [...]. Ale nasze sokoły stoją. I klękać nie mają woli. Więc ich za ten drut! Jeden u szyi, u nóg drugi... i po ziemi matce. I po ziemi..."

Dla animuszu pogrywają na salonowym pianinie zasłyszaną polską pieśń: „jedzie, jedzie, na kasztance, na kasztance...". W końcu w drzwiach stają polscy oficerowie. Obaj, jakże inaczej, wąsaci. Toczą okiem po zgromadzonych, patrzą po sobie i w te słowa:

„– Uważam, że to doskonałe miejsce... – wyraził się oficer. – A ty? Jak sądzisz? – zwrócił się do kolegi.

– Uważam, że to jest doskonałe miejsce.

Popatrzyli na siebie i jednocześnie wydali komendę:
– Wpro... dzić!

[...]

Stukając kopytami, wkroczył do salonu koń maści kasztanowej".

*

Obok polskich flag polscy dowódcy kazali też wieszać na budynkach flagi ukraińskie. Weszli przecież do Kijowa po to, by pomóc Symonowi Petlurze w tworzeniu ukraińskiego państwa. A to się bardzo wielu kijowianom nie podobało.

Nie podobało się też Michaiłowi Bułhakowowi, który za ideą ukraińskiej niepodległości nie przepadał. A przynajmniej taki można wysnuć wniosek, sądząc po poglądach bohaterów jego *Białej gwardii*, których wyposażył w poglądy swoje i swojego środowiska, a w nim uważało się Ukraińców za hałaśliwych, wulgarnych i roszczeniowych chłopów, którzy ładują się w kulturalny, rosyjskojęzyczny Kijów ze swoimi ubłoconymi łapciami i swoim wiejskim, prostackim dialektem. Przyjmuje się, że alter ego Bułhakowa to jeden z głównych bohaterów *Białej gwardii*, doktor Aleksiej Turbin (sam Bułhakow był lekarzem). A Turbin w książce mówi tak:

„– Przedwczoraj spotykam ja tę kanalię, doktora Kurickiego. Czy dacie wiarę, że od listopada roku ubiegłego zapomniał po rosyjsku? Był Kuricki, jest teraz Kuryćkyj... Pytam go zatem, jak będzie po ukraińsku »kot«? »Kit« – odpowiada. »Kit« to przecież po rosyjsku »wieloryb«. A jak w takim razie będzie »wieloryb«? – zapytuję. Przystanął, wybałuszył się na mnie, milczy. I przestał mi się kłaniać.

Nikołka zachichotał głośno, powiedział:

– Oni nie mogą mieć słowa na oznaczenie wieloryba, na Ukrainie nie ma przecież wielorybów, to tylko w Rosji wszystkiego w bród. Są i wieloryby w Morzu Białym...".

Ukraina niezbyt kocha Bułhakowa. Ukraińska Wikipedia określa go, mimo że urodził się w Kijowie, pisarzem „rosyjskim", choć ukraiński ochoczy i nadpobudliwy patriotyzm każe szukać ukraińskości w kim się da. Ukraińska Wikipedia nawet Leopolda von Sacher-Masocha nazywa „pisarzem ukraińskim" tylko dlatego, że urodził się we Lwowie. A gdy w 2011 roku na podstawie *Białej gwardii* rosyjska telewizja nakręciła serial – po zwycięstwie Majdanu na Ukrainie go zakazano. Być może dlatego, że podejście Bułhakowa do ukraińskości i języka ukraińskiego nadal jest dość powszechne, tak w Rosji, jak i w wielu środowiskach na Ukrainie.

Narrację o tym, że ukraińskość jest mocno związana z rosyjskością, a nawet pewnym jej wariantem, już dawno temu zaczęła akceptować duża część obecnej Ukrainy (poza zachodnią częścią kraju) – i nie widziała w tym problemu tak samo, jak większość Ślązaków nie widzi problemu w tym, by uznać swoją śląskość za wariant polskości, Bawarczyków – swoją bawarskość za niemieckość czy Prowansalczyków – swoją prowansalskość za francuskość. Dopiero od niedawna ta tendencja się odwraca. Jeszcze dziesięć lat temu wielu dzisiejszym ukraińskim patriotom określenie siebie samego jako „Ukraińca" czy „Ukrainki" nie przyszłoby tak łatwo. Mykoła Riabczuk, ukraiński eseista, wspominał, że jeszcze w połowie lat osiemdziesiątych jego kijowska sąsiadka, słysząc, że Riabczuk mówi do dziecka po ukraińsku, oburzyła się: po co tak marnować dziecku życie i mówić do niego po wiejsku?

Później ta sama sąsiadka, jako mieszkanka Kijowa, sama dostała ukraiński paszport. *Nolens volens.* I kto wie, może sama uczy się teraz ukraińskiego, zaciskając zęby. Albo odwrotnie, się nie uczy i wymyśla

„chochłom", i nadal uważa ich za wariatów, którzy chcą postawić jej świat do góry nogami, bo dla niej, choćby była kijowianką wywodzącą swój ród od samego Kija, ukraińskość to jakaś dziwna fanaberia, robienie narodowości z regionalności. Bo dla niej fakt, że w jej Kijowie na urzędach wiszą tabliczki z tryzubami, że wszędzie powiewają niebiesko-żółte flagi, jest dziwaczny i nienaturalny. Tak samo, jak przeciętnemu mieszkańcowi Katowic nienaturalne wydawałoby się, że w jego mieście dochodzą do władzy Ślązacy i każą wszystkim uczyć się śląskiego, śpiewać śląski hymn, a polskość nazywają barbarzyńskością.

Albo, kto wie, odwrotnie: być może sąsiadka Riabczuka stała się ukraińską patriotką, a po rosyjsku celowo nie mówi. I gdy widzi w telewizji Putina, to pluje na ekran, a ze swoją szwagierką i bratem mieszkającymi w Moskwie zerwała wszystkie kontakty. Wyzywa ich od kacapów i watników, a oni ją od banderówek i faszystek. Bo i tak się nader często zdarza.

Ukraina nie była państwem, o które walczono. Ukraina była produktem geopolitycznych okoliczności i – po prostu – wydarzyła się. Tworzono ją i tworzy się nadal, pracując już na żywym, niepodległym ciele. To nie ukraiński naród stworzył Ukrainę. To bardziej Ukraina tworzy ukraiński naród.

*

A Kijów?

W 1920 roku podczas zajęcia Kijowa w polskim wojsku służył generał Józef Dowbor-Muśnicki. Dowbor miał dwie perspektywy: polską i rosyjską. Przed niepodległością był bowiem generałem lejtnantem armii Imperium Rosyjskiego i kreślił się jako Iosif Romanowicz Dowbor-Musnickij. Był wtedy, można tak powiedzieć, zalążkiem tej elity, która mogłaby w sprzyjających Rosji warunkach stworzyć rosyjski wariant narodu polskiego. Zrobić z polskości wariant rosyjskości, tak jak urobiono go w dużym zakresie z ukraińskości. Po rewolucji bolszewickiej jednak Dowbor wrócił do rodzinnego Sandomierza, a następnie zaoferował swoje usługi armii polskiej.

W swoich wspomnieniach o wyprawie kijowskiej pisał tak:

„W 1920 roku poszliśmy pomagać w budowaniu państwa ukraińskiego, którego architektem miał być Petlura; jako cel postawiliśmy sobie zajęcie Kijowa. Skończyło się na niepowodzeniu, bliskiem katastrofie. Bo cóż Kijów przedstawiał ważnego w XX wieku? Nie była to stolica ukraińskiego narodu, bo żadnych cech specjalnych ku temu miasto to nie posiadało, Kijów był tylko macierzą miast »rosyjskich«, nie »rusińskich«. Żadnych historycznych ukraińskich pamiątek w niem nie ma, a istniejące były później erygowane jako pamiątki Rosji, a nie Rusi".

Zawsze się zastanawiałem, jak musiałby wyglądać Kijów, żeby miał „prawdziwie ukraiński" charakter. Czym by musiał być.

*

Pewnej zimowej nocy przyjechałem do Kijowa. Było naprawdę zimno, zimno jak cholera. Wyszedłem z budynku dworca i czułem się tak, jakbym wstąpił do wnętrza zamrażarki. Miasto dziwnie słabo rozświetlało noc. Taksówki stały jedna za drugą, jakby się do siebie tuliły. Mimo mrozu i późnej pory przed dworcem kręcili się jacyś kolesie. Chcieli papierosy. Powiedziałem, że nie mam, bo byli podpici i pohukiwali na mnie. Popatrzyli przeciągle, rzucili parę „suk" i „bladzi" i dali mi spokój. Skulili się w swoją grupę, nad którą unosiły się kłęby pary.

Nikogo wtedy nie znałem w Kijowie. Przyjechałem – tak po prostu. Zobaczyć Kijów zimą. Wcześniej widziałem go tylko latem. Chciałem się rozejrzeć, pokręcić – a potem pojechać dalej na wschód.

Hostel, który dzień wcześniej znalazłem w internecie – nie istniał. Pod podanym adresem – niczego nie było. Liszajowata kamienica ze ślepymi, obojętnymi oknami. Cegły malowane farbą. W świetle z odległej latarni nie widziałem nawet na jaki kolor. Na jakimś ni to trawniku, ni to klepisku przywarowały rude kundle. Patrzyły na mnie osowiałym od mrozu wzrokiem. Wyglądały, jakby mróz ścinał im białka oczu. Jeden dla porządku warknął jak przez śmierć.

– Spokojnie – powiedziałem do niego i też warknąłem.

Psy popatrzyły na mnie jak na idiotę, zerwały się i wbiegły w jakąś bramę.

Okolica wyglądała, jakby miała się zaraz popłakać. Leżał na niej siny, brudny, stwardniały śnieg.

To był Padoł. Dawna dzielnica handlowa i rzemieślnicza, leżąca mocno poniżej centrum miasta, w dnieprowej dolinie. Kiedyś regularnie zalewana przez powodzie. Kamienice przypominały obszarpanych jurodiwych. Tylko czekałem, kiedy zaczną zawodzić żałośliwe modły do Boga.

Posnułem się z powrotem do centrum, nie bardzo wiedząc, co robić. Wspinałem się Andrzejewskim Zjazdem i ledwie się utrzymywałem na nogach. Było ślisko jak diabli. Minąłem dwóch młodych facetów, schodzili w dół. Też ledwie udawało im się nie wypieprzyć na tym potwornym bruku, pokrytym grubą lodową skorupą, ale nie przerywali rozmowy, jakby to balansowanie było tak samo naturalne jak chodzenie.

– ...I wtedy on wystrzelił – usłyszałem, jak mówi jeden do drugiego.

– I zabił? – spytał ten drugi, ustawiając ostrożnie stopę za stopą.

– Nie – odpowiedział ten pierwszy, patrząc pod nogi. – Strzelił, żeby tego psa postraszyć.

*

Chreszczatyk, ach, Chreszczatyk. Było pustawo, ale niezupełnie pusto. I bogato. I jasno. Im dalej w Chreszczatyk, tym bardziej jasno i bogato. Po tym, jak wylazłem na górę z Padołu, Chreszczatyk przypominał rozjarzony lichtarz kapiący złotem. Sprawdziłem ceny w kilku hotelach. Recepcjoniści uśmiechali się bardzo uprzejmie, ale równie dobrze jak ja wiedzieli, że nic z tego nie będzie. Na szczęście plecak miałem lekki i niewielki. Wychodziłem na ulicę i znów zastanawiałem się, jakim cudem tutaj, w tym jedynym miejscu na ziemi, radzieckiemu monumentalizmowi udało się przybrać w miarę ludzkie i sympatyczne oblicze. Bo to wszystko, cała ta chreszczatycka architektura, to było coś, co mogło przypominać warszawski MDM, ale było o wiele bardziej masywne, wielkie, efektowne i ozdobne. Ale i, co dziwne, przyjemne. Na radzieckiej architekturze porozpinano wielkoformatowe płachty reklam. Widziało się tu pieniądze, ale nie pompowane w miasto, tylko to miasto obwieszające. Bo to, co było w mieście publiczne, jakoś tam nawet tu i ówdzie remontowano, ale najtańszym kosztem. Tania kostka brukowa, tandetne tynkowanie. Natomiast to, co błyszczało i robiło bling-bling – było prywatne. Sklepy, samochody, reklamy, ciuchy z Paryża i Dubaju. Kijów wyglądał jak zaniedbany, ale lekko przypudrowany mużyk poobwieszany złotą biżuterią od Cartiera czy Bvlgari.

*

Kręciłem się po centrum. Na przejściu dla pieszych, przed samym moim nosem, blokując mi przejście, zaparkowała wielka, żółta terenowa toyota. Wysiadła z niej dziewczyna wyglądająca jak zbuntowana córka oligarchy. Byłem pewien, że pod puchową kurtką ma koszulkę z napisem „Nirvana". Ledwie na mnie spojrzała, kliknęła alarmem i gdzieś poszła.

Chciałem znaleźć jakieś miejsce z Wi-Fi, żeby poszukać niedrogiego hotelu, ale jak na złość nic sensownego nie było otwarte. Podszedł do mnie jakiś facet. Miał postrzępioną, niezbyt długą brodę i oczy lekkiego wariata. Ubrany był trochę jak żul.

– Chodzę za panem już od jakiegoś czasu – powiedział.

Poczułem się nieswojo.

– Od jakiego czasu? – wydukałem automatycznie.

– Od jakiegoś – odpowiedział – nie pamiętam dobrze.

– A po co? – zapytałem.

Wzruszył ramionami i poszedł dalej. Przez chwilę zastanawiałem się, czy go gonić, ale przypomniałem sobie jego oczy wariata i też wzruszyłem ramionami.

Wróciłem w stronę miejsca, w którym przed wojną stał kijowski ratusz, a teraz rozwlekał się Majdan Niepodległości. Tknięty, odwróciłem głowę: wariat szedł za mną, był kilkadziesiąt metrów za moimi plecami. Wydawało mi się, że te swoje wariackie oczy ma jak w komiksach Franka Millera – narysowane ostrą bielą, że się odcinają bardzo wyraźnie od reszty jego ciała, od reszty Kijowa, ginących w czarnogranatowociemnoszarej gmatwaninie kształtów i cieni. Przystanąłem i udałem, że czytam napisy wyryte i wymalowane na kolumnach przy placu. To było graffiti z czasów pierwszego Majdanu, po jego zwycięstwie pokryte przezroczystą pleksi i zachowane na wieczną rzeczy pamiątkę. „Juszczenko – tak", „Janukowycz – precz", takie rzeczy. Zerknąłem – facet też się zatrzymał. Szybkim krokiem przeciąłem Majdan, minąłem Lacką Bramę z archaniołem, jakieś pozamykane na amen budy z żarciem i napojami i wspiąłem się na Małą Żytomierską.

Było ślisko i pod górkę, ale przez to, że pod górkę – to trochę mniej zimno. Chciałem jak najszybciej znaleźć jakiś hotel, ale nie potrafiłem obmyślić żadnego sensownego planu poszukiwania, więc po prostu kręciłem się dookoła. Wróciłem na Majdan i znów skręciłem w którąś z ulic. Przynajmniej wariata nie było widać. Snułem się między ceglanymi kamienicami pomalowanymi grubą warstwą farby, przez co powinny przypominać kamienice w Wielkiej Brytanii, ale jakoś nie przypominały, i rozmyślałem nad tym, co pisał Dowbor. Nad rosyjskim charakterem miasta. Który niedługo po czasach Dowbora stał się rosyjsko-radziecki.

Zastanawiałem się, jaki musiałby być Kijów, żeby porządnie reprezentował Ukrainę, a nie przypominał na każdym kroku o imperium, które go – co prawda – nie założyło, ale które stworzyło go takim, jakim dziś jest. Jak powinien wyglądać czysto ukraiński Kijów? Czy powinna to być kozacka metropolia, jakaś gigantyczna sicz, drewniana, słomiana, z zadzierzystym ostrokołem? Miasto jak z *Kajka i Kokosza*, tylko że obwieszone reklamami wielkich samochodów i drogich zegarków? Czy może powinien jakoś nawiązywać do architektury Rusi Kijowskiej, państwa, które już w średniowieczu skruszyło się samo na kawałki, które później zalała Litwa i Mongołowie?

W czasach, gdy budowano miasta, gdy nadawano im kształt – Ukrainy nie było, na Ukrainie nie ma więc ani jednego „miasta o ukraińskim charakterze". Nie wiadomo też na dobrą sprawę, czym taki charakter mógłby być. Jeśli spojrzeć w brutalnie szczery sposób, to „ukraińskim charakterem" było dopiero to wszystko, co dodano do miasta po ogłoszeniu niepodległości, czyli w latach dziewięćdziesiątych i później. Czyli nic specjalnie imponującego, niestety. Tandetne malowanie, beznadziejne szyldy, dzikie dobudówki z desek i cegieł. W zasadzie to samo co w Polsce. I balkony zabudowane jakimś plastikowym szajsem. I – tu i ówdzie – knaj-py z „tradycyjnym ukraińskim jedzeniem", czyli obite drewnem jadłodajnie udające wnętrza wiejskich cha-łup, z kelnerami w wyszywanych koszulach. Do tych koszul właściciele tych skansenów kazali kelnerom nosić idiotyczne słomkowe kapelusze, co sprawiało, że biedacy wyglądali jak wsiowi idioci. I pozostało im pocieszanie się, że i tak dobrze, że nie muszą chodzić boso.

Albo – patrząc równie brutalnie – wszystko, co tu kiedykolwiek postawiono, miało „ukraiński charakter", bo ilustrowało historię Ukrainy, ciąg jej losów. Ukraina zawsze tu była, nigdzie się nie ruszała, i fakt, że na tej ziemi przez długie lata nie udawało się stworzyć osob-nego, własnego politycznego ośrodka, który nadawałby krajobrazowi kulturowemu swoisty kształt – to zupeł-nie inna sprawa. Tak więc ten „ukraiński charakter" krajobrazu kulturowego byłby dokładnym odbiciem środowiska, w jakim kształtowała się ukraińskość jako taka: był mieszanką wpływów rosyjskich i radzieckich, rzadziej – polskich i niemieckich, jeszcze rzadziej – tu-reckich, mołdawskich. I nielicznych reliktów naprawdę dawnej przeszłości.

*

Snułem się ulicami, między rosyjskimi kamienicami, pokręciłem się chwilę pod zbudowanym przez kijow-skich Polaków kościołem Świętego Aleksandra. Ten święty Aleksander był właściwie wymówką: prawdzi-wym patronem kościoła był moskiewski car Aleksan-der, na którego cześć właśnie wyszukano mu patrona

48

imiennika. Kilka lat wcześniej, latem, na schodach tego kościoła spotkałem faceta, który, jak twierdził, był kijowskim Polakiem. Opowiadał mi z przejęciem, mieszając słowa ukraińskie i rosyjskie, rzadziej polskie, że jestem w polskim mieście, bo Kij, założyciel Kijowa, był polańskim księciem. Nie przyjmował do wiadomości, że Polanie znad Dniepru i Polanie z Wielkopolski to dwa różne plemiona.

– To niemożliwe, to niemożliwe – powtarzał silnie po wschodniemu akcentowanym polskim, kręcąc głową – jedno plemię, jedno plemię. – Miał na stopach stare sandały, brązowawe skarpety, na plecy narzuconą rozpiętą koszulę, pod którą pociło się obficie jego bladawe nagie ciało, bo upał był wtedy monstrualny, wydawało się, że niebo chucha na miasto gorącym, psim oddechem. Kijowski Polak powtarzał „tu Poljany – tam Poliany” i pokazywał wyciągniętymi, długimi palcami to „tam” i „tu”.

*

Jeszcze ze dwa razy natknąłem się na wariata, nad którego głową w bladym świetle nielicznych latarni unosiła się, jak aureola, para. Przyspieszałem albo, jeśli to było możliwe, zmieniałem kierunek. Ale wariat nie szedł za mną jakoś natarczywie. Nie próbował się zbliżyć. Zachowywał dystans, tylko te oczy, tak mi się przynajmniej wydawało, jarzyły mu się w ciemnej twarzy jak dwie trupio świecące świetlówki. W końcu znów trafiłem w okolice Andrzejewskiego Zjazdu. Tym razem jednak nie zszedłem w dół, tylko zacząłem wspinać się schodami na górę, do soboru Świętego

Andrzeja, który ze swoimi cieniutkimi wieżyczkami po bokach nawisał nad tym wszystkim jak barokowa wersja meczetu z czterema minaretami. Albo jak gotowy do startu statek kosmiczny jakichś barokowych kosmitów. Był podświetlony od dołu i w ciemnoczarnej kijowskiej zimowej nocy wyglądał, jakby szczerzył zęby. Lód oblepiał schody dokumentnie i wspinałem się na górę, drobiąc ostrożniuteńko kroczek za kroczkiem, jak staruszek.

– A ty tam po co! – krzyknął do mnie jakiś pijany chłopaczek z rozradowanej grupki idącej w dół, na Padoł. – Boga nie ma!

– Wiem – powiedziałem, a w tym samym momencie chłopaczek wywinął orła i zjechał Andrzejewskim Zjazdem parę metrów w dół, na przemian rechocząc i kurwując. Ktoś z grupy robił mu komórką zdjęcia. Flesz błyskał co chwilę jak stroboskop.

Dotarłem do metalowej barierki schodów, dotknąłem jej dłonią i miałem wrażenie, że mi zaraz do niej przymarznie. Wspinając się po oblodzonych schodach, patrzyłem co chwila w górę, na sobór, i myślałem trochę o jego patronie, tym całym świętym Andrzeju, apostole, który stał się patronem Słowian.

Nie, nigdy zapewne Słowian nie spotkał, kręcił się tylko wśród Scytów na północnym wybrzeżu Morza Czarnego, ale to musiało Słowianom wystarczyć, żeby obrać go za patrona. Tym biednym Słowianom, tak bardzo chcącym być dostrzeżonymi przez główny nurt dziejów, do którego się przykleili, że musieli chwytać się każdego cienia i każdego muśnięcia historii. Tej wielkiej, najważniejszej, europejskiej. Bo sami przecież swojej historii nie mieli. Taki to jest los prowincji, która rzuciła wszystko, co swoje, i z całej siły tuli się do metropolii. Poza narracją metropolii jest tylko jakaś bezkształtna, prasłowiańska, drżąca masa, która nawet nie wiadomo gdzie się mieściła.

– A widzisz, Bóg jednak jest! – krzyczeli gdzieś w dole znajomi pijanego chłopaczka, który próbował wstać na nogi, co na tym lodzie i w jego stanie nie było łatwe. Buty mu się rozjeżdżały, klął co chwila. Nikt mu nie pomagał, wszyscy się śmiali. Flesze przestały błyskać, widocznie przełączyli się na filmowanie. A ja piąłem się kroczek po kroczku w górę, a gdy wszedłem na platformę, na której stał sobór, i podszedłem do barierki – zaparło mi dech.

Zobaczyłem kosmos. Rozgwieżdżony kosmos, pozbijany w galaktyki, pomiędzy którymi wolno, dostojnie sunął statek kosmiczny. Sekundę później dopiero dotarło do mnie, że to zwykły, normalny statek. Rzeczny, ale spory. Nie mogłem jednak zrozumieć, dlaczego płynie po niebie.

– To Dniepr – powiedziałem w końcu na głos. – O Boże – wyrwało mi się.

Ktoś kiedyś napisał, że nawet jeśli zobaczymy kosmitów na własne oczy, to nie znaczy, że ich dostrzeżemy. Mózg, przyzwyczajony do tego, co zna, niechętnie wpuszcza do środka obce dla niego obrazy. Kiedyś miałem tak w Kazbegi na Kaukazie. Gdy wyszedłem w nocy na taras domku, w którym wynająłem pokój, i spojrzałem przed siebie, stwierdziłem ze zdziwieniem, że noc jest bardzo pochmurna: nie widać ani gwiazd, ani zarysu gór na ich tle. Dopiero później zorientowałem się, że mój zapolszczony umysł każe mi patrzeć na wysokość mniej więcej Tatr. Gdy podniosłem głowę wyżej, o wiele wyżej, zobaczyłem wyszczerzoną grań i gwiazdy nad nią i zrozumiałem, że pogoda jest śliczna. I nie mogłem przestać patrzeć.

Gdy stałem tam, na tarasie soboru Andrzeja, również dopiero po chwili wszystko wskoczyło na miejsce. Mój mózg, przyzwyczajony do skali Wisły, nie zaakceptował potęgi i muskularności Dniepru. Galaktyki okazały się światłami osiedli na obu brzegach, a kosmiczna pustka między nimi – szeroką jak jezioro rzeką. Stałem, wmurowany, a mój mózg mielił to wszystko, mielił, i wtedy właśnie zorientowałem się, że zaczynam ulegać temu słynnemu złudzeniu, które daje kojące przez chwilę poczucie, że – być może – Bóg jednak istnieje. Że – być może – wszystko jest jednak poustawiane inaczej, niż z rezygnacją zakładamy. I że – być może – mamy jakiś sens, cel i znaczenie. I że, nawet jeśli nie istnieje, dobrze by go było sobie choć na chwilę wyobrazić. Ale gdy mózg zmielił to, co widział, uczucie, jak zawsze, prysnęło, a nieziemski obraz rozłożył się na czynniki pierwsze.

*

Zejść po tych przeoblodzonych schodach było o wiele trudniej, niż wejść. Trzymając się oburącz lodowatej barierki i drobiąc krok za kroczkiem, czułem się jak debil. Jak pierdołowaty cesarz Maksymilian z tej starej austriackiej czytanki, który, jak to pisał Hašek, „wlazł na skałę i nie umiał z niej zleźć". Uniosłem głowę i zobaczyłem wariata stojącego u podnóża schodów i gapiącego się na mnie z głupawym uśmiechem, z tymi oczami jak świetlówki.

Zejście w dół zajęło mi trochę, więc postronny obserwator miałby wiele radości, widząc tę scenę, jak do stojącego u dołu schodów z łagodnym, szwejkowskim uśmiechem wariata schodzi nerwowo, lecz powolutku, jakiś chmurny facet z plecakiem, rzucający wariatowi wściekłe spojrzenia. Obserwator miałby jeszcze więcej radości, widząc, że drobiący nerwowo nogami plecakowiec wypieprza się w końcu na plecy i zjeżdża po schodach, prawie pod stopy wariata.

Wstałem, otrzepałem tyłek ze śniegu, wszystko przy tych trupio, ale łagodnie świecących oczach, i podszedłem do wariata, lekko utykając.

– Coście się przyjebali – zapytałem. – Chodzi o kasę? Trzeba było zapytać wcześniej, tobym od razu powiedział, że nie mam. Czemu za mną łazicie od ponad godziny, powiedzcie?

– Czemu, czemu – wzruszył ramionami wariat, który chyba trochę się obraził. – Niczemu, ot tak.

I poszedł w dół Andrzejewskim Zjazdem, uważnie stawiając nogę za nogą.

Granica

Granica polsko-ukraińska pomiędzy Lwowem i Prze-
myślem idzie prawie prosto, prawie jak od linijki. Przed
wojną stosunki etniczne po obecnej polskiej stronie
niespecjalnie się różniły od tych po ukraińskiej. Rusini
i tu, i tam głównie po wsiach; po miastach – głównie
Polacy i Żydzi. Granica państwowa przecięła jak nożem
obszary w podobny sposób przemieszane etnicznie.
W wielu miejscach to na wschód od obecnej granicy
znajdowały się większe skupiska Polaków, a na zachód –
Rusinów.

Później do roboty zabrały się siły, które zagnały po-
szczególne etnie na swoje strony. Działo się to wszystko,
dodajmy, w oparach rzezi, jakiej te ziemie nie widziały
od czasów tatarskich najazdów.

*

I Ukraińcy, i Polacy przyzwyczaili się już do tej linii.
Ale i w jednych, i w drugich budzą się nostalgiczne
sentymenty. Ukraińcy płaczą za „Zakerzoniem", czyli
ziemiami położonymi na zachód od linii Curzona, która – w wielkim skrócie – wyznacza granice między obo-
ma krajami. Jedni płaczą za straconą przez przodków

małą ojczyzną, inni – za historycznym dziedzictwem: bo to na „Zakerzoniu" leżały Grody Czerwieńskie, tam sięgało władztwo książąt halickich, a sam ruski król Danyło miał siedzibę w zakerzońskim Chełmie.

A w Polsce – wiadomo. Portale historyczne rozpisują się na temat tego, co by mogło być. Jak można było pozostawić przy Polsce choć trochę, choć Lwów, choć borysławskie zagłębie naftowe. Dzieli się tę linię jak włos, na czworo, na warianty, na linię Curzona A, którą mieli popierać nieprzychylni Polsce Brytyjczycy, i linię Curzona B, popieraną przez przychylnych Francuzów, a nawet C, D, E i F. Wywodzi się, że linia Curzona tak naprawdę nie jest żadną linią Curzona, tylko fałszerstwem dokonanym przez pracownika brytyjskiego MSZ, Lewisa Bernsteina-Namierowskiego, urodzonego w Polsce, w spolonizowanej i zeświecczonej rodzinie żydowskiej: w czasie, gdy ważył się kształt granicy, Namierowski miał zakraść się nocą do map i sfałszować linię Curzona, jednym pociągnięciem ołówka odbierając Polsce Lwów. I sycąc w ten sposób szeptaną polską narrację o żydowskim spisku zagrażającym Rzeczpospolitej.

Bieda w tym, że wyznaczanie linii Curzona odbywało się w 1920 roku, a po Bitwie Warszawskiej Polska niespecjalnie się przejmowała kreskami wyznaczonymi na mapie przez Namierowskiego czy Curzona i po prostu zabrała tyle, ile była w stanie unieść i przeżuć. W 1920 roku to Polska pokonała Rosję Radziecką, w tym armię dowodzoną przez Stalina, i to ona, zwycięska, dyktowała przebieg granicy. Po II wojnie światowej zrobiłaby najchętniej to samo – ale już się tak nie dało. W 1945 roku zwycięzcą był Stalin. Jak twierdził Władysław Pobóg-Malinowski, do pewnego momentu, gdy jeszcze Stalinowi zależało na tym, by się z Polakami dogadać, był skłonny wspólnie z nimi ustalać przebieg granicy, co teoretycznie stwarzało szanse na pozostawienie Lwowa przy Polsce. Chodziło o rozmowy prowadzone przez premiera rządu londyńskiego Władysława Sikorskiego ze Stalinem w grudniu 1941 roku, niedługo po układzie Sikorski–Majski. Stalin – pisze historyk Piotr Eberhardt – skłonny był wtedy słuchać jeszcze jakichkolwiek sugestii Polaków dotyczących granicy. Ale Sikorski odmówił. Argumentował, że nie mógłby „zaakceptować, nawet teoretycznie, jakiejkolwiek sugestii, iż granice państwa polskiego można by uznać za płynne". Dla Polaków, tkwiących w londyńskim Klubie Kawalerów Ostrogi, sprawa wschodniej granicy była niedyskutowalna. Prawdopodobnie każdy w klubie z osobna zdawał sobie sprawę, że Kresy są już przegrane i ratować należy to, co się da – ale nikt nie odważył się wypowiedzieć tego publicznie, bo reszta, choć też wiedziała, zlinczowałaby go na miejscu, dokonując rytualnego politycznego, a zapewne i towarzyskiego zarżnięcia.

Władysław Pobóg-Malinowski sugerował, że szanse na Lwów były i później, ale dość surrealistyczny polski upór trwał w najlepsze. Według Pobóg-Malinowskiego przed konferencją w Teheranie brytyjski minister spraw zagranicznych Anthony Eden próbował wybadać Stanisława Mikołajczyka, który został premierem londyńskim po śmierci Sikorskiego, pytając, czy gdyby Polska otrzymała „Prusy Wschodnie, cenne obszary na Śląsku, a poza tym na wschodzie terytorium do linii Curzona, rozszerzone przez przyłączenie Lwowa – z Wilnem sprawa gorsza – to czy takie rozwiązanie uważalibyście za dopuszczalne?". Mikołajczyk, premier zniszczonej, rozdartej na strzępy i zależnej od sąsiadów Polski, odparł to samo, co przed nim Sikorski: „Żaden rząd polski na obczyźnie nie może podejmować dyskusji na temat pomniejszenia terytorium polskiego". Co też Eden przyjął „z gestem zdziwienia".

Później, gdy nawet dla Klubu Ostrogi oczywiste stało się, że trzeba ratować co się da – było już za późno. A kombinowano na wszystkie sposoby. Mikołajczyk twierdził, że prawdziwa linia Curzona, nie ta sfałszowana, nie dotyczy Galicji, a więc Lwowa i zagłębia borysławskiego. Na argument Stalina, że „nie może krzywdzić Ukraińców", odpalał w całkiem zgrabny sposób, że posiadanie Lwowa nie jest postulatem Ukraińców naddnieprzańskich, tylko galicyjskich, którzy Rosji nie są przychylni. Stalin nie słuchał. Dopuszczał jedynie ewentualne kilkukilometrowe korekty granic. Ale Mikołajczyk cisnął, cisnął i cisnął.

Churchilla, który chciał jak najszybciej dogadać się ze Stalinem, zalewała krew. Zarzucał Mikołajczykowi egoizm i narażanie na szwank stosunków między aliantami. Mikołajczyk w pamiętnikach pisał, że Churchill błagał go o zgodę na linię Curzona: „Będzie pan miał kraj!" – wołał. Mikołajczyk się nie zgadzał, a Churchill, wściekły, ogłosił w pewnym momencie, że w takim razie umywa ręce od całej sprawy. „Nie mamy zamiaru rujnować pokoju w Europie – mówił. – W swoim uporze nie zdaje pan sobie sprawy z ryzyka. My nie rozstaniemy się w przyjaźni. Pokażemy światu, jak jest pan nierozsądny".

Mikołajczyk wypalił, że mocarstwa i tak przypieczętowały już los Polski, w Teheranie.

„Polska została uratowana w Teheranie!" – krzyknął Churchill.

Anthony Eden tak opisuje tę sytuację w swoich pamiętnikach: „Polacy usiłowali nakłonić Stalina do wyrzeczenia się Lwowa. Mikołajczyk oświadczył, że jeśli uzyska to ustępstwo, on sam i jego koledzy przyjmą resztę linii Curzona. Na ich prośbę oraz premiera Churchilla udałem się do Stalina z ostatecznym protestem i apelem. Stalin nie poczuł się tym urażony, ale i nie ustąpił. Wysłuchał uważnie [...], po czym ograniczył się do stwierdzenia, że jest związany obietnicą daną Ukraińcom".

Mikołajczyk walczył jeszcze jakiś czas o Lwów, a gdy zrozumiał, że to już koniec – ustąpił. Jego następcą został Tomasz Arciszewski, który, jak gdyby nigdy nic, powrócił do obstawania przy przedwojennej granicy Polski.

Łatwo wyobrazić sobie wielkie oczy Churchilla. Po tym jak dowiedział się, jaką politykę postanowił prowadzić Arciszewski, ograniczył z nim kontakty do minimum. A w grudniu 1945 roku w przemówieniu w Izbie Gmin opowiedział się za pozostawieniem Lwowa w rękach radzieckich i zrekompensowaniem Polsce strat terytorialnych ziemiami zachodnimi.

Linia Curzona A, tu i ówdzie przesunięta o parę kilometrów. To ta właśnie linia oddziela teraz Medykę od Szegini, to przy niej ustawiają się teraz kolejki tirów, busików, mrówek z papierosami, słodyczami, alkoholem i czym się jeszcze da.

*

Pomniki Grunwaldu w Medyce to po prostu betonowe, biało malowane kloce z napisem „Grunwald". Kloce nieco już obłażą. Pod klocami siedzą jakieś chłopaczki i słuchają rapu z komórki. To znaczy – jeden trzyma podniesioną wysoko komórkę, a reszta kiwa głowami do rytmu. Coś tam bzyczy ledwie, więc nie wiem, czy to Peja, czy Sokół, ale słyszę, że po polsku. Raper rapuje, że jest uczciwy, że robi swoje i nikogo nie kopiuje, że jest sobą i że najbardziej na świecie liczy się szacunek ziomów z ośki. Takie rzeczy. Chłopaki kiwają głowami do rytmu. Wygląda na to, że wszyscy się zgadzają z tym, że szacunek ziomów z ośki ważna sprawa i żeby nie kopiować. Za plecami mają cmentarz, a za cmentarzem – tory, a za torami – już Ukraina. Inny świat, do którego siedzą plecami.

*

Medykę do Polski włączono dopiero w 1948 roku. Jechałem przez nią powoli, z otwartymi oknami, i wyobrażałem sobie, co by tu było, gdyby nie włączono. Albo czego by nie było. Nie byłoby na przykład pomnika Grunwaldu. Może by Szewczenko stał. Albo Bandera. Szewczenko miałby białą, rozwichrzoną brodę, a Bandera – rozwiany płaszcz. Na postumencie Szewczenki widniałby jego stylizowany podpis. Na postumencie Bandery – ostry, spiczasty tryzub. Chłopaczki, tak jak i w Polsce, siedziałyby pod postumentem. Polskiego

59

rapu pewnie by nie słuchały, raczej rosyjski albo ukraiński.

Domy by były trochę inne. Mniej by było tynku – baranka, mniej blachodachówki, więcej eternitu. Kostka brukowa byłaby inna. Nie polbruk, tylko taka pseudobarokowa, żółtawa. Brzydka jak cholera. Krawężniki by były malowane na biało. Gdzieniegdzie stałyby fabrycznie tłoczone Matki Boskie w pozie modlitewnej malowane na rażący biały kolor. Na spożywczaku napisane by było „Produkty", a przed wejściem rozciągałby się wydeptany majdańczyk. Z kosza na śmieci sterczałyby plastikowe butelki z etykietami cyrylicą. W środku można by było kupić majonez, keczup w woreczkach i ciemną, wysuszoną wędlinę. Wędzone i suszone ryby, czasem kurze łapki.

Auta by były nieco bardziej wymiętolone. Średnioklasowe ople, skody, fordy i audiki przetykane poradzieckimi ładami i zaporożcami. Albo – z drugiej strony – czarno lakierowanymi, błyszczącymi suwiskami o wielkich dupach i karkach.

Chłopaczki nie chodziłyby w krótkich, sportowych spodenkach, sportowych białych skarpetkach za kostkę i sportowych bluzach, tylko raczej w obcisłych, ciemnogranatowych spodniach, dżinsach albo dresach i ciemnych koszulach. Słowem, nie w ciuchach z dyskontu, tylko z targu.

Starsi ludzie w ukraińskiej Medyce wyglądaliby z grubsza tak samo jak w Medyce polskiej. Mówiliby nawet z podobnym akcentem.

Mieszkańcy ukraińskiej Medyki nie chodziliby na przystanek busików do Przemyśla, tylko na przystanek marszrutek do Mościsk, Gródka i Lwowa. Przemyśl nazywaliby Peremyszlem.

A pomiędzy nimi kręciliby się Polacy z plecakami. Ukradkiem fotografowaliby ludzi i pytaliby o drogę na autobus do Lwowa. Niektórzy, żeby nikogo nie urazić, bardzo by uważali, żeby mówić „Lwiw", a nie „Lwów". A inni demonstracyjnie mówiliby „Lwów", w ogóle głośno mówiliby po polsku, kręcili z niezadowoleniem głowami, patrząc dookoła. Może nawet by czasem cmoknęli z przyganą.

A w medyckich sklepach robiłyby zakupy polskie mrówki, by potem, objuczone i obklejone towarem, przechodzić ciężko na drugą stronę granicy.

*

Przejście graniczne w Medyce przypomina przedpiekle.

Po wyschniętym klepisku, tu i tam poprzetykanym jakąś asfalciną czy brukowanym kawalątkiem, kręcą się ludzie o wymiętych twarzach, w wymiętych ubraniach. Handlują kilkoma paczkami papierosów, flaszką wódki, jakimiś ciuchami po taniości.

Chodzą, pokazują, co tam mają do sprzedania pod połami kurtek, w torbach, torebkach, palą papierosy, prawie wszyscy ukraińskie, czy to Polacy, czy Ukraińcy, po cholerę przepłacać.

Piją podłą kawę z plastikowych kubków, jedni i drudzy, Polacy i Ukraińcy. Jedzą jakieś gulaszoidy w drewnianej budzie niedaleko przejścia. Oglądają ciąg ciężarówek stojący na granicy. Patrzą, jak kierowcy tirów myją zęby i płuczą usta wodą mineralną z butelki.

Polacy i Ukraińcy, synowie i córki tej samej ziemi podzielonej na dwie państwowe rzeczywistości i ukształtowani przez te dwie różne rzeczywistości, piją tę samą obrzydliwą kawę i patrzą na te same wymięte samochody upieprzone zaschniętym błotem.

Patrzą na żółtą budę Biedronki, która jest takim samym symbolem Polski jak pomnik Grunwaldu i biało-czerwona flaga powiewająca nad tym burdelem wokół przejścia granicznego.

Biedronka też zresztą wygląda na wymiętą, ciągnie od niej metalicznym zapachem brudu i mokrej ściery. Obok stoją ciągi bud, w których można kupić mięso, wymienić pieniądze, zjeść umierający kebab albo zdechłą zapiekankę. Śmierdzi kurczakiem, olejem i serem. W środku tego wszystkiego sterczy przerażony, samotny bankomat. Sterczy w sinobrązowym klepisku jak zagubiony robot z *Gwiezdnych wojen* na dalekiej, pustynnej planecie.

W powietrzu, poza smrodem ściery i niezdrowego żarcia, wisi zapach postapokalipsy i końca świata, bo GPS pokazuje, że za kilkanaście metrów zaczyna się już zimna, biała pustka. Kończy się Polska, więc dla polskiego GPS-u kończy się rzeczywistość. Kończą się ulice, nazwy, punkty usługowe. Kończy się bitwa pod Grunwaldem, kończy się Biedronka. Wszystko. Nie ma nic, tylko wrażenie, że można wystawić głowę poza skraj wszechświata.

O tym, że świat się jednak nie kończy, przypomina pograniczne esperanto: trochę po polsku, trochę po ukraińsku, trochę po rosyjsku, gdy już się zupełnie nie da dogadać. Po angielsku nikt nawet nie próbuje. To nie ten model globalizacji. To czysta pragmatyka, a nie szpan wielkim światem. Wodka, cyharety? Papirosu, wodku? Te, dużodobry, co tam masz w sumce?

*

Polscy pogranicznicy mówią do Ukraińców per „ty". Choć ostatnio to się zmienia i zaczyna dominować zimna forma bezosobowa. Lodowaty bezokolicznik. „Otworzyć torbę". „Cel wizyty". Ukraińcy przechodzący granicę starają się być grzeczni, jak najgrzeczniejsi, upokarzająco grzeczni, a polscy celnicy żerują na tej upokarzającej grzeczności i puchną, pęcznieją, oziębiają się, panieją, wyniośleją. Czasem zachowują się wobec Ukraińców po prostu jak fiuty. A Polaków przepuszczają prawie po koleżeńsku. Czasem aż się głupio robi.

*

Kiedyś tu była biała buda, biała, plastikowa buda, a na górze napis: *„Ukrajina witaje was"*, a na drzwiach tabliczka: *„wchid w Ukrajinu"*. Teraz to już jest przejście z prawdziwego zdarzenia. Ale Ukraina zaczyna się jeszcze przed budynkiem, przed bramkami, całym tym pokazywaniem paszportów. Zieje ze wszystkiego, z kostki brukowej, z napisów, z ogrodzenia. Żołnierze czasem wychodzą na ziemię niczyją zajarać.

Ukraińscy celnicy mają różne humory. Czasem każą zdejmować czapkę, gdy porównują zdjęcie w paszporcie z rzeczywistością. Często pracują tam dziewczyny. Raz są zimne jak mrożonka, raz wesołe, jakby się lekko upiły.

– Ziemowit – śmiała się kiedyś jedna, patrząc w mój paszport. – Ziemowit! Co to za imię, Ziemowit! Ziemowit, w jakim celu na Ukrainie byłeś, powiedz? Dziewczynę tam masz, na Ukrainie? Nie? To czemu nie masz? Co jest, Ziemowit? Co się z tobą dzieje, Ziemowit? Natychmiast wracaj na Ukrainę, Ziemowit! – zaśmiewała się. – Znajdź sobie dziewczynę na Ukrainie, Ziemowit!

Uśmiechałem się wtedy uprzejmie i zerkałem, gdzie tam na biurku leży dilpak z czymś skonfiskowanym, przemycanym. Białym, zielonym, kolorowym. Ale nie było. Stół, kalendarz jakiś, jakiś obrazek. Prezydent na ścianie. Dawniej był Kuczma, potem Juszczenko, potem Janukowycz o fryzurze na coś pomiędzy Elvisem a wiejskim żigolakiem, teraz Poroszenko o twarzy ospałego misia. Ukraińskie życie, ukraiński świat, ukraińskie odniesienia.

*

Nad kordonem zawsze wisi trochę nerwowa atmosfera. Zawsze trochę brakuje oddechu, nawet gdy niby jest wesoło. Bo to wszystko to trochę śmiech Jokera. Stoją ludzie i w spoconych dłoniach trzymają paszporty. Przestępują nerwowo z nogi na nogę. Przejść granicę, wejść z rzeczywistości w rzeczywistość, ze świata w świat – nie może być zbyt prosto. Kiedyś często widywałem, jak wsuwali w paszporty po kilka dolarów. Teraz widać to rzadziej.

Ukraińscy pogranicznicy, lubię to sobie wyobrażać, chronią wstępu do kraju, który jeszcze kilka czy kilkanaście lat temu im zwisał. Którego nawet nie znali.

Ukraina była dla nich teorią. Nazwą z podręcznika do historii, ojczyzną ludowych piosenek, Kozakiem z kreskówki. W każdym razie – nie do końca rzeczywistym politycznym bytem. Nie pieniądzem, nie armią, nie godłem, nie terytorium, którego trzeba bronić. Zawsze zastanawiam się, co mają w tych głowach okrytych czapkami z tryzubem. Jak to im się wszystko układa w całość. Tu – my. Tam – oni.

*

– Jak będzie Nowy Ład Światowy – mówił mi kiedyś pewien facet, Ukrainiec, w kolejce przygranicznej – to tego wszystkiego już nie będzie. Tych granic, kolejek. W dupie mam Unię Europejską, wszyscy tylko o tej Unii Europejskiej, a tu przecież chodzi o coś innego, o coś więcej. O Nowy Ład Światowy. To dopiero będzie sensowna przyszłość, a nie Unia Europejska.

Kolejka sunęła bardzo wolno, jechaliśmy wtedy autokarem z Ukrainy do Polski, kazali wszystkim wysiąść i trzeba było rozkładać toboły na metalowym, zimnym stole, wyglądającym jak stół do wiwisekcji.

– Wszyscy narzekają na ten Nowy Ład Światowy, który ma nadejść – ciągnął facet – boją się, że jakieś czipy będą w ręce wszczepiali, ale mnie się on podoba, ten Nowy Ład Światowy. To jest dobry pomysł, taki Ład. Jeden rząd na całym świecie, nikt się z nikim nie bije. I niech sobie nawet rządzą ci iluminaci czy jak im tam, masoni. Co mi to przeszkadza? Co, oni źle chcą dla ludzi? Czytałem dużo o iluminatach i masonach, oni wcale nie mają takich złych tych swoich planów. Właściwie, powiedziałbym, dobre. Pokój na świecie, stabilizacja. Rządy fachowców. To jest dobre. Stabilizacja jest dobra. Rządy fachowców są dobre. Nawet niech te czipy będą. Przynajmniej będzie bezpiecznie. Będzie jak przy Związku Radzieckim, tylko robionym nie przez Moskali.

– A przez kogo? Przez reptilian? – spytałem, podchodząc krok bliżej stołu do wiwisekcji, za którym stali bladzi ukraińscy pogranicznicy w wielkich czapkach.

– Przez jakich reptilian – uśmiechnął się łagodnie facet. – Reptilianie to teoria spiskowa. Przez Amerykę. No przecież to właśnie tam rządzą iluminaci i masoni. Widział pan plan, na którym jest zbudowany Waszyngton? Przecież to pentagram! Symbol masoński! Albo dolara pan widział? Ile tam masońskich symboli? Tę piramidę uciętą pan widział, z tym okiem w trójkącie? Proszę pana! Ameryka będzie rządzić. No to co, źle będzie, jak Ameryka będzie rządzić? Jak nam zrobi ład?

*

Położyłem swój plecak na metalowym stole do wiwisekcji.

– Otwórz – powiedział pogranicznik.

Otworzyłem. W tym jarzeniowym świetle jak w trupiarni miałem wrażenie, że ma pionowe źrenice.

– Wyjmuj – powiedział pogranicznik.

Zacząłem wyjmować.

Na początku mówił do mnie na „ty", a ja do niego na „wy", ale w końcu też przeszedłem na „ty". Źrenice, wydawało mi się, jeszcze bardziej mu się zwęziły. Zblednąć bardziej nie mógł, bo i tak był siny jak śmierć.

– Chodź ze mną – powiedział.

Ten od Nowego Ładu Światowego uśmiechał się do mnie lekko i ze współczuciem.

Zostawiliśmy rozbebeszone, ciepłe jeszcze i śmierdzące trochę bagaże na metalowym stole, brudne skarpetki i podkoszulki wyglądały jak parujące wnętrzności. Poszliśmy do pustego autobusu. Stał opuszczony, z otwartymi komorami bagażowymi. Wyglądał bezbronnie, jakby był wystraszony. Znaczek Mercedesa błyszczał mu na nosie jak drogi zegarek na ręce zagubionego zachodniego turysty w samym środku słowiańskiego blokowiska. W kabinie było ciemno. Pogranicznik pokazał mi oczami czarny prostokąt drzwi.

– Wchodź – powiedział.

Wszedłem.

Pogranicznik za mną. Podeszliśmy do mojego siedzenia, a on jakby nagle oszalał.

– Gdzie masz narkotyki! – syczał, zaglądając do schowka nad siedzeniem, zaglądając pod siedzenie. – Gdzie masz dragi, suka!

– Wiesz dobrze, że nie mam – odpowiedziałem, na co znów popatrzył na mnie wzrokiem jaszczura. I powiedział:

– A wiesz, że w każdej chwili możesz mieć?

Teraz ja byłem jak jaszczur, ograniczyłem wszystkie ruchy, spiąłem się w sobie. Straszył mnie, pokazywał władzę. Skutecznie: zimna winda jeździła mi w górę i w dół kręgosłupa. Tak, wiedziałem, że w każdej chwili mogę mieć. Wiedziałem, że w każdej chwili on może wszystko, a ja nie mogę nic. Wiedziałem, że nie mogę nawet drgnąć wobec jego chwilowej, pogranicznej wszechwładzy, bo w tej chwili, przez tych kilka krótkich minut – on ma mnie całego. Nic mnie przed nim nie chroni. Żadne przepisy, prawa. Pomiędzy nim a mną wisiała naga siła, naga możliwość, wobec której wszystkie fanaberie typu „prawa" były sprowadzone do roli teorii dla pięknoduchów.

Przypatrzył mi się uważnie, zajrzał mi głęboko w oczy, ocenił wrażenie, które wywarł, po czym momentalnie stracił mną zainteresowanie i bez słowa, zupełnie jakby mnie w tym autobusie nie było, wyszedł. Zostałem sam, w ciemnym autobusie, z soplem lodu w miejscu kręgosłupa. Nie widziałem później tego pogranicznika. Gdy wróciłem do swojego wybebeszonego plecaka, stał już tam inny reptilianin i z odrazą ściskając wąskie nozdrza, patrzył na moje nieczyste bokserki i skarpetki.

– To twoje? – syknął. – Zabieraj.

*

Na polskiej granicy Polacy obrabiali faceta od Nowego Ładu Światowego. Stał z miną wyrozumiałego męczennika i patrzył, jak jego bagaż jest przetrzepywany po raz wtóry. Polacy z twarzami zimnymi jak mrożone pizze wyszczekiwali komendy, a facet, z dostojeństwem na twarzy, odpowiadał na pytania. Próbował mówić po polsku, i to był błąd. Pogranicznicy traktowali te jego próby jako korzenie się. A im bardziej się według nich korzył, tym bardziej nim gardzili. W końcu doprowadzili swą pogardę do takiego stanu, że zaczęli wierzyć, że ten chudy, siny na twarzy facet nie stanowi żadnego zagrożenia dla Rzeczpospolitej – i go puścili. Wsiedliśmy z powrotem do autobusu. Facet był wymiętoszony, ale dość pogodny. Uśmiechał się słabo.

– Będzie jeszcze kiedyś Nowy Ład – powiedział po polsku. – Pan zobaczy. Będzie jeszcze kiedyś dobrze. Przyjdą masoni i nas wyzwolą.

*

To było wiosną. Zrobiło się już zielono i przez woń niekatalizowanych spalin i towotu przebijał zapach kwitnienia. Przekroczyłem granicę na piechotę i byłem w Szeginiach.

Najpierw poszedłem na dworzec autobusowy zobaczyć, czy nie jedzie coś do Lwowa. Bo teraz już tam, w Szeginiach, mają dworzec autobusowy. Kiedyś nie mieli, dawniej rozkraczone marszrutki stały dziko zaraz za przejściem, koło sklepu z wódką i z cukierkami, jak konie przywiązane tu i tam, do czego się da: do palika, poręczy, słupa. Dopiero potem to się zaczęło zmieniać. Bo Szeginie to od jakiegoś czasu najbogatsza wieś na Ukrainie. Tak się mówi.

Wszystko tutaj, mówi się, jest kupione za przemycone. I zbudowane za przemycone. Domy, sklepy, wszystko. Gaz, mówią w Szeginiach, nam położyli, bo zapłaciliśmy kasą z przemytu. Kasą za wódkę i papierosy. Wszystko za gorzałę i szlugi. Lampy na ulicach. Asfalt. A myślicie, mówią, że za co? Że państwo dało? Da ci, pukają się w głowę, państwo. Jedź sobie dalej, w Ukrainę. Zobaczysz państwo. A u nas, w Szeginiach, kultura. Wszystko dzięki przemytowi. Wszystko za szlugi, za gorzałę, za auta przeganiane, za handel. Da się? Da się. A mówi się, że Ukraina nie działa.

*

A przemyca się różnie. Papierosy, alkohol, wiadomo, a poza tym – co się da. Auta, w całości i w częściach, narkotyki, starodruki, ikony prawdziwe, ikony podrabiane, sprzęt elektroniczny, odzież, biżuterię, kiełbasy, ser, coraz częściej broń. Lekarstwa. Albo, na przykład, pijawki. Pewien kierowca marszrutki z Szegini do Lwowa opowiadał mi, że jego znajomy, który uprawia medycynę ludową, próbował przewieźć ich do Polski kilkaset sztuk. Polscy celnicy zrobili mu awanturę o złe traktowanie zwierząt. Jakich zwierząt, mówił znajomy, to pijawki, ale oni nie słuchali. Pijawki, odpowiadali, to zwierzęta, jak pies, kot czy gupiki. Wlepili mu grzywnę, pijawki skonfiskowali, a przecież na jednej pijawce, mówił smutno marszruciarz, jest kilka euro przebicia na czysto. Marszruciarz nie mógł pojąć, o co cała awantura. Przecież te pijawki polscy pogranicznicy na pewno od razu wylali do jakiegoś stawu. Zakładając, oczywiście, że sami nie zhandlowali z przebiciem kilka euro na sztuce. Ale oni teraz tacy europejscy, wszystko legalnie, według prawa, ironizował, to pewnie nie sprzedali, tylko wylali. W każdym razie – co za różnica, pytał kierowca, czy te pijawki siedzą w stawie po polskiej, czy po ukraińskiej stronie? Czy to, że pijawki są w stawie po polskiej stronie, przynosi komuś jakąś korzyść, na przykład pomaga komuś w zarobkowaniu na uprawianiu medycyny ludowej? Komu zależy na tych pijawkach? Komu to przeszkadza? Czemu nie mógł sobie chłop zarobić? Po co ludziom robić problemy?

Albo gołębie.

Jechałem kiedyś autobusem z panem Wasylem. Z Polski na Ukrainę. Pan Wasyl był spod Iwano-Frankiwska. Miał szeroką twarz, ciemnawą, przypominała trochę miedzianą patelnię. Pracował w Polsce, na Pomorzu, u kogoś z rodziny. U jakiegoś dalekiego kuzyna, syna przesiedleńca z akcji „Wisła". Na budowie, bo kuzyn miał firmę budowlaną, i żeby było taniej, odnowił ostatnio swoje kontakty z ojczyzną przodków i ściągał z niej siłę roboczą. No i pan Wasyl teraz wracał do siebie. Wiózł żywe gołębie zawinięte w gazety. Bo hodował, mówił, gołębie. Z ojcem. Trochę hobbistycznie, trochę na handel. Różnie.

Pytałem, jak on te gołębie przemyca. W klatkach w luku bagażowym? Na dachu autobusu? Pokazał. Wstał i sięgnął na półkę nad siedzeniami. Pogmerał chwilę i wyciągnął rulon „Gazety Wyborczej". Delikatnie rozchylił. Gołąb patrzył otępiałymi paciorkami, mierzył tępym dziobem. Wasyl wylał sobie na palec kropelkę wody, podstawił gołębiowi pod dziób. Gołąb wypił. Wasyl schował gołębia, wyjął drugiego, trzeciego, czwartego. Napoił.

– Co one takie spokojne, te gołębie – spytałem.

– Też byś był spokojny – pogodnie zauważył Wasyl – gdybyś od kilkunastu godzin nic nie jadł.

Dojeżdżaliśmy do Medyki. W szarówce widać już było dwujęzyczne szyldy, polskie i ukraińskie. Meble, kafelki. Pogranicznicy jedni, drudzy, wpadli, narobili rabanu, paszporty pozabierali, pokręcili się tu i tam, a do gołębi nawet nie zajrzeli.

*

Krążą historyjki o kozakach pogranicza. Na przykład
o dwudziestoparoletnim chłopaczku, który próbował przejechać polską granicę na tarana. Wiózł kilkadziesiąt tysięcy paczek papierosów za prawie sto tysięcy dolarów i nie miał specjalnej ochoty na polską
drobiazgową kontrolę. Gdy się okazało, że będą go
mocno czesali, nacisnął gaz w swoim mercedesie
sprinterze i rozpieprzył biało-czerwony szlaban gra-
niczny, ot tak, z kopa wdzierając się na polskie terytorium. Zapomniał tylko o zaostrzonych prętach, które
wysunęły się z asfaltu i rozorały mu opony. Chłopaczek nie zamierzał czekać, aż Polacy go zwiną, i zwinął się sam: otworzył drzwi i wyrwał w Polskę, mijając znudzonych i zdziwionych kierowców w swoich
samochodach, pozostawiając zdziwionych pograniczników z rozdziawionymi ustami. Nie wiem, czy był tak
głupi, czy tak zdesperowany, ale mi zaimponował. Nie
jest bowiem łatwo tak po prostu olać całą tę machi-
nę państwowego przymusu, tego ładowania człowieka w biurokratyczne zasieki, tu stać tyle, tam tyle, tu
otworzyć, tu pokazać, tam wytłumaczyć. Nie miał na
to ochoty i nie chciał marnować na to wszystko czasu,
więc po prostu nacisnął na gaz i wyrwał do przodu, na
kamikadze, rozpieprzając szlaban. A gdy aparat państwowego przymusu jednak go doścignął i rozerwał
mu w strzępy opony, to zwiał, jak stał, w Polskę, w obcy,
było nie było, kraj. Zastanawiam się, co robił dalej. Czy
snuł się po przygranicznych wsiach bez specjalnego
pomysłu, czy próbował przekroczyć granicę z powrotem, przedostając się przez zieloną. Na przykład przez

San, gdzieś, dajmy na to, w Bieszczadach, gdzie na granicy jest pusto jak w zielonym kosmosie, a San bywa tak płytki, że nazywać go graniczną rzeką to znaczna przesada. Czy może próbował dostać się do któregoś z polskich miast, w którym miał znajomych czy choć kontrahentów, próbował jakoś się wytłumaczyć z utraty towaru za prawie sto tysięcy, zadekować się, próbował wyrobić sobie nową tożsamość. Czy może, biorąc pod uwagę ogrom kłopotów, w które się wpakował, na przykład, bo i to niewykluczone, rzucił się pod pociąg, czy powiesił na pasku od spodni.

Bo oczywiście raczej nie mógł wygrać i wcześniej czy później rzeczywistość wspomagana przez państwowy aparat przymusu musiała go dopaść. Raczej więc trzeba zakładać, że zdawał sobie z tego sprawę, choć mógł sam przed sobą udawać, że jest inaczej.

Ale przez chwilę był jak Kowalski w *Znikającym punkcie*. Mógł przez kilka sekund poczuć nieograniczoną swobodę, którą mogą poczuć tylko wyrzutki i ci, co nic nie ryzykują. Wszyscy na krótko są świadomi, że to się dobrze nie może skończyć, ale – w końcu – co się dobrze kończy.

I tak miał szczęście, przynajmniej na jakiś czas: parę miesięcy wcześniej inny przemytnik chciał zrobić to samo renault trafikiem: pogranicznicy wywlekli go z szoferki i od razu zamknęli. Nie darowano mu tego czasu ekstra. Tej chwili straceńczej wolności, po której tylko potop.

*

Miejscowi gówniarze wieczorami kręcą tutaj bączki swoimi samochodami. Wygląda to tak, jakby ostro hamowali przy końcu własnego świata, robili *U-turn* i wracali do siebie, w głąb swoich żyć, swojej rzeczywistości. A samochody często mają na polskich blachach. Przemyskich, podprzemyskich, jarosławskich. RP, RPR, RJA. Ukraińskie cło jest za wysokie, żeby opłacało im się je rejestrować u siebie. Czasem cła zapłacić trzeba więcej, niż się dało za samochód. Te cła to jeszcze z czasów Janukowycza. Ludzie liczyli na to, że po Majdanie się to zmieni. Ale potem przyszła wojna, sprawy ważniejsze, no i tak się jakoś sprawa wlecze. Rozmyło się. Obywatele się nie burzą, bo co: przez głupie cła znowu na Majdanie stać? Ileż razy do roku można pieprznąć w czorty swoje życie i robić rewolucję. Za to ludzie na Ukrainie zaradni, dobrze umieją pokombinować. Rejestrują auta na słupa w Polsce. Muszą tylko raz na jakiś czas przekroczyć granicę. A to nie aż taki znów problem, bo przecież i tak jeżdżą do Polski po towar. Sposobów zresztą jest sporo. Znajomy z Użhorodu jeździ na słowackich numerach. Mówi, że możliwości jest kilka.

– Pierwsza – mówi – to raz na tydzień przekraczać granicę. To znaczy – dodaje – nie trzeba wjeżdżać na teren obcego kraju, tylko trzeba z komputera wyjechać na ukraińskiej granicy. Rozumiesz. Znaczy: opuścić ukraiński obszar celny. Na razie raz na tydzień, ale chcą zrobić, że raz na miesiąc. Wszyscy deputowani z przygranicznych rejonów taki pomysł popierają. Przed wyborami. Drugi sposób – mówi – wyrabiasz dokument, że samochód jest w naprawie. Dajesz dziesięć dolarów łapówki w warsztacie i ci taki papier wystawiają, wtedy pół roku albo i więcej nie musisz jeździć za granicę. Trzeci sposób: robisz sobie dokument, że pracujesz w zagranicznej firmie, a auto jest służbowe. Wtedy musisz wyjechać już tylko raz na rok. I tak dalej.

*

W obłożonym sajdingiem sklepie z cukierkami i alkoholem jest teraz minibar. Można zjeść kotlety z kurczaka albo z ryby, na zimno albo na ciepło, jakieś sałatki. Kawy się napić, herbaty albo wódki. Pogranicze jak z westernu. Chłopy siedzą przy białych stolikach, przy papierowych talerzach, kroją plastikowymi sztućcami. Mają krótko strzyżone włosy i oczy dookoła głowy. To oni wyrabiają pograniczne bogactwo. To dzięki nim w Szegini jest asfalt, gaz i oświetlenie ulic.

Gdy już zjedzą swoje sałatki z majonezem, przeczytają swoje wymiętolone gazety, a w nich kącik sportowy, kronikę kryminalną i ogłoszenia kupię/sprzedam, to wychodzą przed osajdingowany sklep, zapalają fajki i zmrużonymi oczami patrzą na innych gierojów pogranicza, którzy się rozłożyli po drugiej stronie.

*

Bo po drugiej stronie stoi jednostka wojsk pogranicznych. Stoi za murem, pomalowanym mało wojskowo, bo na różowo. Zbytnie przejmowanie się formą to nigdy nie był mocny punkt Europy Wschodniej. Nie należy tego mylić z nonszalancją. Nonszalancja to pozwolenie sobie na olewanie formy w ramach jakiegoś porządku. W Europie Wschodniej utrzymywanie formy odbiera się jako niepotrzebny wysiłek.

Kręciłem się po okolicy, próbując załapać się na jakiś transport do Lwowa, i obserwowałem, jak pogranicznicy i pograniczne chłopaki przyglądają się sobie. Żołnierze stali pod murem, na poradzieckiej wersji polbruku, i zerkali na tych spod sklepu. Trochę wyzywająco, trochę z zainteresowaniem. Też palili. Mieli na sobie mundury polowe, sine, w plamy maskujące. Trochę przypominali w tych mundurach wielkie błyszczące owady.

Wyglądali na ściągniętych do wojska bandziorów: napakowani, zwinni, przyczajeni, jakby byli gotowi w każdej chwili chwycić saperki i lecieć zajebać tamtych z drugiej strony ulicy. Berety trzymały im się mocno na szczecinie wygolonych głów. Polscy pogranicznicy z drugiej strony granicy wyglądali przy nich jak kujony z dobrego liceum.

Jeden z ukraińskich wojaków miał w dłoni reklamówkę w lamparcie cętki, taką, w jakich starsze panie w całej wschodniej części Europy noszą bombonierki na imieniny i wyniki badań od lekarza. Fajnie to wszystko razem wyglądało na tle tego różowego muru.

*

Próbowałem czasem gadać z tymi żołnierzami kręcącymi się wokół jednostki, ale nie miało to zazwyczaj sensu. Albo wzruszali ramionami i powtarzali, że nie wiedzą, o co mi chodzi, albo mruczeli coś na odpieprz się. Albo, co też się zdarzało, przechodzili na pozycje zaczepne i sami zaczynali się dopieprzać. A co, a po co pytam, a co mnie to obchodzi, a czy ja nie szpieg jakiś przypadkiem? Tak, odpowiadałem wtedy, żeby rozładować napięcie, jakbym był szpiegiem, to już teraz, zaraz za granicą, bym się wam przyznał, jasne. Ale w sumie gówno ich obchodziło, czy jestem szpiegiem, czy nie, więc najczęściej po prostu odchodzili.

Za ogrodzeniem, już na terenie jednostki, stało popiersie kolesia w spiczastej budionówce na głowie. Z wielką gwiazdą. Na cokole wypisane było, że to biust Grigorija Jakowlewicza Warawina.

Warawin był cały, caluteńki pomalowany farbą na złoto i wyglądał przez to jak Wielki Elektronik z *Pana Kleksa w kosmosie*. Trochę się dziwiłem, że na zachodniej Ukrainie, tam gdzie pomniki Stepana Bandery i napisy, że *„UPA – heroji"*, nie tylko pozostawiono w widocznym miejscu bolszewika w budionówce, ale i pomalowano go na złoto.

Kilka razy pytałem żołnierzy, kto to był ten Warawin, ale mówili, że chuj wie, chuj ich to obchodzi albo, dla odmiany, że chuj mnie to obchodzi. Faktycznie, jakoś niespecjalnie mnie obchodziło, ale sprawdziłem któregoś dnia. Grigorij Jakowlewicz Warawin był kombajnistą z Woroneża, poborowym pogranicznikiem, kandydatem do partii, bohaterem radzieckich czytanek i patronem radzieckich wojsk granicznych. Słowem – radzieckim świętym. Męczennikiem. Zginął w 1933 roku w strzelaninie na radziecko-polskim kordonie.

Zginął, bo pobiegł bronić radzieckiej ojczyzny przed nie do końca określonymi „wrogami", pewnie przemytnikami, którzy próbowali nielegalnie, jak to przemytnicy, przekroczyć granicę. Pobiegł, mimo że był chory i miał nawet zwolnienie lekarskie. Tak pisał hagiograf bohaterów radzieckich Ernst Bragin w jednej z patriotycznych, radzieckich czytanek *Zawsze w szeregach*. Tak więc pobiegł Warawin, pokasłując i z gorączką, ratować granice Wielkiej Ziemi. Miał pecha, bo ledwie dobiegł, to dostał postrzał w brzuch i nie wrócił już do rodzinnego Woroneża kosić pól kombajnem. Nie zdążył nawet wystrzelić. Ogłoszono go bohaterem i jego imieniem nazwano pograniczną placówkę, w której służył. A parę lat później, jak to ujął Bragin, „granica przesunęła się na zachód" i wraz z granicą przeniesiono na zachód też placówkę imienia Grigorija Jakowlewicza Warawina. Granica przesuwała się później jeszcze kilka razy, zawsze razem z pamięcią o Grigoriju Jakowlewiczu. Zawsze, aż do 1991 roku, kiedy to Związek Radziecki się rozpadł, a Rosja, jego prawna spadkobierczyni, wycofała tysiąc kilometrów na wschód i zapomniała o swoim bohaterze. Jego opuszczoną pamięć i opuszczone popiersie przygarnęli zatem pogranicznicy *samostijnej* już Ukrainy.

Zrobili, co mogli. Jak umieli. A więc pomalowali go na złoto, przez co zaczął wyglądać jak kosmita z tanich filmów science fiction z lat pięćdziesiątych, a nad głową wywiesili mu ukraińską flagę. Tylko to, widocznie, wpadło im do głowy. Cóż zresztą innego mogli zrobić: obwieszać girlandami kwiatów jak w Indiach? Smutnymi, złotymi oczami patrzył więc teraz Warawin nie na woroneskie kołchozy, tylko na paskudnie odnowiony budynek ukraińskiej jednostki wojskowej, na krawężniki pomalowane na różowo, tą samą farbą co mur wokół jednostki. Na cokole nazwisko wypisane rosyjskim alfabetem zmieniono na ukraińskie, bo w końcu bolszewik bolszewikiem, a Ukraina – Ukrainą, w dodatku zachodnia, z zasady i teoretycznie niecierpiąca wszystkiego, co radzieckie i rosyjskie. Ale Warawina, widać, pożałowali i oswoili. Grigorij Jakowlewicz Warawin nazywał się więc teraz Hryhoryjem Jakowlewyczem Warawinem. Niepodległa Ukraina, myślałem, okazała sporo czułości woroneskiemu kombajniście bolszewikowi, kandydatowi do partii, bohaterowi zsrr.

Jedenastka

Do Lwowa jedzie się z granicy drogą M11, jedenast-ką, przez Mostyśka i Horodok. Najlepiej i najtaniej – marszrutką. Ostatnimi czasy uporządkowano tę bla-szaną menażerię, która kiedyś stała na szegińskim majdanie. A kiedyś stało co się da, co kto kiedy skąd przywiózł, zmontował, skleił, drutem związał. Teraz wszystkie marszrutki są żółte jak nowojorskie taksów-ki. Często hinduskie, wyprodukowane przez firmę Tata, mającą ambicję robić najtańsze auta na świecie.

Nadal nie można otwierać w nich okien, bo pa-nuje lęk przed zawianiem. Przeciąg jest najgorszym wrogiem i wszyscy wyobrażają sobie, że jeśli chwi-lę w nim potkwią, to do końca życia zdrętwieją, ze-sztywnieją, nie będą mogli się już nigdy poruszyć. Że zastygną w tym siedzeniu w marszrutce i już nie będzie dla nich innej przyszłości. Opowiadają sobie historie, że jeden ich znajomy, kuzyn czy szwagier, siedział raz w przeciągu i teraz ma zdeformowaną twarz. Albo chory na wieczność łokieć. Jest w tym coś z wiejskiego zabobonu, który nabrał rangi prawa naturalnego. Moja babcia na przykład do końca ży-cia chciała być pewna, czy nie stałem przypadkiem w przeciągu. I czy nie siadałem na zimnym. Zawsze, gdy w upalny dzień próbuję choć troszkę ukradkiem uchylić okno w ukraińskiej marszrutce, rozgrzanej jak zwierzęce wnętrzności i woniejącej cielesnością i maszynowością, potem i smarem – wszyscy sąsiedzi na mnie syczą. Syczy na mnie też kierowca, a kierowca – to jakaś władza. Niby nie żadna oficjalność, ale jednak coś w rodzaju wodza marszrutki. Zazwyczaj ulegam, zamykam okno, pocę się i wyobrażam sobie kraj rządzony przez ludowe lęki, artykuły Kodeksu karnego zaczynające się od frazy: „Kto w celu wywołania przepływu powietrza, tzw.»cugu«, otwiera dwa okna w jednym pomieszczeniu...", oficjalne tabliczki przykręcane do murków z zakazem siadania na zimnym, bilbordy z napisem: „Obywatelu! Podłóż sobie choć gazetę, bo złapiesz wilka!". Napisy na zapałkach: „Zabawa ogniem grozi posikaniem się w nocy" i informacje na paczkach papierosów: „Minister zdrowia ostrzega: nie pal, bo nie urośniesz".

W największy upał wszystkie szyby w marszrutkach są więc szczelnie pozamykane, przed słońcem i upałem chronią wyłącznie zaciągnięte firanki. Marszrutki suną w pełnym słońcu, lecz w środku panuje półmrok, jak przez większą część roku w tych nieszczęsnych krainach klimatu umiarkowanego. I suną przez wschodnią Galicję, przez ziemię, którą polski mit odarł z realności i przerobił na utracony raj. A ona tutaj jest, ta Galicja, Hałyczyna, bardzo jest, ma realne kształty, dzieje się w najlepsze. I tu wszystko jest takie jak w Polsce, tylko inne. Domy niby podobne – a inne. Stacje benzynowe podobne, a inne. Mają krawężniki pomalowane w kolory stacji. Jeśli Okko, to na żółto-czarno, tak jakby c.k. Austria się tu nigdy nie skończyła. Łukoil pomalowany był na czerwono-biało, ale Łukoila już nie ma. Z frekwencją było słabo. Właściciele stacji poszli więc po rozum do głowy: na charakterystyczną czerwoną wiatę z napisem „Łukoil" latem 2014 roku nałożyli nową, kolorową, z nazwą austriackiej firmy Amic, założonej kilka miesięcy wcześniej w Wiedniu, która z marszu kupiła wszystkie stacje Łukoila na Ukrainie, ale jeszcze rok później nie miała swojego hasła na Wikipedii. Za to ich strona internetowa charakteryzuje się ujmującą prostotą i oszczędnością, jest na niej kilka stonowanych stockowych zdjęć kręcących się wokół tematu ropy naftowej i energii. Firma Amic nie jest firmą buńczuczną, informacji więc na ich stronie zbyt wiele nie ma, za to każdy akapit zaczyna się bardzo ładną czerwoną kropelką mającą zapewne symbolizować naftę – krew współczesnych społeczeństw, a zdjęcia zarządu przedstawiają same uśmiechnięte, tryskające energią twarze o niemieckich nazwiskach. Dyrektorem operacyjnym Amic Petrol jest Polak, którego Łukoil zatrudniał wcześniej w Polsce i Czechach.

Tak, stacje Amic mają nowe wiaty, ale na budynkach nadal widnieje stara, dobra łukoilowska czerwień i charakterystyczny krój czcionki. Obsługa jest smutna, a między dystrybutorami hula wiatr.

*

Na drodze często znikają pasy i trzeba je sobie wyobrażać. Jeśli się chce, oczywiście. Poza tym kierowcy, podobnie jak na Bałkanach, wyjeżdżając z podporządkowanej, lubią wyjechać na środek drogi, a następnie patrzeć na jadących główną sarnimi oczami: puścisz czy zabijesz?

Latem to wszystko naprawdę przypomina rurytańską idyllę, bo marszrutka pędzi pomiędzy ogródkami buchającymi zielonością, mija strumyczki i przerzucone przez nie kładeczki, zielone wzgórza porośnięte tu i tam lasem.

Zimą to trochę inna sprawa, zimą znika zielona radość i na pierwszy ogień wysuwa się trupia siność. Raj zamienia się w chłodne, poradzieckie piekło. Obnażona ziemia wysuwa przed siebie swoje liszaje, poranione kończyny, epatuje białą, popękaną cegłą, rdzewiejącą postapokalipsą, a z wrzasku szyldów opada złudzenie radosności i pozostaje sama rozpaczliwość, i wygląda to jak wesołe miasteczko w deszczu. Albo jak klaun z McDonalda płaczliwie zalewający się w trupa w taniej, wiejskiej knajpie. To wtedy ludziom przychodzą do głowy dziwne pomysły. Tą pieprzoną zimą, kiedy noc jest tak ciężka, że szoruje swoim czarnym brzuchem po rzeczywistości i wpuszcza w głowy strachy i majaki o zjawach i upiorach, a dzień jest bezlitosny i siny jak sama śmierć.

Kiedyś do mojej marszrutki w jakiejś ziejącej nicością wsi wsiadło kilku nastolatków w czarnych kurtkach i czarnych czapkach. Byli nawaleni jak stodoły. Otwierali w trakcie jazdy drzwi i zwisali na nich. W radio ryczało *Faj-duli-faj*. *„Na ulice Kopernika, faj-duli, faj-duli-faj, była baba czołowika, faj-duli, faj-duli-faj, na ulice perwe Maja, faj-duli, faj-duli-faj, była baba policaja, faj-duli, faj-duli-faj".* Drzwi trzeszczały, ale im było wszystko jedno. Gdyby wypadli, wpadliby w tę amortyzującą, lepką noc, w tę zimną, gęstą beznadzieję, która podtrzymałaby ich, która nie pozwoliłaby im zrobić krzywdy, bo przecież znają się, oni i ta gęsta, czarna beznadzieja, od zawsze. Kierowcy z jakiegoś przedziwnego powodu też było wszystko jedno, przynajmniej z początku *faj-duli, faj-duli-faj.* Śmiał się, specjalnie jechał powoli, ale potem mu się znudziło, zdenerwował się i zjebał ich po chamsku, więc wcisnęli się między wypełniających szczelnie wnętrze marszrutki ludzi i zamarli. Wydawało mi się, że wszyscy mieli czarne jamy zamiast oczu. Tylko do jednego z nich non stop dzwoniła dziewczyna. Wyzywał ją od kurew i szmat, rozłączał się, ale ona wciąż dzwoniła. Jakby była zaprogramowana na to dzwonienie i nie potrafiła wykonać żadnego innego ruchu. Jakby jej też było wszystko jedno. W radio bzyczało *Faj-duli-faj* i ryło mi dziurę w głowie. *„Na ulice perwe Maja, faj-duli, faj-duli-faj, była baba policaja, faj-duli, faj-duli-faj, raz po pysku, raz po jaja, faj-duli, faj-duli-faj, tak si bije policaja, faj-duli, faj-duli-faj".*

*

Pierwszym miasteczkiem za polską granicą są więc Mostyśka. Po polsku – Mościska. Małe i zabite, obwieszone szyldami jak medalami, zrewitalizowane tak, jakby każdy radny chciał rewitalizować inny kawałek i każdy w inny sposób. Na Ukrainie mówi się, że wszyscy tutaj żyją z „kontrabasu", czyli z kontrabandy. Z przemytu do Polski. I że wszyscy tutaj, poza porządnymi „jobmaciami", rzucają polską „kurwą macią", powtarzają co chwila „ja perdolę" i w ogóle mówią jakimś dziwnym, polsko-ukraińskim surżykiem. Jest taka lwowska grupa komediowa, nazywa się Kurwa Matj, i nabija się z tego stereotypu. Nagrywa piosenki, kręci teledyski. Na teledysku do *Hymnu Mościsk* lwowski hipster z grupy Kurwa Matj stoi w jakimś ponurym, po uszy nasiąkłym wilgocią i jesienią miejscu w Mościskach, pomiędzy liszajowatym placem zabaw a rozwalającą się bramą, i rapuje z polska po ukraińsku: *„to jest hrupa Kurwa Matj, będziem pro Mostyśk opowidać"*, a potem o tym, że mer Mościsk wydał rozporządzenie, na mocy którego każdy, kto nie zajmuje się kontrabandą, jest oficjalnie ogłoszony frajerem. W refrenie hipster wysypuje proszek do prania z torby udającej wielki dilpak z koksem czy fetą, tańczy przy pordzewiałych garażach, a w tle damski głos śpiewa *„Polska, ja lublu tebe"*.

*

Właśnie do Mościsk jechał kiedyś ze mną marszrutką facet, który wiózł z Polski mięso. Wiózł, bo na Ukrainie wędliny, mówił, i drogie, i niedobre, a w Polsce – tańsze i lepsze. Tylko trzeba uważać, mówił, bo i tu można trafić na szajs.

– Szkoda – dodawał facet, a torbę z mięsem trzymał na kolanach – że kota nie mam. Jakbym kota – mówił – miał, tobym z nim chodził do mięsnego. Wybierasz kiełbasę, prosisz, żeby odkroili kawałek, dajesz ten kawałek kotu i on od razu wie, czy z mięsa kiełbasa, czy nie z mięsa. Jak zje, to brać. Jak nie zje, to dziękuję bardzo, do widzenia.

A potem, nie bardzo wiem, jakim cudem, od tego mięsa przeszliśmy do tematów historycznych.

– Drezno, Lipsk – mówił, a mięso z jego torby wydawało trupi zapach – to staroruskie miasta. Pod Hamburg podeszliśmy, proszę pana, Rzym pokonaliśmy. Tak, tak. Ukrainiec rządził starożytnym Rzymem.

Patrzyłem przez okno, jak wiatr – albo pęd marszrutki – przepędza puste reklamówki i kawałki papieru, a gdy usłyszałem to „tak, tak" – odwróciłem się do niego. Musiałem mieć bardzo zaskoczoną minę, bo aż się roześmiał.

– O Ukraińcach – powiedział – pisali już Tacyt i Ptolemeusz. Oczywiście – zaznaczył – nie nazywano ich wtedy Ukraińcami. Nazywano ich Karpami, bo mieszkali w Karpatach, albo Ostami. Słowo „Osty" – mówił pan z mięsem – to zniekształcone „Rusy".

– Jak – spytałem – można zniekształcić „Rusa" na „Osta"?

– A bardzo prosto – odpowiedział i zaczął odginać palce. – Proszę bardzo: Rusy zniekształciły się w Rosy, Rosy w Orosy, Orosy w Osy.

– A Osy w Osty – zgadłem.

– Tak – odpowiedział. – Tak samo było z Odoakrem, który rządził Rzymem po obaleniu ostatniego cezara, Romulusa Augustulusa. Odoaker był pra-Ukraińcem, Orosem. Naprawdę miał na imię Otko. Otko przeszło w Odko. Odko w Odkar, Odkar w Odoakr. I tak dalej.

W marszrutce jechało prócz nas kilka starszych kobiet, wyglądały na zmęczone i półśnięte. Młodzi, odwrotnie, tryskali życiem. Chłopaki – pochmurną energią, dziewczyny – demonstracyjną dumą. Poza żołnierzem, który wyglądał na najbardziej zmęczonego ze wszystkich. W oczach miał kliniczną depresję. Sprawiał wrażenie, jakby ktoś mu wrzucił beret na głowę, a on tego nie zauważył. Zwisał smętnie. Przez brudną szybę żołnierz patrzył na kraj, którego miał bronić: na zieloną trawę przy poboczach, na niewielkie domki w głębi ogródków, na buchającą zieleń w tych ogródkach, na Matki Boskie odlewane z białego gipsu, wszystkie od jednej sztancy, zastygnięte w tej samej, modlitewnej pozycji, na kury na podwórkach, na auta na polskich blachach, bo na ukraińskich się nie opłaca rejestrować. To było długo przed wojną w Donbasie, więc pewnie mu do głowy nie przychodziło, że któregoś dnia faktycznie trzeba będzie się bić. Bo niby z kim? Z Polską? Z Rosją? O co? O te płoty, raz drewniane, raz blaszane? O te sklepy spożywcze z kurzymi łapkami do rosołu i czipsami o smaku krabowym? O Ukrainę? Jasne, ale czym tak naprawdę jest ta Ukraina?

– Tak, tak – odpowiedział pan od mięsa – Odoaker, władca Rzymu, był Orosem, pra-Ukraińcem.

– Co to za teoria? – spytałem. I w ten sposób po raz pierwszy usłyszałem o historyku Światosławie Semeniuku. Zapisałem to nazwisko i poszperałem później trochę.

*

No więc, jak uważa Semeniuk, historycy z jakiegoś powodu ignorują czas największej świetności narodu ukraińskiego. Czas, gdy naród ukraiński obejmował ziemie należące obecnie do Węgier, Rumunii, Czech, Austrii, Słowacji, Polski, aż po Mazowsze i Śląsk.

Wszędzie tam – uważa Semeniuk – można znaleźć ruskie toponimy. Twierdzi, że poza terminami „Ruś Czerwona", „Ruś Czarna", „Ruś Biała" i tak dalej powinno się, na przykład, mówić o „Rusi Węgierskiej" czy „Rusi Polskiej".

Największym ruskim plemieniem, które kolonizowało zachód, byli – według Semeniuka – Biali Chorwaci. Ci sami, którzy w polskich mitach stworzyli państwo Wiślan z Krakowem i Wawelem. Białym Chorwatem miał być legendarny Walgierz Wdały. Polanie, notabene, to też ruskie plemię: pod Kijowem jeszcze długo żyli ich imiennicy i wspominał o nich kronikarz Nestor w *Powieści minionych lat*.

Ukraińcy stworzyli więc Polan, Wiślan i powędrowali na południe, tam gdzie najładniej, najmniej słowiańsko, skaliście, nadmorsko, wyspiarsko, oliwkowo-rybacko: do Dalmacji – i tam już zostali, tworząc Chorwację. Ruś, wychodzi na to, Śródziemnomorską.

W jakimś sensie Semeniuk ma rację. Bo niby czemu nie. Nie istnieje coś takiego jak obiektywna historia. Istnieją wyłącznie historyczne narracje. Polacy wywodzą swój ród od Polan, choć równie dobrze, jeśliby tylko chcieli, mogliby wywieść go od Wandalów, którzy żyli nad Wisłą przed przybyciem Słowian. Przecież Słowianie wszystkich nie wyrżnęli, tylko zmieszali się z nimi i narzucili im swój język, ale i od nich sporo przejęli. Tożsamość w końcu to nie nauki ścisłe. Część Bułgarów wywodzi swoje pochodzenie od tureckich Bułgarów nadwołżańskich, choć nie mówią ich językiem, tylko podbitych przez nich Słowian. Idąc tym tropem, Polacy mogliby swobodnie wybrać więc tożsamość germańską, wandalską, mimo używanego przez siebie języka. Czy choćby słowiańsko-germańską. Taką mieszaną konstrukcję przyjmuje wielu słowiańskojęzycznych Macedończyków, którzy twierdzą, że pochodzą i od Słowian, i od tych starożytnych Macedończyków, Aleksandrowych. Dlaczego nie? Owszem, w VI wieku na tereny Macedonii przyszli Słowianie, zaszczepili Macedończykom swój język, ale wmieszali się w ich lokalną kulturę, w ich środowisko. I właśnie to środowisko ich ukształtowało, stworzyło z nich Słowian o macedońskim sznycie. Stworzyło słowiańskich Macedończyków, ale jednak Macedończyków.

Tak więc, a co tam, mogliby Polacy udowadniać swoje prawa do Tunezji: to w końcu tam właśnie Wandalowie, po przejściu przez całą Europę i przeprawieniu się do Afryki w Gibraltarze, założyli w V wieku swoje królestwo, które można by – czemu nie – nazwać pierwszą polską kolonią.

Słowacy mogą, czemu nie, jeśli chcą, dokręcać sobie do swojej króciuteńkiej historii państwowej historię Wielkich Moraw, wielkiego słowiańskiego państwa ciągnącego się od Krakowa po Jezioro Błotne, czyli późniejszy Balaton. Przecież Wielkie Morawy leżały również na terytorium Słowacji i zapewne wielu Słowaków jest tych Morawian bezpośrednimi potomkami. Zechcą Słowacy nazwać się narodem celtyckim? Znów: czemu nie? Przecież Celtowie, tak samo jak Wielkomorawianie, żyli na terytorium Słowacji i zapewne są przodkami wielu dobrych Słowaków. Zechcą nazwać się Rzymianami? I to, od biedy, można by udowodnić: Rzymianie na Słowację przecież doszli, założyli warowne obozy, pisali po murach w Trenczynie, legioniści zostawili tu swój materiał genetyczny, a kultura rzymska – swoje wpływy, bo lokalni kopiowali rzymskie domy, łaźnie, łazienki, naczynia i biżuterię. Słowacy, teoretycznie, mogli podlatynizować sobie język w XIX wieku, w dobie kodyfikacji, i hej, ave Slovaco-Romania, vale!

Polacy, Ukraińcy, Słowacy, Bułgarzy, Macedończycy, Węgrzy, Niemcy, Rumuni, sam diabeł, wszyscy – mogą poprowadzić narrację, jak im się tylko podoba, mogą pomalować fakty w takie kolory, w jakie chcą, ale fakty, niewzruszenie, pozostaną faktami.

Dobry historyk jest jak dobry prawnik: potrafi przeciągnąć w zasadzie każdą tezę. Tak więc czemu, dla przykładu, Ukrainiec miałby nie rządzić Rzymem. O słowiańskim pochodzeniu Odoakra zawsze się sporo pisało i trudno tę teorię odrzucić. A że praojczyzna Słowian leży na terytorium obecnej Ukrainy, to...

Zawsze można wyobrazić sobie taką wersję historii, jakiej się potrzebuje. Oficjalna historia wszystkich krajów, ta uczona w szkołach, to też wyobrażenie, tylko że z państwowym atestem. Jeśli trzeba, można ułożyć narrację tak, by to wyobrażenie uzasadnić. Nawet w ten sposób, że wszyscy jesteśmy Afrykańczykami, bo to stamtąd na podbój planety wyruszyli przedstawiciele gatunku *homo sapiens*.

*

Dojechaliśmy do Mościsk. Facet z mięsem wstał, pożegnał się i wyszedł, a ja zostałem i jechałem dalej. W kolejnym miasteczku, Gródku, albo – po ukraińsku – Horodoku, na murze jednej ze starych, rewitalizowanych kamienic widniał napis: „Pradziadowie zbudowali, my odnawiamy". Przypominało mi to trochę tabliczki, które często widuję na polskich ziemiach poniemieckich. Są na nich zaklęcia o piastowskości Kłodzka, odwiecznej polskości Dolnego Śląska czy ziemi lubuskiej. Ale w przeciwieństwie do ziem poniemieckich, gdzie przed II wojną światową ludzi, którzy uważali się za Polaków, żyło bardzo niewielu, w dawnym Gródku żyło sporo Ukraińców. Prawie tylu co Polaków. Z ich perspektywy ścieranie się polsko-ukraińskie o region wygląda tak:

„Gródek stał się ważnym strategicznym centrum ukraińsko-polskiej wojny, gdy hordy Polaków, jak kiedyś Turków i Tatarów, pociągnęły na Ukrainę przy aktywnym poparciu »cywilizowanych« krajów, które »dla ogólnego pokoju i spokoju« marzyły o utopieniu Ukrainy we krwi" – pisał o wojnie w 1918 roku Roman Horak, ukraiński pisarz z historycznym zacięciem. „Te hałastry drapieżców rwały się głównie do Lwowa, ale maleńki, prawie zrównany z ziemią Gródek stał im na drodze".

Po wojnie Polaków z Ukraińcami, ugodzie z nimi, a następnie porzuceniu ich w Rydze, kiedy to Rzeczpospolita z Radziecją zawarły ponad głowami Ukraińców traktat (to za to przepraszał Józef Piłsudski ukraińskich oficerów, którzy kontynuowali walkę z Rosją, a następnie uciekli do Polski i zostali internowani w obozie w Szczypiornie) – Gródek pozostał przy Polsce.

To w Gródku właśnie miała miejsce jedna z najgłośniejszych akcji ukraińskich bojowników wymierzona przeciwko państwu polskiemu. W środę 30 listopada 1932 roku bojownicy Ukraińskiej Organizacji Wojskowej napadli na polską pocztę w celu pozyskania środków na dalszą działalność organizacji. Część bojowników weszła do budynku poczty, wymachując pistoletami, wrzeszcząc i strzelając do stojących przy okienkach ludzi. Liczyli na to, że sterroryzowani pracownicy poczty wystraszą się i wydadzą pieniądze, źle jednak trafili. Postrzelony przez nich w pierś woźny sądowy okazał się byłym piłsudczykowskim legionistą i ku zaskoczeniu Ukraińców też miał broń, a co więcej, był z niego niezły rewolwerowiec. Ciężko ranny wywlókł się na ulicę za uciekającymi napastnikami, wycelował i zaczął ich po kolei rozstrzeliwać. Na miejscu położył trupem pierwszego. Drugi, trafiony, przebiegł kilkadziesiąt metrów i padł martwy. Czterech następnych po kolei uginało się po celnych strzałach, biegli jednak dalej, słaniając się. Ulice zmartwiałego zazwyczaj, sennego Gródka zamieniły się w scenę jak z filmu Tarantina albo Peckinpaha: ci z Ukraińców, którzy mogli jeszcze chodzić, wlekli wyjących, poranionych kolegów, zostawiających za sobą smugi krwi. Woźny, z przestrzelonymi płucami i rozgrzanym rewolwerem w ręku, czołgał się z powrotem do budynku poczty, którego hall przypominał krwawą łaźnię, pełną krzyczących z bólu i przerażenia ludzi.

Ukraińcy w czasie strzelaniny w budynku banku ranili osiem osób, jedna z nich zmarła później w szpitalu we Lwowie. Uciekając, zabili jednego polskiego policjanta i ciężko ranili drugiego. Za napastnikami, w akompaniamencie ogłuszającego bicia kościelnych dzwonów, które rozkołysano w całym mieście na trwogę, ruszyła obława. A w niej, notabene, policjantom pomagali miejscowi Ukraińcy i to oni właśnie złapali bojowników, pobili i oddali władzom. Bo, jak to zwykle bywa w narodowowyzwoleńczych wojnach, niepodległościowi idealiści i działacze działali, przygotowując narodowi grunt pod niepodległość, a naród niewiele się tym interesował i próbował urządzać sobie życie w takich warunkach, w jakich żyć mu przyszło. Na takie „spodlałe społeczeństwo" narzekał też zresztą w czasie polskiej walki o niepodległość Józef Piłsudski, chcąc je „budzić z letargu hukiem pękających bomb". Ciężka jest dola bojownika o niepodległość. Gdy walczy, uchodzi najczęściej, również wśród swoich, za ostatniego skurwysyna, który wciąga spokojnych ludzi w swój krwawy obłęd. Tak samo jak w bliższych nam czasach za wariatów uchodzili wśród swoich bojownicy ETA czy IRA. Ale jeśli wygra, będzie pisał historię i będzie mógł nazywać zdrajcami wszystkich, którzy nie wierzyli w jego uświęconą misję, w imię której można było słać ziemię trupami. Ale będzie operował mianem zdrajcy oszczędnie, musiałby bowiem nim obdzielić, o czym się rzadko wspomina w podręcznikach historii, zdecydowaną większość społeczeństwa.

*

Późną jesienią 1932 roku oburzonej polskiej opinii publicznej umknął jakoś fakt, że napastnicy zrobili mniej więcej to samo co Piłsudski (a razem z nim między innymi Tomasz Arciszewski, Walery Sławek i Aleksander Prystor, którzy zostali później polskimi premierami), napadając w 1908 roku na rosyjski pociąg Wilno–Petersburg. Podczas tego napadu zginął rosyjski żołnierz, a kilku zostało rannych. Napady takie, dokonywane w imię „wyższych idei", nazywano ładnie „ekspropriacjami" i jeśli ekspropriującymi byli „nasi", to oceniane były łagodniej niż zwykłe rabunkowe skoki. W tym wypadku jednak w oczach opinii publicznej nie byli to „nasi".

Prasa brukowa domagała się krwi i krew dostała: dwóch bojowników skazano na karę śmierci. Rok wcześniej przelano inną krew, między innymi polskiego działacza ruchu prometejskiego (i sympatyka sprawy ukraińskiej) Tadeusza Hołówki i szefa polskiego MSZ. Rozkręcona spirala nienawiści, krzywd i cierpień, które serwowali sobie wzajemnie Polacy i Ukraińcy, skończyła się eksplozją, a eksplozja ta rozdrapała do żywego mięsa całe to nieszczęsne polsko-ukraińskie pogranicze.

*

Którejś zimowej nocy jechałem do Gródka w ładzie samarze. Złapałem ją zaraz za granicą. Szofer siedział w środku, silnik trzymał włączony, żeby trochę ogrzać wnętrze, a nie nadwerężać akumulatora. Czekał na komplet pasażerów. Na tylnym siedzeniu miał już dwie osoby. Zastukałem w szybę, kiwnął głową, żebym wsiadał. Chwilę pomyślał, czy jest sens czekać na czwartego, uznał, że nie – i ruszyliśmy.

W radio leciały wiadomości. To były jeszcze czasy Janukowycza i cała trójka, szofer i pasażerowie, wyklinała go ile wlezie. Wszyscy się zgadzali, że całe gówno w kraju – przez kacapów. Moskali. I donieckich. Donieckich w sumie też uważano za Moskali, ale trochę jednak nie do końca. Doniecki to był doniecki. Zbój, bandyta, sowieciarz, roszczeniowiec, bezmózg bez żadnych aspiracji, byleby się nażreć, nachlać i wyspać. Słowem – największa szumowina. A Janukowycz – wiadomo – też był doniecki. Wszyscy się zgadzali, że tak dalej być nie może. Że nie o taką Ukrainę walczyli dziadowie.

Na tylnym siedzeniu siedziało starsze małżeństwo i zgodnie twierdziło, że zachodnia Ukraina powinna się oderwać i koniec. Że z tymi ze wschodu nie da się robić państwa. Wolna Galicja, wolna Hałyczyna, mówili.

– A to niech oni się w pizdu oderwą, a nie my – powiedział ponuro szofer i zapadła cisza. Tego małżeństwo raczej nie brało pod uwagę.

– No taaak – odezwał się po chwili milczenia starszy pan. – Ale przecież… przecież to nie rozwiąże… to nie jest rozwiązanie… bo jeszcze pozostanie tak dużo…

– A zrobić referendum! – dodał szofer. – Niech wszyscy głosują: kto chce do Rosji razem z tym całym Janukowyczem, a kto chce normalnej, niepodległej Ukrainy. I niech się ci, co chcą, przyłączą do Rosji, i będzie święty spokój! Kraj będzie mniejszy, trudno! Po co mi Odessa, po co mi Krym, po co mi Donbas i Charków, jeśli oni nie chcą z nami, tylko z kacapami!

– No – powiedział starszy pan – to nie do końca to, o co mi chodzi…

– To o co wam chodzi? – spytał szofer, popatrując w lusterko. – O wolną Ukrainę czy o wolną Hałyczynę?

Znów zapadła cisza.

– O Ukrainę, ale… – zaczął starszy pan. – Ale… inną, rozumiecie…

– Nie tę kijowską – powiedziała starsza pani i znów zapadła cisza, która trwała prawie do Gródka.

*

W Gródku starsi państwo wysiedli i poszli w ciemność. On lekko utykał, ona go podtrzymywała. Facet gdzieś zadzwonił i powiedział, że musimy chwilę poczekać. Zabierzemy jakiegoś jego znajomego. Miał przyjść za dwadzieścia minut. Wyszedłem więc i łaziłem po mieście. Było ciemno, zimno i nikogo na ulicach. Co parę kroków apteka. Dużo ludzi otwierało apteki. Apteka – dobry biznes. Daje pieniądze i szacunek. I azyl. Bo apteki są czyste, schludne, porządne, w aptekach można poczuć się lepiej, bardziej, cóż, zachodnio. Ba, wręcz niemiecko. Co tam niemiecko – skandynawsko wręcz! Tylko czasem zewnętrzny świat wtargnie do tej oazy czystości, porządku i sterylności, jak kiedyś we Lwowie, gdy do apteki, w której kupowałem ten nieszczęsny balsam Wigor, wlazł pijany, lepki od smrodu, brodaty i mocno rozczochrany pan, rozejrzał się dookoła, spodobało mu się ewidentnie, więc po prostu położył się na błyszczącej czystością podłodze, zwinął w kłębek i zasnął.

Zarówno panie za ladą, w wykrochmalonych i rażąco białych kitlach, jak i klienci udawali, że nic nie widzą. Że nic się nie stało. Nic się nie stało, apteko, nic się nie stało. No więc ja też udawałem, że nic się nie stało, kupiłem balsam Wigor, wychodząc – po prostu ominąłem zasypiającego słodko pana, a niedługo później doprowadziłem się za pomocą Wigoru do podobnego jak ten pan stanu, siedząc na ławce niedaleko pomnika króla Daniela Halickiego, stojącego na paskudnego koloru marmurowym cokole.

Hałyczyna, myślałem.

*

Wyjechaliśmy z Horodoka i jechaliśmy dalej przez Galicję. Przez tę nieszczęsną krainę, którą los wiecznie przypinał do czegoś, do czego nie do końca pasowała. Na początku pisanych dziejów należała do prawosławnej „ummy", jak określa tę wspólnotę ukraiński eseista Mykoła Riabczuk, a historyk Jarosław Hrycak opisuje tak: „Gdyby [...] jakiś podróżnik rozpoczął podróż gdzieś na Bałkanach (na ziemiach dzisiejszej Bułgarii) i jechałby dalej na północ i wschód, przejeżdżając przez Galicję, Kijów, Moskwę na Ural, gdyby znał którykolwiek ze słowiańskich języków, tłumacz nie byłby mu potrzebny. Mógłby dość łatwo porozumieć się z innymi, a także zrozumieć, co dzieje się w tej części świata. Taka podróż bez przewodnika i tłumacza nie powiodłaby się w zachodniej części Europy [...]. Na wschodzie w tym czasie cały świat jest prawosławny, można było na ogromnych przestrzeniach wędrować od jednej cerkwi do drugiej, wszędzie obowiązywał język starosłowiański i bizantyjska liturgia. Na całym tym wielkim terytorium panowało, w mniejszym lub większym stopniu, poczucie więzi z Kijowem jako kolebką prawosławnej cywilizacji [...]. To dawało prawosławnemu światu silne poczucie wspólnej przestrzeni".

Ruś Halicka odkruszała się od tej przestrzeni już od średniowiecza, gdy Daniel Halicki, zwany przez Ukraińców Danyłą, przyjmował królewską koronę z rąk rzymskiego legata Opizona i nawiązywał z Rzymem unię kościelną, krótkotrwałą co prawda, ale stanowiącą zapowiedź unii późniejszej. Gdy jego syn Lew promował na swym dworze zachodnioeuropejski etos rycerski i gdy Ruś brała sobie za władcę potomka książąt mazowieckich, Bolesława Jerzego, który westernizował ruskich panów i chwiał się między prawosławiem a katolicyzmem. Na dobre od „ummy" Ruś oderwał Kazimierz Wielki do spółki z Węgrami, aż w końcu wylądowała przy Rzeczpospolitej, stając się stopniowo częścią polskiej przestrzeni politycznej i kulturowej, a po unii brzeskiej – również religijnej. Ruś Halicka wchłaniała się w polskość, a raczej – jednoczyła z nią w „rzeczpospolitości". Kultura Rzeczpospolitej była dla elit atrakcyjna i przyjmowana przez nie tak samo jak na wschodzie Ukrainy kultura rosyjska. Polonizowana Galicja przeniosła jednak ruską tożsamość – głównie po wsiach, po prowincji, tam gdzie polska „pańska" kultura sięgała najrzadziej. Wieś i cerkiew doniosły rusińskość aż do XIX wieku, kiedy to tożsamość rusińska sformułowała się na nowo, ale już na zupełnie nowych warunkach. Tak samo jak wszędzie indziej w Europie, która przeżywała akurat narodowe przebudzenie. Rzeczpospolitej wtedy już nie było, Galicją rządzili austriaccy Habsburgowie, a galicyjscy Rusini już dawno zapomnieli, co to znaczy być częścią wschodniosłowiańskiej „ummy". I choć przez cały okres panowania austro-węgierskiej monarchii przytłaczająca większość Ukraińców żyła na drewniano-błotnistej galicyjskiej wsi, to ci, którym udało się z niej wyrwać, uczestniczyli w środkowoeuropejskiej *belle époque* na równi z przedstawicielami innych europejskich narodów. Mimo że z perspektywy Wiednia Galicja była „pół-Azją", okres wiedeńskiego panowania jest w Galicji widziany jako złota epoka. „Umma", Rosja – były innym światem. Istniała oczywiście świadomość panukraińskiej jedności, wspólnoty narodowej Ukraińców z terenów rosyjskich i austriackich, ale – podobnie jak Polacy z różnych zaborów – Ukraińcy z zachodu i ze wschodu patrzyli na siebie wzajemnie jak na przedstawicieli obcych cywilizacji. Którymi zresztą w rzeczy samej byli. Kto wie zresztą, czy ukraińscy Hałyczanie w gruncie rzeczy nie mieli więcej wspólnego z polskimi Galicjanami niż z Ukraińcami naddnieprzańskimi. Sprawy cywilizacyjne to zresztą jedno, ale konserwatywny zachód patrzył na rozsocjalizowanych „wschodniaków" jak na nosicieli anarchistycznego chaosu, który przyjdzie i zmiecie z powierzchni ziemi poukładaną i porządną Galicję.

Mimo to, gdy habsburskie imperium rozpadło się na etniczno-narodowe kawałki, uświadomieni narodowo Rusini, każący się już wtedy nazywać Ukraińcami, zapragnęli mieć własne państwo, jednoczące Ukraińców z Rosji i Austrii. Wypaliło, ale na chwilę. Ukraińska Republika Ludowa przetrwała pół roku, po czym jej wschodnia część wróciła pod władzę rosyjską, a zachodnia – pod władzę Rzeczpospolitej. Ale wtedy nie było już mowy o przyjmowaniu kultury polskiej: Ukraińcy chcieli iść na swoje i sprzymierzyliby się nawet z diabłem, by ten cel osiągnąć. W 1939 roku ten diabeł przyszedł i Ukraińcy podpisali cyrograf. Szybko jednak, jak to z cyrografami bywa, okazało się, że diabelskie mamienie było fałszywe: Niemcy zaczęli traktować Ukraińców niewiele lepiej niż innych „słowiańskich podludzi" w okolicy, a za to wszyscy pozostali „podludzie" uznali Ukraińców za zdrajców. Fakt, że ukraiński ruch nacjonalistyczny jeszcze przed wojną zaraził się powszechnie panującym w ówczesnej Europie faszyzmem i w czasie wojny unurzał się po łokcie we krwi swoich sąsiadów – jeszcze pogorszył sprawę. Galicja, z wypalonym na policzku piętnem zbrodniarza, szamocząc się rozpaczliwie i bryzgając dookoła krwią, cudzą i własną, dostała się pod władzę Moskwy, pod którą nigdy wcześniej nie była. Nastał Związek Radziecki. Szczęknęły zasuwy. Światło zgasło.

*

W wyniku rozpadu ZSRR urodziła się Ukraina. Galicja--Hałyczyna była jej częścią. Wydawałoby się, że Galicjanie powinni być szczęśliwi: w końcu Ukraińcy mieli własne państwo. Z początku zresztą, owszem, byli. Ale szybko okazało się, że niepodległa Ukraina nie ma wiele wspólnego z wyobrażeniami Galicji o ukraińskiej niepodległości.

Zamiast ukraińskiego raju, ambitnego, patriotycznego, rozwijającego się tak jak cała reszta Europy i stanowiącego jej integralną część, niepodległa Ukraina okazała się niewydolnym organizmem, przeżartym poradziecką patologią i – ku rozpaczy niecierpiących Moskwy Galicjan – niewiele różniącym się od Rosji, tak kulturowo, jak językowo, a nawet estetycznie. W ogromnej części Ukrainy naddnieprzańskiej, nie wspominając o południu Ukrainy: Krymie, Odessie i Budziaku, zawsze luźno z Kijowem związanym, kultura radziecka zdominowała kulturę ukraińską i można nawet powiedzieć, że uczyniła z niej swój wariant.

Galicja, zresztą, też zradzieccza.

Zradziecczał też Lwów, do którego właśnie wjeżdżaliśmy.

Hałyczyna

Przed Lwowem stoi posterunek DAI, to skrót od De-rżawna Awtomobilna Inspekcija, państwowa inspekcja samochodów. Milicja drogowa. Posterunek jest już tylko pustą skorupą, bo DAI została rozwiązana, ale kierowcy pewnie będą długo przed nim intuicyjnie zwalniać, tak jak zawsze zwalniali. Modląc się, żeby się tylko nie dojebali, bo zawsze potrafili się dojebać. Chodziło o kasę, o nic więcej. O żadne tam bezpieczeństwo w ruchu drogowym, o nic takiego. Wszyscy to wiedzieli, i kierowcy, i milicjanci, ale jedni przed drugimi do końca odgrywali teatrzyk. Nikt chyba nigdy przed nikim nie wystąpił otwarcie. I jedni, i drudzy wiedzieli, że gdyby maska do końca opadła, okazałoby się, że żyją w postapokalipsie, w upadłym państwie, w krainie bezprawia, w miejscu, gdzie władzy tak naprawdę nie ma. W pustej przestrzeni, którą wypełnić może tylko naga przemoc. A tej prawdy bali się chyba jednak i jedni, i drudzy. Tak więc milicjant udawał, że naprawdę kontroluje, a kierowca, że naprawdę wierzy w to, że może przekonać milicjanta, że jest niewinny i że nie naruszył przepisów. I że w ogóle chodzi o przepisy. A to się nie mogło udać, bo mandat, jeśli się człowiek uparł, zawsze było za co wystawić. Jak nie za prędkość, to za brudne rejestracje. Jak nie za brudne rejestracje, to za zbyt duże stężenie ołowiu w spalinach. Gdy kierowca zbyt długo się opierał, zawsze można było sfałszować wynik badania promili w wydychanym powietrzu. Wtedy miękł każdy. Nie da się kopać z koniem.

Po natężeniu łupienia kierowców przez DAI można było wyczuć klimat, jaki panował w państwie. W czasie Euro 2012 mieli absolutny zakaz brania łapówek i zakazu tego przestrzegali. Ale ich przełożeni wiedzieli, że nie mogą im zakazu przedłużać w nieskończoność. Wcześniej czy później by go bowiem złamali, a wtedy ucierpiałby prestiż dowództwa, niemogącego egzekwować władzy. Dowództwo nie mogło sobie na to pozwolić i nie przeginało. To znaczy – formalny zakaz, wiadomo, był zawsze. Teatrzyk był odgrywany. Ale prawdziwe życie – prawdziwym życiem.

Po tym jak Euro się skończyło, zaczął się milicyjny taniec z kierowcami i odbijanie sobie straconych tygodni. Gliniarze wywijali swoimi czarno-białymi pałami jak wariaci, ich wyobraźnia dotycząca sposobów wyłudzania pieniędzy i straszenia opornych okazywała się niewyczerpana. Jeśli kierowca mówił, że nie ma przy sobie pieniędzy, sami sprawdzali mu w portfelu, grzebali w kartach kredytowych, eskortowali do bankomatu. Razem z kierowcą, jak rodzeni bracia, łamali sobie głowy, skąd też może wytrzasnąć gotówkę. A może pożyczyć? Od sąsiada, od rodziny, od znajomych? Wrzeszczeli, szantażowali, ślinili się, zabierali dokumenty, siadali w swoich ładach i czekali – godzinę, pół godziny, tyle, ile konieczne, żeby kierowca skruszał i sam do nich przyszedł, błagając o możliwość uiszczenia ustalonej sumy. Żeby tylko się odpierdolili, żeby dali spokój. A oni, z państwowym godłem na czapkach, w imieniu ukraińskiego państwa okradali jego obywateli jak przydrożni zbóje. Państwo służyło za pałkę. Państwem i jego instytucjami straszyli. Więzieniem, aresztem, ubezwłasnowolnieniem, odebraniem uprawnień. Tak jak mafiosi nie muszą nawet wyciągać pistoletów zza klap marynarek, wystarczy, że wyszeptają imię swojego capo albo nazwę swojej organizacji, tak samo milicjanci wyszeptywali imię Ukrainy.

Później, za Majdanu, przycichli znowu. Bali się, czekali, co będzie. W momencie, gdy Majdan przejął władzę, w ogóle na chwilę zniknęli. Trzęśli się ze strachu. Potem wrócili, trwożliwie rozglądając się dookoła. Przez jakiś czas był na drogach spokój. Siedzieli w swoich ładach, dłubali w nosach i woleli nie wymachiwać pałami. Wiedzieli, że reprezentują wszystko to, przeciwko czemu marzli ludzie na Majdanie i przeciwko czemu wystawiali się na kule. Później jednak powoli, powolutku zaczęli wracać do dawnych zwyczajów i dawnego zarobkowania. Człowiek się przyzwyczaja do każdej sytuacji. Nawet do wrogich warunków. Urządza się, bo jakoś się urządzać trzeba. Bo, Bogiem a prawdą, innego sposobu zarabiania nie mieli. Oficjalnie zarabiali grosze. Napadanie na kierowców było jedynym sposobem na zdobycie środków na życie. Właściwie uważali, że taki podatek od losowo wybranych kierowców im się po prostu należy. Kraj działa teoretycznie, płace mają teoretyczne, to i oni są teoretyczną milicją, a o kasę każdy musi zadbać sam. Wydobyć ją stamtąd, skąd wydobyć ją można. Tylko dzieci, naiwniacy i pięknoduchy tego nie rozumieli. Nieoficjalne struktury funkcjonowania państwa bowiem układały się zupełnie inaczej niż te oficjalne. Oficjalnie opieka medyczna była darmowa, ale każdy doskonale wiedział, że to bzdura i że darmowa opieka medyczna to może być w Szwecji, a nie w kraju, którego na nią nie stać. Każdy więc – i pacjent, i lekarz – wiedział, że trzeba zapłacić, żeby zostać przyjętym. To samo na studiach. Oficjalnie, żeby zdać, trzeba było się nauczyć, ale każdy wiedział, że uczyć się nie trzeba. Szkolnictwo funkcjonowało teoretycznie, jak wszystko inne. A tak naprawdę prestiż związany z wykształceniem zdobywało się za pomocą forsy. Samo wykształcenie było mniej istotne niż jego prestiż. I mniej warte na rynku.

Teoretycznie więc Ukraina była krajem, w którym działa demokracja parlamentarna, a parlamentarzyści działają tak, by reprezentować interes obywateli, krajem, w którym obywatel, opłaciwszy solennie podatki, korzysta za darmo z dróg, szkół i szpitali, i gdzie można czuć się bezpiecznie, bo milicja ochrania niewinnych, prokuratura dokłada wszelkich starań, by obiektywnie podchodzić do rozpatrywanych spraw, niewinnych nie oskarżać, a dla winnych domagać się kary adekwatnej do czynu, gdzie sądy, sądząc, kierują się literą i duchem prawa.

W praktyce Ukraina była krajem, gdzie służba zdrowia i edukacja są płatne, gdzie parlament uchwala takie prawa, za które dostanie najwięcej pieniędzy, gdzie wyrywkowy pobór opłat za użytkowanie dróg odbywa się za pomocą odegrania groteskowego show, gdzie milicja, sądy i prokuratura mogą, choć nie muszą, domagać się gratyfikacji za wydanie odpowiedniej decyzji. I tak dalej.

Po Majdanie wszystko miało się zmienić. Milicja drogowa próbowała co prawda wrócić do swoich praktyk, ale gdy nowo wybrany prezydent Petro Poroszenko oznajmił, że od teraz „żyć się będzie po nowemu", kierowcy zaczęli się buntować.

– „I po chuj ty mi tą pałą machasz, Poroszenko powiedział, że żyjemy po nowemu, to, kurwa, żyjemy po nowemu", tak im mówię – opowiadał mi Roman, z którym kiedyś jechałem poza Lwów i który demonstracyjnie przyspieszył obok posterunku DAI. Było już wtedy po rozwiązaniu drogówki, ale jeszcze przez jakiś czas, zanim nowo formowana policja zajęła ich miejsce, próbowali jakoś się ostrożnie i z wyczuciem nachapać. Auta stojące przy DAI, jak imperialne myśliwce przy Gwieździe Śmierci, nie ruszyły za pędzącym Romanem, ale jakiś czas później zobaczyliśmy samochód DAI, który zatrzymał jakieś auto. Nie za duże i nie za drogie, bo to zawsze ryzyko, ani nie za tanie, bo wtedy znów ryzyko, że łapówka będzie za mała. Ot, klasa średnia. Zobaczyłem tylko, że kierowca macha rękami i wrzeszczy, a DAI-cznik z nietęgą miną udaje, że to po nim spływa, i notuje coś w kajecie jak przyboczni Kim Dzong Una na zdjęciach z bloga „Kim Jong-Un Looking at Things".

*

Uwielbiam oglądać zdjęcia ukraińskich milicjantów. Rosyjskich zresztą też, bo to to samo. Ta nieporadność w ich mundurach. To rozkłapcianie, to bezformie. To wszystko, co mówi tak wiele o całej tej nieszczęsnej, wschodniej przestrzeni. Ci wszyscy milicjanci wyglądali jak ofermy, jak niezdary. Spodnie im opadały, majtki im było widać, buty mieli rozdeptane i wytarte, koszule napięte na brzuchach, włosy im się pociły pod czapkami i wyłaziły spod nich: proste, szarobure. Mundury mieli zawsze pokraczne, tak jakby projektanci się uparli, że poradzieccy milicjanci koniecznie muszą być symbolem wschodnioeuropejskiego stereotypu. Wyglądali jak parodia zachodniego mundurowego efekciarstwa. Jak ktoś, kto udaje, ale mu nie wychodzi. Tak, uwielbiam katować się zdjęciami tych biednych gliniarzy z jednostek motocyklowych, którzy mają niby wyglądać *cool*, w wysokich butach, skórzanych spodniach i kurtkach, ale te spodnie zawsze jakoś im flaczeją, nogawki nałażą na przydeptywane pięty, noski butów są zawsze wytarte, kurtki za duże i wzdymają się na wietrze jak żagle. Albo widokiem tych nieboraków--krawężników, z tymi czarno-białymi pałami zwisającymi z nadgarstków, z rękami w kieszeniach, w tych debilnych kostiumach wyglądających jak więzienna wersja kombinezonów narciarskich, w tych papachach albo wieśniackich skórzanych czapkach z futrzanymi nausznikami. Nie, radzieckie służby mundurowe to nie było, że za mundurem panny sznurem.

Te radzieckie i poradzieckie uniformy wtrącały ich w estetykę obciachowej operetki. Bodaj Wiktor

Jerofiejew pisał, że Radziecja przegrała zimną wojnę przez estetykę właśnie, bo grubo ciosane formy, które nadawała Radziecjanom, były po prostu zbyt praśne, zbyt, wybaczcie, chujowe w porównaniu z zachodnim kultem coolowości. Praśna Radziecja ze swoją praśną estetyką, w tych swoich brązowawych, frajerskich spodniach w kancik, z tymi karykaturalnymi czapkami jak z głupiej komedii, w tych groteskowych ładach gubiących części na wybojach, z włosami na pożyczkę i złotymi zębami, z całym swoim zaniedbaniem i udawaniem ładnego po prostu nie mogła wygrać z Zachodem, który śmigał efekciarskimi samochodami, który miał figurę modela i zajebiste ciuchy, a jego żołnierze wyglądali jak porozpinani rewolucjoniści albo kowboje, nonszalancko obnoszący się z zajebistymi karabinami. Tak, to było aż tak proste. Radziecji zabrakło seksapilu.

Po upadku ZSRR nie było lepiej. Radziecja z jakiegoś powodu nie umiała nadać sobie kształtu. Jej służby mundurowe także. Bo jakoś wielu wśród nich było dupiatych, brzuchatych, udziatych, wujowato wąsatych, pyzatych, napuchniętych, rozrechotanych, obrzękłych albo odwrotnie: sadystycznie chuderlawych, z pustymi oczami owadów. Albo ze złymi oczami skurwysynów. Czasem wystarczyło zajrzeć w takie oczy, by wiedzieć, że będzie przejebane i że wyrok został już wydany.

Bo to naprawdę był świat nagiej siły i możliwości. Świat, gdzie prawa pozostawały czystą fanaberią. Gdzie jeśli chciałeś mieć jakieś prawo, to musiałeś je uzasadnić. Siłą, słowem, przekleństwem lub wymuszeniem. Gdzie jak złapiesz za kark, to musisz trzymać, aż złapany zmięknie, zwiotczeje, zesra się ze strachu, aż trzaśnie kręgosłup. Wtedy możesz puścić i rządzić. Świat, w którym stróże prawa działają według zasad obozowych urków. I wszyscy oni, w tych swoich zabawnych, kretyńskich ciuchach, wyglądali jak klauny z horroru.

*

Lwów też został przemielony przez Radziecję. Gdy wjeżdżałem tam pierwszy raz kilkanaście lat temu, trwał w nim jeszcze poradziecki letarg.

Pierwszy raz w życiu widziałem to wszystko, co do tej pory oglądałem tylko na radzieckich filmach. Całą tę estetykę. Zrobiło to na mnie duże wrażenie.

Te wysokie, bielone krawężniki, przy których wylegiwały się w słońcu przedwieczne łady, moskwicze i wołgi, wyglądające jak prawdziwi mieszkańcy tych ziem, żyjący tutaj na długo, zanim przyszli tu ludzie. Te dostawcze ziły, którym szoferki zawsze malowano na niebiesko, a pyski na biało. Nie miałem pojęcia, czemu zawsze właśnie tak, ale prawie nikt tej świętej reguły nie łamał, nawet jeśli właściciele przemalowywali ich rdzewiejące czy blaknące cielska na własną rękę.

Bloki budowane były z białej cegły i wyglądały potwornie. Prawie każdy balkon był zabudowany. Obkładano je plastikiem, blachą, czymkolwiek, czym się dało. Na balkony wstawiano miękkie łóżka kryte kapami. Powstawał w ten sposób kolejny pokoik. Miejsce na drzemkę. Blokowiska wyglądały na siedlisko patologii, ale to nie była prawda. Rozdźwięk pomiędzy jakością przestrzeni społecznej a wyrafinowaniem ludzi w niej żyjącej i ją kształtującej był w Radziecji chyba największy na świecie. Uwielbiałem tych radzieckich i poradzieckich ludzi. Uwielbiałem ich pogodne przekonanie, że świat wcale nie jest złym, przerażającym miejscem, że wystarczy wierzyć w cywilizację, w równość ludzi na całej ziemi, w prawa człowieka, w człowieka jako takiego. Dookoła nich walił się świat, rzeczywistość zamieniała się w najprostszą walkę o byt i zagryzanie słabych przez silniejszych, a oni podlewali kwiatki na rozpierdolonych kwietnikach, okalali je ułomkami cegieł, malowali te ułomki cegieł na biało, pozostawiając na gołej ziemi kropelki farby, zamiatali tę gołą ziemię miotłami, tak jakby, kurwa, można było zamieść ziemię – i wierzyli.

Wiły się wokół nich rury z gazem, bo w całej Radziecji dano sobie spokój z zakopywaniem ich w ziemi. Czasem te rury okładano błyszczącą, srebrną otuliną, czasem malowano na żółto. Czasem nic z tym nie robiono. Wokół nich rdzewiały samochody wyprodukowane w upadłych albo padających fabrykach. Kto mógł, sprowadzał sobie z Zachodu, z lepszego, prawdziwego świata, śmieci ze złomowiska, które potem składał w warsztatach, w garażach do kupy i którymi jeździł po rozpierdolonych ulicach. Dookoła trwało urządzanie się w postapokalipsie, której oni, miałem wrażenie, po prostu, kurwa, najnormalniej w świecie nie dostrzegali. Tak samo zresztą, jak nie dostrzegano jej w moim kraju.

W sklepach liczono na liczydłach. Polacy wyjmowali aparaty i robili ukradkiem tym liczydłom zdjęcia. W Polsce, jeśli chodziło o rozpierdol i rozpad tkanki miejskiej, było dość podobnie, ale liczydeł już nikt nie używał, więc można było wrócić do kraju z trofeum, że gdzieś niedaleko, a w sumie daleko, jest kraj bardziej w dupie niż nasz. Mówili do sprzedawczyń „proszę pani", żeby sprzedawczynie wiedziały, że mają do czynienia z gośćmi z innej, bardziej kulturalnej, pańskiej galaktyki. Dowartościowywali się.

Mogłem godzinami gapić się na te poradzieckie towary, które były dla mnie egzotyczne. Na suszone anchois w torebeczkach, na suszone kalmary, na majonezy i keczupy w woreczkach, na wódki z papryczką w środku. Mogłem się gapić na tych milicjantów z pagonami usztywnionymi fragmentami plastikowych opakowań po środkach czystości. Na place zabaw, na których, jeśli coś się zepsuło, to wiązano to drutem i przez jakiś czas było dobrze. Na ciągi komunikacyjne składające się z połupanego betonu, na który wkraczała już ziemia, wysyłając na ten beton zagony tężejącego błota, obsadzając go dziką trawą. Tak, to była postapokalipsa. Bez dwóch zdań. Wszystkiego używano tak, jak to było przewidziane, ale forma wymykała się z rąk. Być może nigdy o nią specjalnie nie dbano. Raz zaprojektowano, zbudowano, no i *chwatit*, ale projektowali i budowali specjaliści, a utrzymanie tego wszystkiego było już prawdziwą miarą potrzeb i umiejętności społeczeństwa.

Lwowskie stare miasto wyglądało wtedy też trochę jak radzieckie blokowisko, tylko że zamiast bloków stały kamienice, kruszejące w najlepsze, bo Związek Radziecki nie istniał już wtedy od dziesięciu lat, był już tylko swoją własną estetyką. Ale forma była taka sama. Tak samo zabudowywano staromiejskie balkony jak te w blokach. Tak samo traktowano klatki schodowe. I tak dobrze, że Radziecja nie rozpierdoliła tego burżuazyjnego reliktu ze szczętem. Tego starego Lwowa z hotelem George, z operą, z ratuszem, z kościołami, ogrodami i kamienicami. Ale radzieckie stare miasto zamieniło się w slums połączony ze skansenem. Nie w coś, co było utrzymywane przy życiu jako zabytek, tylko w coś, co naprawdę przejrzało, zestarzało się i teraz umierało, obłażąc z ciała, gnijąc i rozpadając się.

Restauracje, których wtedy, dekadę po upadku ZSRR, było kilka na krzyż, wyglądały jak jadłodajnie zakładowe, z muchami bzyczącymi w upalnej ciszy, kelnerkami w niebieskich kitlach, kelnerami z fałszywą i podejrzaną elegancją, rachunkami za sól i pieprz i czekaniem długie, spokojne godziny na płytkie talerze z ziemniakami i mięsem, na talerze głębokie z solanką, rosołem albo gęstym, zabielanym barszczem.

Kelnerzy i kelnerki wychodzili przed lokal zapalić, wychodzili na stary lwowski bruk, choć palić można było też w środku, ale wychodzili i patrzyli na to, jak umiera świat. Jak umiera i nie znajduje jeszcze nowej energii, by zbudować coś nowego. Ani nawet, szczerze mówiąc, pomysłu na to coś.

*

Wtedy też, jak zawsze zresztą, nie lubiano we Lwowie radzieckości, mimo że Lwów był tą radzieckością przeżarty. A właściwie właśnie dlatego.

Chyba na Żółkiewskiej był fryzjer. Stary facet w białym kitlu, wysoki, szczupły, przygarbiony. Z nożycami w dłoni wyglądał jak modliszka. Przynajmniej takim go zapamiętałem. Brał bardzo tanio i chodziłem czasem do niego. Siadałem na brązowym fotelu, przypominającym siedzenia autobusowe, i wdychałem zapach wody kolońskiej, zapach kremów do golenia, fryzjerskiego mydła, patrzyłem na te jego pędzle do nakładania piany, na lustro, na które spokojnie, niespiesznie wstępowała śniedź, na ikony na ścianach do połowy pomalowanych emulsją, a wyżej – bielonych, a on uruchamiał te swoje modliszkowate dłonie z nożyczkami, jak gdyby zapuszczał elektryczną piłę, i zaczynał opowiadać o Moskalach.

Opowiadał, że kiedyś przyjechali do niego Moskale i nie wiedzieli, jak pić herbatę w torebeczkach. Liptona. Oglądali te torebeczki, oglądali, i za nic nie mogli wymyślić, do czego służą. A on, jako że jest chłopak łebski, wkręcił ich, że trzeba je wsadzić w usta i popijać, łyk po łyczku, wrzątkiem. I ci Moskale tak siedzieli, opowiadał fryzjer, siorbali gorącą wodę, a z ust im zwisały sznureczki z tekturką z napisem Lipton. Albo, opowiadał, przyjechali do niego Moskale i zobaczyli, że ma spodnie w kant. I zaczęli się dziwić, jak to możliwe, że patrzcie państwo – coś takiego, i zaczęli macać, i sprawdzać, czy tam w środku nie ma drucika. Zapytałem kiedyś, czemu ci Moskale tak do niego przyjeżdżają, skoro on ich tak nie lubi, a fryzjer odpowiedział po chwili namysłu, że Moskale nigdy nie pytają, czy ktoś ich lubi, czy nie, tylko przyjeżdżają – i już. Nie było Moskala – jest Moskal. Na to dictum rozrechotali się wszyscy czekający w kolejce na strzyżenie, siedzący na szkolnych stołeczkach. Za oknem skrzypiał na wypruwających się z ulicy torach radziecki tramwaj z reklamą piwa Czernihowskie na rdzewiejących burtach.

*

Radzieckość wtargnęła do Lwowa efektownie, z przytupem. Wprawdzie na czołgach i przy pepeszy, ale zrobiła na lwowianach wrażenie. Jasne, Lwów był wtedy głównie polsko-żydowski, ale Ukraińcy też tu jednak żyli, też to widzieli i pamięć Ukraińców o tym wkroczeniu niespecjalnie się różni od pamięci Polaków. Jest to w sumie dość nieskomplikowana pamięć o najeździe barbarzyńców. Jakiś czas temu na lwowskim rynku z okazji rocznicy wkroczenia do miasta radzieckich wojsk zorganizowano wystawę zdjęć. Wynikało z niej, że skończyła się epoka kapeluszy, meloników i dobrych manier. Że przyszedł Moskal, burak w sapagach, i podeptał starą, subtelną lwowską kulturę. Podeptał delikatną porcelanę kawiarnianych filiżanek i kryształy, w których serwowano najlepsze wódki Baczewskiego. Że zaczęła się urawniłowka w dół, przeprowadzana przez niedojrzałych prostaków. Właściwie mentalne bezprizorne dzieci. Pokrywa się to zupełnie ze wspomnieniami lwowskich Polaków, z których najbardziej chyba znany jest tekst Karoliny Lanckorońskiej. Hrabiny.

Poranek po nocy, w której radziecka armia wkroczyła do Lwowa, hrabina Lanckorońska wspomina tak:

„Rano wyszłam na zakupy. W małych grupach kręcili się po ulicach żołnierze Armii Czerwonej, która już od paru godzin była w mieście. »Proletariat« palcem nie ruszył na jej powitanie. Sami bolszewicy bynajmniej nie wyglądali ani na radosnych, ani na dumnych zwycięzców. Widzieliśmy ludzi źle umundurowanych, o wyglądzie ziemistym, wyraźnie zaniepokojonych, prawie wystraszonych. Byli jakby ostrożni i ogromnie zdziwieni. Stawali długo przed wystawami, w których widniały resztki towarów. Dopiero po paru dniach zaczęli wchodzić do sklepów. Tam bywali nawet bardzo ożywieni. W mojej obecności oficer kupował grzechotkę. Przykładał ją do ucha towarzyszowi, a gdy grzechotała, podskakiwali obaj wśród okrzyków radości. Wreszcie ją nabyli i wyszli uszczęśliwieni. Osłupiały właściciel sklepu po chwili milczenia zwrócił się do mnie i zapytał bezradnie:

– Jakże to będzie, proszę pani? Przecież to są oficerowie".

Tak, wyobrażałem sobie bolszewików we Lwowie. Młodych gówniarzy, wychowanych już w Związku Radzieckim i niczego innego na oczy niewidzących, dla których obce były takie pojęcia jak „ludność przedmieść" i „ludność śródmieścia", cały ten zachodni szyk, blichtr i styl. Całe to wyrafinowanie, którym miasto oddychało jak czymś naturalnym, nawet jeśli ten szyk, blichtr i styl ograniczały się do kilkunastu–kilkudziesięciu ulic w centrum. W Związku Radzieckim urawniłowka ciągnęła do pewnego, ustalonego przez siebie poziomu, sprawiając, że cała ta pańska, carska Rosja, udająca Zachód i w dodatku komunikująca się ze sobą po francusku, zaczęła wyglądać jednostajnie, monotonnie. Ten sam tłum przechadzał się między starymi, burżuazyjnymi kamienicami, pomiędzy nowymi pałacami ludu, pomiędzy karlejącymi zabudowaniami przedmieść, a nalot radziecki, który osiadał na tym wszystkim, sprawiał, że różnice zacierały się, polegały wyłącznie na spiętrzeniu i wypiętrzeniu bądź obniżeniu zabudowań.

Zastanawiałem się, czy czuli się tak jak ja w Berlinie Zachodnim w latach osiemdziesiątych, do którego wyjechałem jako peerelowskie dziecko i w którym moja głowa eksplodowała. Bo to, co zobaczyłem, porównywalne mogło być tylko do odkrycia nowego wymiaru, uruchomienia nowego zmysłu, którego istnienia nie tylko nie podejrzewałem, ale nawet nie mogłem sobie wyobrazić. Najbardziej w tym wszystkim dziwiły mnie nie tyle szyldy, kolory i cały ten kolorowy obłęd dookoła, ile fakt, że codzienność nie musi być dolegliwa. Że dzień powszedni nie musi być mordęgą polegającą na tym, by doczołgać się jakoś do tych dwóch wolnych dni, do soboty i niedzieli, w które będzie można schować się przed światem w norze i na tych kilkadziesiąt godzin o nim zapomnieć. Dziwiło mnie również to, że wszystko dzieje się ot tak, samo z siebie. Napędzane przez ludzi, a nie przez jakiegoś wyjątkowo łaskawego Boga, zarządzającego tym światem, w którym można było oddychać i na który można było patrzeć z przyjemnością, a nie zmuszając się do patrzenia. Ci ludzie wydawali mi się zupełnie inni od tych, wśród których się urodziłem i wychowałem. Jak inny szczep ludzki, z innymi mózgami. Dziwiły mnie te codziennościowe obrzędy, które napędzały ten świat, dziwiły mnie wkomponowane w berlińczyków odruchy, za pomocą których od niechcenia tworzyli sobie inną rzeczywistość. Zastanawiałem się, czy Radziecjanie, którzy przyszli wtedy, w 1939 roku, do Lwowa, czuli choć część tego, co ja czułem w Berlinie w połowie lat osiemdziesiątych. W każdym razie na pewno nie do końca umieli poradzić sobie z tą codziennością, tak samo jak Polacy w peerelowskich czasach nie wiedzieli, jak przechodzić przez bramki paryskiego metra czy korzystać z automatycznych publicznych toalet w Niemczech. To właśnie, jak się wydaje, Lanckorońska jest źródłem powtarzanej później wielokrotnie w różnych okolicznościach anegdoty o koszulach nocnych mylonych z wieczorowymi sukniami.

„Bolszewików zjeżdżało tymczasem coraz więcej, mężczyzn i niezwykle brzydkich kobiet.

Kupowali wszystko, co im podpadało pod rękę. W każdym sklepie było ich pełno. Wyżej opisana scena z grzechotką powtarzała się wiele razy dziennie. Ponieważ zaś przeznaczenie wielu przedmiotów nie zawsze było im znane, przeżywali i pewne niepowodzenia, jak na przykład ukazanie się towarzyszek w teatrze w powłóczystych jedwabnych koszulach nocnych [...]".

*

Urodziłem się i wychowałem w świecie, w którym przeznaczenie wielu przedmiotów nadal było dla mnie nie do końca znane. W latach osiemdziesiątych i dziewięćdziesiątych w rzeczywistości uproszczonej latami socjalizmu wiedziałem wprawdzie, jak używać noża i widelca, wiedziałem, jak układać sztućce na stole, ale który kieliszek był do jakiego wina – już niekoniecznie. Te wszystkie przedmioty specjalnych przeznaczeń, szczypczyki do ślimaków czy młoteczki do rozbijania skorup krabów, nawet specjalne buty do kręgli, specjalne ciuchy do golfa, inne buty do biegania, a inne do kosza – wydawały się z jednej strony pańską fanaberią, by nie rzec, debilizmem, bo czemu, kurwa, nie można zagrać w kręgle w normalnych butach, ale z drugiej strony – symbolem pewnego wyrafinowania, którego się zazdrościło. Odpowiedniej i osobnej oprawy każdej czynności. Buty do kręgli! Ech. Gdzieś w rodzinnej szufladzie ostał się specjalny nóż do masła po jakichś odległych przodkach z odległych czasów, w których na świecie żyli jeszcze książęta z bajki i hrabiny Lubomirskie. Bardzo lubiłem go używać właśnie z tego powodu, że był maleńkim śladem świata, w którym istniało coś więcej niż aluminiowe sztućce i talerze z napisem „Społem", ale z takimi szczypczykami na przykład mógłbym wtedy spokojnie „przeżyć pewne niepowodzenia". Świata, w którym istniały te wszystkie zasady, że skarpeta musi być tak długa, by nie odsłaniać łydki, nawet gdy osoba ją nosząca zakłada nogę na nogę, że do krótkich spodni skarpet nie nosi się wcale, chyba że są to skarpety górskie, sportowe bądź szkockie pończochy, znało się te wszystkie windsorskie węzły do krawatów, wiedziało, na jaką okazję frak, a kiedy można bez krawata, a jeśli bez krawata, to ile guzików koszuli może być rozpiętych. Z podobnych reguł w PRL-u wiedziało się tylko, że kwiatów daje się liczbę nieparzystą. Być może w zamieszczanym w „Przekroju" *Demokratycznym savoir-vivrze* było napisane, jak używać szczypczyków do ślimaków, ale cóż, ślimaków w supersamach Społem nie było, a ich jedzenie wydawało się przeciętnemu Peerelczykowi obrzydliwością i dziwactwem zepsutych Francuzów. Może pisano w „Przekroju" o długości skarpet, ale w każdym miejskim autobusie unosił się zapach potu, zmęczenia i starości, a kwestia długości skarpety wydawała się problemem książąt krwi z odległych planet.

Tak, przeciętny człowiek pochodzący z tej rzeczywistości czuł się jak burak, gdy wyjeżdżał na byle prowincję Zachodu, na praśną bawarską czy austriacką wiochę choćby. Tam widział coś, o czym czytał w przedwojennych książkach, ale czego znaczenia zapomniał, na przykład „dobrze skrojony garnitur" czy „aperitif". W byle mieścinach widział kelnerów podających drinki z lodem przez papierową serwetkę i choć zastanawiał się, po cholerę ta cała szopka, to jednak jakoś mu się to wszystko podobało.

A za jakiś czas i w Polsce kelnerzy i klienci zaczęli przed sobą odgrywać tę szopkę. I jedni, i drudzy mieli świadomość, że udają i że to udawanie widać, i że ta druga strona też udaje. Że wszyscy wiedzą, że wiedzą. Ale grali. Nie ciepali na talerze jak popadło, jak dawniej, tylko aranżowali te mięsa, układali te ziemniaki, rozkładali szparagi, żeby ładnie wyglądało, układali serwety w wachlarze, czując się jak durnie. Tak, nastały czasy wielkiej mimikry. Wielkiego udawania. Wszyscy Polacy, nieudolnie naśladując wytworne maniery, udawali, że maniery te mają od zawsze. Że wcale wszyscy nie pochodzą z blokowych mieszkań ze śmierdzącymi zsypami i pękającym tynkiem od rozłażących się płyt. Że nie podjadali bigosu z garnka, nie gryźli podebranej z lodówki kiełbasy i nie chowali jej tam z powrotem, zostawiając na niej ślady swoich szczęk.

Wszyscy zaczęli nagle kopać w swoich chłopskich, chamskich pochodzeniach, żeby znaleźć tam choć cień czegoś dystyngowanego, co by uzasadniło ten nowy kształt rzeczywistości, którego tak bardzo łaknęli. Jakiegoś pradziadka szlachcica, prababci szlachcianki. Albo chociaż jakiegoś Niemca, jakiegoś Francuza. Kogokolwiek, byle przegryźć czymś tego praśnego, pańszczyźnianego chłopa, który we wszystkich tkwił i który – razem z rosyjskim komunistą – nadał naszemu światu bezkształt.

*

Ukraina, która wyłoniła się z chaosu po rozpadającym się Związku Radzieckim, nie miała zbyt wiele wspólnego z galicyjskimi marzeniami. Nieudolna, kuśtykająca, sypiąca się i niezdolna do sięgnięcia do takiego poziomu, jakiego obywatele oczekiwaliby od państwa, stała się w końcu poradzieckim „Pachanatem". Tak określił poradziecką Ukrainę Wołodymyr Pawliw, galicyjski publicysta i działacz, w swojej broszurze *U poszukach Hałyczyny*, czyli *W poszukiwaniu Galicji*.

„Galicyjscy Rusini chcieli żyć w Ukrainie i dlatego zostali Ukraińcami. Teraz żyją w Pachanacie, w którym żyć nie chcą. Chcą żyć w »ukraińskiej Ukrainie«, ale to jest niemożliwe. Mogą natomiast popaść w »russkij mir«, a tego sobie nie życzą. Stoją na rozdrożu pomiędzy tym, co niemożliwe, i tym, czego nie chcą, i śpiewają smutne pieśni o Ukrainie. I nie wiedzą, gdzie pójść i co zrobić z ciężką walizą bez rączki, z napisem »państwo U«". Tak pisał Pawliw, a zaraz potem wyjaśniał, co to takiego „Pachanat":

„To forma quasi-państwowego tworu, na czele którego stoi Pachan*. Pachanat jest paskudną i bezwzględną formą oligarchicznego kapitalizmu, jaką rozpoczął budować prezydent Kuczma, a wieńczyć dzieło, jak się wydaje, pospiesza prezydent Janukowycz".

*

Nie, poradziecka Ukraina, traktowana przez oligarchów i władców jako projekt biznesowy, niewydolna, cywilizacyjnie zgnieciona i wepchnięta w wieczny niedorozwój, brzydka poradziecką brzydotą, ciężka w codziennym użyciu, nie podobała się Lwowowi.

Jest taki lwowski malarz, nazywa się Włodko Kostyrko. Kostyrko jest suchy, czarnowłosy, spokojny. Nie mówi za głośno. Bawi się klasyką, symbolami i rzeczywistością, pełno u niego symbolicznych gestów, znaków, cytatów i odbić. Jeśli pytać o jego tożsamość, to powie, że przede wszystkim to jest tożsamość lwowska. Kostyrko o lwowskiej radzieckości pisze tak:

„Stan chodnika i szarość radzieckiego brudu na nim przywróciła mnie do rzeczywistości. Radziecka rzeczywistość mi się nie podobała, nie pasowała do mojego Lwowa. Mój dziadek urodził się we Lwowie w czasie autonomii galicyjskiej (czyli za Austrii) i on też nie lubił radzieckości, mój ojciec urodził się we Lwowie za Polski – i też nie lubił radzieckości. Ja urodziłem się we Lwowie w czasach Ukrainy radzieckiej – i też nie lubiłem radzieckości. Nie podobało mi się nic, co

---

* Tak w języku poradzieckich kryminalistów nazywa się przywódcę, wodza, szefa, herszta.

radzieckie. Radzieckość była estetycznie nieatrakcyjnym etycznym złem, robotniczo-chłopskim doktrynerstwem, które doprowadziło Lwów do katastrofy. Z miasta wygnano większość mieszkańców – tylko ze względu na ich narodowość. System budował ład, bazując na złej stronie istoty człowieka. Dokonała się całkowita deklasacja miejskiej kultury, międzyludzkie stosunki polegały na całkowitym wyłączeniu etycznej osobowości. [...]

Włócząc się po Lwowie, patrzyłem na fasady kamienic, widziałem na nich ślady kul, takich świadectw było bez liku, i wyobrażałem sobie ostatnią bitwę mojego miasta. Byłem dumny z okien lwowskich kamienic, bo wywoływały strach, stanowiły niebezpieczeństwo, to z nich spadała kara na tych, którzy chcieli pozbawić lwowian ich świętego prawa do ludzkiego szczęścia. Lubiłem słuchać mojego dziadka, jego języka nieradzieckich lwowian. Lubiłem ich obserwować, mocno się wyróżniali spośród radzieckiej szarości, dlatego nie mieli szans na przetrwanie. Ich indywidualność, ich ancugi, kapelusze, meloniki, kapelusiki i rękawiczki stworzyły mój stereotyp lwowianina".

No właśnie, Lwów pamiętał lepsze czasy. Nie żeby od razu Rzeczpospolitą, choć tę trochę też, ale przede wszystkim – czasy Habsburgów.

*

W czasie, gdy Związek Radziecki już umierał, do Lwowa przyjechał chłopak z końca świata, z samej białoruskiej granicy. Pyzaty, ze słomianymi włosami, z tą kmieco-słowiańską urodą, ze wsi o nazwie Zadowże na zapomnianym, zabitym dechami, kołtunowatym Polesiu. Nawet trzysta osób w tym Zadowżu nie żyło. Nazywał się Wasyl Rasewycz i jak mi potem opowiadał: „nigdy nie lubił tej całej wschodnioeuropejskiej cywilizacji: muzyki, folkloru, chaotycznej historii". Od dziecka, jak mówił, szukał na Polesiu „śladów zachodniej cywilizacji", co musiało być jednak czymś w rodzaju wyzwania, a gdy trafił do Lwowa, to zrozumiał, że właśnie tutaj chce żyć.

I, jak twierdzi Kostyrko, który Rasewycza z tych czasów znał, „chodził po knajpach i opowiadał o Galicji". Opowiadał o pięknym świecie c.k. monarchii, tak bardzo, kurwa, innym od tej ledwie oświetlonej brei za oknem, rozjechanej przez radzieckość, a dorzynanej przez poradzieckość.

No i tak słomianowłosy, słowiańsko pyzaty Poleszuk obudził w Hałyczanach galicyjskość.

– Ludzie byli rozczarowani Ukrainą, szukali alternatywy, kompensacji – mówi Kostyrko. Sam nie zamknął się w kostycznym, dusznym świecie starych lwowskich wspomnień i mitów. Malując, tasuje Lwów, Ukrainę, Europę, Habsburgię tak, jak je widzi; mieli kulturę i popkulturę. Malował mandylion Weroniki z twarzą Franza Josepha i personifikację Galicji karmiącą piersią lwa – symbol miasta. Namalował też „złotą Hałyczynę": młodą kobietę siedzącą w majestatycznej pozie na tronie, w złotym pancerzu, purpurowo-błękitnych szatach i ni to słonecznej koronie, ni to aureoli. Jedną dłonią podtrzymuje miecz, drugą – otwartą księgę. Diadem na jej głowie wieńczy gwiazda. Za tronem stoi lew.

Niezależnie od tego, czy Kostyrko malował to ironicznie, czy nie, jeśli za sprawą jakiegoś przedziwnego (i bardzo niebezpiecznego) twistu historii powstanie kiedyś jakaś niepodległa Hałyczyna, to całą swoją symboliczną warstwę ma już gotową.

*

Kostyrko razem ze znajomymi założyli „galicyjską" knajpę: Pid Sinoju Flaškoju (Pod Niebieską Butelką). To Pid Sinoju Flaškoju zapisywało się nie cyrylicą, tylko łacinką z czesko-słowackimi znakami diakrytycznymi, która język ukraiński przesuwa bliżej środkowej niż wschodniej Europy. Kostyrko zresztą też na swoich obrazach używa łacinki. Łacinką pisze na Facebooku. Twierdzi, że to z „powodów cywilizacyjno-estetycznych". Estetyka to jedno, ale dla Kostyrki ważne jest podkreślanie, że do 1939 roku jego Lwów należał do cywilizacji zachodniej, a nie wschodniej. Pid Sinoju Flaškoju w każdym razie była knajpą „galicyjską". Dziennikarze nazwali ją „ambasadą austro-węgierską". „Ambasadorem", śmieje się Kostyrko, miał być Rasewycz, który akurat przebywał wtedy za granicą i nic o tym nie wiedział.

Rozdawali zaproszenia-legitymacje, robili znaczki z Franzem Josephem i pieczątki z austro-węgierskim godłem. „W kawiarni Pid Sinoju Flaškoju czas zatrzymał się w tej romantycznej dobie, gdy Hałyczyna nie należała jeszcze do radzieckiej Ukrainy" – napisane było w menu.

Wokół środowiska „Hałyczan" zrobił się szum. Idea „galicyjskości" rozlewała się po głowach. Do tego stopnia, że co bardziej czujni ukraińscy patrioci zaczęli oskarżać ich o separatyzm. Na murze jednej z ulic w centrum miasta ktoś wypisał łacinką „Nezależna Hal'ychyna". Napis do tej pory można oglądać, choć serio traktują go tylko ci, którzy szukają sensacji.

*

Według Pawliwa przyczyny popularności Habsburgii i jej cesarza Franciszka Józefa I w Galicji są dwie. „Po pierwsze, po dekadzie poradzieckiego upadku Lwów zaczął się rozwijać jako miasto atrakcyjne turystycznie, a jedną z podstaw tej atrakcyjności był i jest »cesarz europejskiej prowincji« z jego zaniedbanym pięknem i tanią gościnnością" – pisze w *U poszukach*...

I ma rację, bo Lwów stał się dla Ukrainy europejskim Disneylandem. Habsburski mit się sprzedał i stał maszynką do robienia kasy. Nawet Pid Sinoju Flaškoju stała się taką maszynką, od kiedy kupił ją właściciel hotelu „Żorż". Franz Joseph wisi po knajpach i restauracjach. Można wsadzić rękę w majtki pomnikowi Sacher-Masocha i pomacać go po fiucie. Ukraina, w tym ta, która nie była pobłogosławiona historią i architekturą, jak tu się mówi, „typu europejskiego", wali do Lwowa i rzuca się, wygłodniała, na ulice kipiące od knajp. Oddycha atmosferą wiecznej europejskiej fiesty, pomiędzy kamienicami pięknymi swoim „zaniedbanym pięknem", snuje się po brukach, które pamiętają jeszcze Cekanię, i robi sobie zdjęcia pod katedrami łacińskiego kształtu. Dziewczyny i chłopaki prężą się do fotek pod pomnikami i stiukami, przy drinkach i niektórych charakterystycznych urządzeniach knajp, bo we Lwowie knajpy są często robione „pod klimat". Za habsburskim mitem bowiem ciągnie się sporo lwowskich mitów lokalnych. Jest, wiadomo, słynna knajpa Kryjówka, robiona w stylu bunkra UPA, którą lwowianie gardzą, uważają za turystyczną szmirę utrwalającą najpodlejsze stereotypy. Jest knajpa typu „żydowski Lwów", którą lwowianie traktują dokładnie tak samo jak Kryjówkę i dokładnie z tych samych powodów. Jest knajpa nawiązująca do mitu borysławskiej gorączki naftowej, i tak dalej, i tak dalej.

Tak więc post-Radziecjanie kręcą się po Lwowie i strzelają fotki. Rasewycz się cieszy, bo ma swoje c.k. miejsca. Można się z nim umówić w wiedeńskoidalnej knajpie na pięterku, usiąść przy porządnej kawie i dobrym ciastku i przez okno patrzeć na Lwów, który eksplodował Europą i zalał całą tę Poradziecję, tak bardzo wkurwiającą Włodka Kostyrkę.

Ruch galicyjski zresztą nigdy nie był czymś więcej niż kanapową zabawą. Ucieczką od Pachanatu. I w ten sposób najbiedniejsza prowincja Austro-Węgier, która dla samego Wiednia była „pół-Azją", stała się dla Lwowa ziemią obiecaną.

Bo druga przyczyna popularności mitu Habsburgii, według Pawliwa, jest jasna: „rozczarowanie ukraińską rzeczywistością dotarło również do patriotycznych Hałyczan" i znalazło oddźwięk poza Lwowem, w innych dawnych c.k. miastach. I skłoniło ich do poszukiwań „ducha starego imperium", który, jak Pawliw przypomina, kazał czuć się bohaterowi Josepha Rotha tak samo w Złoczowie, Sipolju czy w Wiedniu i którego „pozbawione były późniejsze czasy, i międzywojenna Polska, i niemieckie czy radzieckie »wyzwolenia«".

Tak, tęsknota za Europą, wyciąganie rąk do Zachodu, który jest światem ojczystym, ale który tę Ukrainę zachodnią ledwo widzi, który traktuje ją tak jak bogaty ojciec niekochane dziecko, w dodatku takie, które ma z niechcianą kochanką. Ale zachodnia Ukraina, Hałyczyna, nie ma dokąd iść, bo świat Wschodu, „russkij mir" – to nie jest jej świat, i ona organicznie go odrzuca. Rozumiem ją, bo mój świat, Polska, nie jest aż tak bardzo od tej Hałyczyny różny.

*

Ale to właśnie o tym jest, na przykład, cały Jurij Andruchowycz. Pisarz, którego ogłoszono jeszcze za życia narodowym wieszczem, choć czyta go głównie zachodnia Ukraina, częściowo środkowa. Wschodnia – z rzadka. Andruchowycz jest właśnie o wyciu za Zachodem. Czy to jego Stach Perfecki z *Perwersji*, który jest próbą dorzucenia do listy bon vivantów Europy własnego, ukraińskiego bon vivanta, czy Otto von F., pokazujący Moskwie wielkiego ukraińskiego faka i jadący pod koniec *Moscoviady* z dziurą w głowie na zachód, do miejsca, gdzie piwiarnie to „zaciszne i suche jaskinie przy wąskim, brukowanym zaułku, gdzie na szyldzie widnieje sympatyczny diabełek z krągłym od opilstwa bandzioszkiem, z przyćmionym światłem, niezbyt głośną muzyką i kelnerem, w którego ustach rozbrzmiewa nieco zagadkowy zwrot »proszę pana«". Bo na wschodzie piwne obyczaje są inne: pije się „skwaśniałe piwo", „wiatr targa mokre włosy", a „wokół rozciąga się wielka azjatycka, przepraszam, eurazjatycka równina, przepraszam, kraina, ze swoimi

własnymi normami i prawami, i ta kraina potrafi roz-
rastać się na zachód, wchłaniać maleńkie narody, ich
języki, obyczaje, piwo [...]".

*

Pojechałem kiedyś zobaczyć Andruchowycza w jego
naturalnym środowisku. Andruchowycz jest z Iwano-
-Frankiwska i dużo o tym pisze. Iwano-Frankiwsk to
centrum świata Andruchowycza. I nie tylko jego, bo
pochodzi stąd w ogóle sporo porządnych pisarzy. No,
ale moim ulubionym zawsze był właśnie Andruchowycz, nic nie poradzę.

Iwano-Frankiwsk też uciekał od radzieckiej i poradzieckiej ciężkości i siności, ale trochę inaczej niż
Lwów. Uciekał w bajkę, w karpackie Macondo. W górskie opowieści. W Europę Środkową, w pogranicza,
w ukraińskość mieszaną z rumuńskością, słowackością,
węgierskością, polskością, niemieckością. We wszystkie te „-ości" – pograniczne, zlewające się ze sobą, two-
rzące w zasadzie osobną, karpacką tożsamość. Dopiero
stanowiące kuszącą zapowiedź rozwinięcia się w pełno-
prawne rumuńskości, polskości czy niemieckości.

Nie dziwiłem się wcale, że frankiwscy pisarze uciekaj-
ją w Karpaty. Niby prowincja, ale prowincja środkowoeuropejska, bardzo środkowoeuropejska, ze wszystkimi
środkowoeuropejskimi mitami, legendami i estetyką,
z polującym między Hucułami i Bojkami cekańskim
księciem panem w tyrolskim kapelutku (bo w Ceka-
nii, imperium składającym się z Wiednia i jego okolic
oraz niekończącej się prowincji, to właśnie ta prowincja
jest najbardziej fascynująca), z hajdukami goniącymi

zbójników, albo odwrotnie, ze zbójnikami goniącymi hajduków, z leśnymi demonami i górskimi diabłami, ze wszystkimi Transylwaniami i Rurytaniami świata, bo to właśnie mniej więcej tam zachodnia wyobraźnia lokuje Rurytanię. Ach, Karpaty.

Patrzę czasem na mapę Euroregionu Karpackiego i wyobrażam sobie, że to niepodległe państwo. Bardzo lubię jego kształt na mapie. Trochę Ukrainy, trochę Polski, kawał Słowacji, Rumunii, Republiki Czeskiej. A jeśliby rozszerzyć Euroregion na wszystkie karpackie państwa, to nawet trochę Serbii, nawet odrobina Austrii by się tam dostała do smaku. Ach, Karpacja, Rurytania, najpiękniejsze państwo świata. Chciałbym w nim mieszkać. Byłbym jego najgorętszym patriotą. Chciałbym o nim pisać książki. I kiedyś napiszę.

*

Byłem już wcześniej, dawno, dawno temu, zobaczyć ten Iwano-Frankiwsk Andruchowyczowski. I gdy przyjechałem tam drugi raz, nie poznałem prawie niczego. Zapamiętałem zupełnie inne miasto niż to, do którego wróciłem.

Wtedy Iwano-Frankiwsk był biały. Cały w białym wapnie, w białej farbie. Tak to zapamiętałem. Odmalowywano go od stóp do głów, mocno przy okazji paćkając podłogę. Tak to pamiętam: bielone ściany i upaprany farbą bruk. Po mieście snuły się ciężarówki z wapnem. Też całe ubielone. Pokryte kruszejącym wapnem.

Dekadę wcześniej skończył się komunizm i Związek Radziecki i odtąd Iwano-Frankiwsk już nigdy więcej nie chciał być szary. Chciał, jak południowe miasta, ryczeć odbijającą słońce bielą. Tak chciał i miał w dupie, że w naszym klimacie szarość najczęściej bierze się właśnie z bieli, sinawo oświetlanej smętnym przez większość roku słońcem, kaszlącym w dodatku spalinami.

Pracownica hotelowej recepcji, kobieta z warkoczem grubym i czarnym jak smołowana lina okrętowa, powiedziała nam, że może nam dać pokój, ale musimy wynieść się o piątej rano, bo jakaś reprezentacja sportowa przyjeżdża. Na głównej ulicy wstąpiłem do kantoru sprawdzić kurs hrywny, a facet w okienku zaczął mnie namawiać, by robić z nim jakieś interesy, że niby on na Ukrainie będzie kupował, a ja w Polsce sprzedawał. Co, pytałem, sprzedawał, a on mi odpowiadał, że wszystko jedno co, że coś się wymyśli, żebym się nie bał, bo on to wszystko, całą logistykę, weźmie na siebie. Sprawdziłem kurs i wyszedłem, dość zbaraniały. Już na ulicy zorientowałem się, że nie byłem w tym kantorze nawet minuty, a o mało nie zawarłem znajomości życia. U ulicznego sprzedawcy kupiłem sobie *Moscoviadę* w oryginale. Polskie tłumaczenie znałem na pamięć, więc zrozumieć ukraiński oryginał nie było trudno. W knajpach pozwalali nam pić własną wódkę, a my musieliśmy dokupować do tego tylko gazowane napoje. Bardzo nam się to podobało, a oni, to znaczy – kelnerzy, uśmiechali się łagodnie, jak do dzieci jarających się nową zabawką. Na jednym z placów, wytynkowanym na bielusieńko i równiuteńko wybrukowanym nową, paskudną kostką brukową, stała ławka, ale ta ławka nie była zwrócona przodem do tego ładnego, wytynkowanego i wybrukowanego, tylko w stronę ciągów bazarowych bud i uliczek, które wlokły się na skarpie w dole jak podgrodzie pod zamkiem. Nie dziwiłem się zbytnio temu, kto tak ustawił tę ławkę. Wytynkowane tchnęło trupim bezruchem, a wszystko, co się mogło kłębić, żyć, przelewać, bebeszyć – kłębiło się tam, na dole. W brudzie, w błocie, między powiewającymi plastikowymi torbami.

Wstaliśmy wcześnie rano, żeby zdążyć przed sportowcami, i pojechaliśmy pociągiem do Kołomyi.

*

Gdy jechałem do Iwano-Frankiwska ostatnio, wszystko było inaczej. Ukraina nie była już leniwie nagrzewaną słońcem w lecie i nasiąkającą zimną wodą przez resztę roku poradziecką łżerepubliką, która leżała, półmartwa, w błocie, a obrotni neoarystokraci transformacji wycinali z niej co sensowniejsze kawałki i opychali na wolnym rynku. Kraj ocknął się z półmartwoty, zrzucił z siebie część tych cwaniaków, najbardziej obrotnych i dokazujących, a innych zmusił, przynajmniej teoretycznie, do uległości.

Na wschodzie państwa trwała wojna, uzbrojone, faszyzujące bojówki woziły się po kraju samochodami zapierdolonymi Wiktorowi Janukowyczowi z jego hangaru robiącego za garaż, a władze w Kijowie próbowały przezwyciężyć ćwierć wieku patologii, na bazie której funkcjonowało państwo, i jakoś je zreformować. Szło jak po grudzie, bo władza była częścią tego patologicznego systemu i samo pogonienie Janukowycza niczego od razu zmienić nie mogło.

Jechałem do Frankiwska od wschodniej strony, od Chocimia, od miejsca, w którym Zbrucz, przedwojenna granica Polski i ZSRR, wpada do Dniestru, a ten z kolei stanowił granicę Polski i Rumunii. I dech mi zapierało. Po pierwsze dlatego, że było pięknie: zielone, podłużne języki wzgórz właziły do wody, piętrzyły się nad dolinkami, którymi poprowadzone były dróżki. W Okopach Świętej Trójcy, którymi kończyła się przedwojenna Polska i którymi kończyła się obecna Hałyczyna, stało parę ślepych, śpiących domków i kilka pozostałości po starej Rzeczpospolitej: ułomki murów, bram warownych. Na drzwiach zamkniętego na głucho kościoła wisiał plakat polskiego Radia Maryja, z jego napisanym po ukraińsku hasłem: *chrystyjańśkij hołos u twojemu domi*. *Hołos*, jak informował plakat, można było złapać w Kijowie, Równem, Kowlu, Gródku, Winnicy, Żytomierzu i Kamieńcu. Nad tą informacją znajdowała się sympatyczna i łagodna twarz brunetki w białej chuście na głowie, otoczona napisami „Radio Maryja" w różnych językach: węgierskim, litewskim, słowackim, a nawet arabskim.

Po drugie jednak dlatego, że próbowałem na ten krajobraz, na te ułomki, a przede wszystkim na te rzeki patrzeć jak na elementy układanki na mapie politycznej. I to też zapierało dech. Stałem na moście i spoglądałem to na jeden brzeg, to na drugi, to na trzeci, i próbowałem sobie wyobrazić, że wszystkie te trzy miejsca należą do trzech różnych rzeczywistości politycznych. Patrzyłem na dawny radziecki brzeg i wyobrażałem sobie pograniczników w papachach i kożuchach. Patrzyłem na dawny brzeg rumuński i próbowałem sobie wyobrazić Rumunów w tych ich dziwnych, szerokich hełmach, w piaskowych mundurach i w owijaczach na łydkach. Wyobrażałem też sobie polskich żołnierzy ze strażnicy Korpusu Ochrony Pogranicza, tutaj, na tym polskim cyplu wsuniętym między radziecki Żwaniec i rumuński Chocim. Wyobrażałem sobie, jak patrzą na dwa obce kraje, z tej perspektywy wyglądające przecież identycznie jak ten, który nazywa się ich ojczyzną i którego mają przykazane, jakby co, bronić. Przyjeżdżali tutaj polscy letnicy, mając do dyspozycji pensjonat, podobno zresztą średniej jakości. Ale za to rosły tu morele, tu grzało słońce południa, dlatego Warszawa, Kraków, Lwów, cała Polska (którą było na to stać) – ciągnęła tutaj, na południe, pociągami i autobusami. Do Kut i Zaleszczyk, do Okopów. Południowy wschód Polski był dla Polaków tym, czym Krym i Morze Czarne dla Radziecji i Poradziecji: kawałkiem ciepłych krajów, wentylem, przez który do tych ponurych, północnych państw wtłaczał się lekki oddech egzotyki.

W Okopach Świętej Trójcy pogranicznicy z KOP obtańcowywali więc letniczki. Pomiędzy starymi murami, opatrzonymi tabliczkami, że wybudował je hetman wielki koronny Stanisław Jan Jabłonowski za panowania dobrego króla Jana, pomiędzy Rumunią i Związkiem Radzieckim, pomiędzy morelami, które nigdzie indziej w zimnej Polsce nie chciały rosnąć, polskie letniczki pieprzyły polskich pograniczników i odwrotnie. Grały gramofony, „szczęście trzeba rwać jak świeże wiśnie", pary tańczyły, obcasy stukały w drewnianą podłogę, jedne basem, inne cienko. Wyobrażałem sobie też brzuchatych panów w kapeluszach, adwokatów, ziemian, lekarzy czy urzędników, którzy dojeżdżają tutaj w swoich automobilach na warszawskich czy lwowskich rejestracjach, zdejmują skórzane rękawiczki z dłoni, z oczu – gogle, jeśli przyjechali kabrioletami, i witają się z KOP-owskimi oficerami, narzekając na długość i jakość drogi (na mapie drogowej z 1939 roku pozaznaczano drogi prowadzące tu ze Lwowa jako „bite dobre" i „bite średnie", ale trzeba było mocno kręcić przez wiochy i miasteczka; poza tym już widzę te „drogi bite dobre", jasne). Po czym siadają z nimi przy stole pod jakąś, dajmy na to, morelą, albo pod jakąś, dajmy na to, ruiną zbudowaną za dobrego króla Jana, i wyklinają sowieciarzy, którzy zabrali Polsce legendarny Kamieniec. Kamieniec, w którym Wołodyjowski z Ketlingiem, wiadomo, na skróty do nieba, i który stoi tu zaraz, parę kilometrów stąd, a którego dotknąć nie można, bo nad jego murami powiewa czerwony sztandar z sierpem i młotem, a nad bramą, której Rzeczpospolita nie chciała oddać bisurmańskiemu Turkowi, wiszą teraz Lenin ze Stalinem. Ciekawy byłem, czy się bali, gdy patrzyli na Związek Radziecki po drugiej stronie rzeki. Czy cierpła im skóra. Zwłaszcza nocą. Po polskiej stronie grała muzyka, „szczęście trzeba rwać jak świeże wiśnie", świeciły się porozwieszane na morelach lampiony, a po radzieckiej stronie – ciężka ciemność, aż po Kamczatkę, aż po Magadan, po Sachalin. Tańczyli i zerkali na radziecką stronę, i widzieli przecież, że od tego piekielnego kraju, od Bolszewii, dzieli ich tylko wodny ciek. I że gdyby tylko bolszewicy chcieli, to pokazaliby, jak bardzo teoretyczna jest polskość tego kawałeczka Rzeczpospolitej wbitego pomiędzy nich i Rumunię. Że zależy wyłącznie od tego, czy coś tak abstrakcyjnego jak międzynarodowe traktaty jest w stanie utrzymać tę radziecką ciężką falę, która stopniowo narastała nad Okopami Świętej Trójcy.

A potem wyobrażałem sobie radziecką armię, która gromadziła się na drugim brzegu. Letnicy pewnie dawno już uciekli, ale pogranicznicy patrzyli i zaciskali zęby, trochę ze zdenerwowania, a trochę dlatego, żeby nie pokazać, że się boją. Bo tylko ktoś z uszkodzonym mózgiem nie bałby się, widząc, jak za miedzą zbierają się w kupę Ruscy i szykują się do spuszczenia wpierdolu. Na trzecim brzegu stali Rumuni i w milczeniu obserwowali to wszystko przez lornetki. Patrzyli, jak kończy się Polska. Gdy Radzieccy ruszyli, Polacy odeszli. Zostawili Okopy Świętej Trójcy, nie dając się skusić ich legendzie, i nie zmontowali kolejnego szańca beznadziejnej obrony, gdzie spektakularnie wysadziliby się w powietrze, jak Ketling i Wołodyjowski. Pokazali się światu w huku, glorii i chwale, choć na sekundę, choćby umierając. Zresztą, powiedziane było „z Sowietami nie walczyć", więc dali sobie spokój. I przekroczyli Dniestr, gdzie czekali na nich smutni, wąsaci rumuńscy oficerowie, sami w strachu, że po Polakach przyjdzie kolej i na nich.

*

Jechałem więc do Iwano-Frankiwska, za oknami marszrutki było tak pięknie, że nie bardzo było wiadomo, co z tym pięknem robić, jak je brać, jak je jeść, jak żuć, jak na nie patrzeć. Drogowskazy pokazywały kierunki na Zaleszczyki i na Kuty. Wyobrażałem sobie, jak musiały wyglądać te szosy wtedy, we wrześniu 1939 roku

(„drogi bite dobre", „drogi bite średnie"), pełne samochodów, na których z Polski wyciekła Polska. Przez Kuty i Zaleszczyki właśnie. Buicki, hispano-suizy, horchy. Uciekali ci, którzy zrobili Polskę, wbudowali ją w Europę i nie dali rady jej tam utrzymać, bo Polska nie wytrzymała naporu. Polska skruszyła im się w rękach. Ściśnięto ją, wyciskając z niej tych, którzy wkręcili ją w geopolitykę i nadali podmiotowość międzynarodową. Michał Pawlikowski, kronikarz ostatnich dni polskiej arystokracji, tak opisywał to smutne, żałośliwe „corso": „W tumanach kurzu pędziły limuzyny, ciężarówki, autobusy, motocykle – wszystko w kierunku południowym [...]. Sunęły auta zakurzone, podziurawione kulami, bez błotników i zderzaków, z wybitymi szybami".

Wyobrażałem sobie, jak się snują. Szosą między zielonymi pagórkami ciągną przedwojenne maszyny z długimi pyskami. Auta jak z przedwojennego *Mad Maxa*, „bez błotników i zderzaków". Za kierownicami zmęczone, zapadłe twarze. Wąsy, kapelusze. Czapki wojskowe. Wstyd, hańba, sromota. Lokalni, Ukraińcy, stali przy drogach i przyglądali im się z zimną nienawiścią. Pany uciekają. Zrobili kraj i przesrali. Zrobili im tu Polskę, wmuszali im tę Polskę przez dwadzieścia lat, a teraz spierdalają, aż kurz idzie. Tyle było celebry, sztandarów, szabel, wężyków przy kołnierzach, gadaniny, zmuszania, wmuszania i wmawiania, Polska, Polska, Polska, Polska, Polska – i tak się to wszystko kończy. Polska ucieka szosą, „bitą dobrą" i „bitą średnią", pomiędzy łagodnymi górami. Do Rumunii. Do „dziadowskiego", jak mówili, kraju. Uciekali i uciekali, „corso" nie miało końca, a gdy już przez Dniestr przejechał ostatni samochód, lasami, unikając głównych dróg, ciągnęli jeszcze żołnierze. Całe oddziały, które po kolei uświadamiały sobie, że sprawa jest przegrana, że Polski, która miała w kilka tygodni pokonać Hitlera i defilować na Unter den Linden, już nie ma i przez jakiś czas niestety najprawdopodobniej nie będzie. Tak więc szli w cywilnych ubraniach, przez lasy, bo kryli się przed Ukraińcami, którzy ziali nienawiścią. Gdy nie mieli wyjścia i trzeba było z tymi Ukraińcami się jednak spotkać, Kongresowiacy podawali się za Rosjan, a ci z zaboru austriackiego i niemieckiego – za Niemców. Języki pamiętali, w końcu co to było te dwadzieścia lat niepodległości. Młodsi, wychowani już za Polski, mieli gorzej. Pewnie udawali niemowy albo coś tam dukali: „*der, die, das*". Ukraińscy chłopi czasem dawali się na to nabierać i opowiadali im o Polakach straszne historie. Częściowo, pewnie, prawdziwe, częściowo wymyślone, podkręcone, żeby zrobić większe wrażenie. Polacy zaciskali zęby i kiwali głowami. Tak przynajmniej pisali we wspomnieniach ci, którym udało się dostać do tej nieszczęsnej Rumunii. Zastanawiałem się, czy próbowali czasem zrozumieć ukraińską perspektywę. Czy może jednak tego wszystkiego było za dużo, bo w końcu utrata państwa, munduru, honoru, życia sprawiała, że mogli już po prostu nie mieć siły na rozumienie. Na prostą refleksję, że Ukraińcy nienawidzili ich tak samo, jak oni sami jeszcze dwadzieścia lat temu nienawidzili tych, których językami teraz się posługiwali, by się wyłgać od polskości. I tak samo cieszyliby się z ich porażki, jak Ukraińcy cieszyli się z katastrofy polskiego państwa.

*

No więc jechałem do Frankiwska, do dawnego Stani-
sławowa, do Andruchowycza, przez miejsca, w których
kończyła się dawna Polska, przez te zielone bruzdy wą-
wozów, i było tu boleśnie pięknie, i wszystko we mnie
rwało się na kawałki od tego widoku. Ale przed Frankiwskiem krajobraz nieco spłaszczał, sflaczał i spuścił
z tonu. Zrobiło się pustawo, bałaganiarsko, zwyczaj-
nie jakoś.

„Oficery, oficery, oficery – śpiewało radio w marszrutce – *zachyszczaty wam Wkrajinu ridnu dano, jak
robyły ce za Orłyka j Bandery, oficery Ukrajiny, oficery".*

Gdy wjeżdżaliśmy do Frankiwska, zrobiło się już
zupełnie ponuro. Asfalt prawie skowytał z bólu pod
kołami. Marszrutki kołowały po rozklepiszczonym
placu jak utykające, postrzelane zwierzęta. W sklepach,
punktach doładowania telefonów, kantorach – siedzieli
faceci i smutno wyglądali na świat. Albo gdzieś dzwo-
nili, wolno stawiając stopę za stopą. Niektórzy jeszcze,
dawną modą, w spiczastych mokasynach. Ale coraz
mniej było tych stereotypowych „atrybutów człowieka
poradzieckiego". Coraz mniej sweterków z napisem
„Boss" albo „Boys", coraz mniej plastikowych reklamó-
wek noszonych jak torebki, coraz mniej lejących koszul
wkładanych w spodnie, fryzur pod garnek jak w filmie
Głupi i głupszy. No i tych butów ze spiczastymi noskami. Prawie już nie widywało się mojego ulubionego
gadżetu Poradziecji, czyli saszetek na podręczne dro-
biazgi, portfel, komórkę i tak dalej, przypominających
maluteńkie walizeczki, ale z uchwytem naturalnej wiel-
kości. Coś się kończy, idzie nowe. Jakichś dwóch żuli

siedzi na skwerku przed dworcem, jeden stary, drugi młody. Obaj ściągnęli buty i oglądają sobie wzajemnie swoje stopy. Stopy młodszego są o wiele bardziej zniszczone, napuchnięte i brunatne niż tego starszego, choć stopy starszego też nie wyglądają dobrze. Są suche, poodciskane, sinawe tu i ówdzie, ale nie napuchnięte.

– Ale masz ładne stopy – mówi młodszy do starszego, a ten starszy się uśmiecha z zadowoleniem.

– Dbam – mówi.

*

„Oficery nezależnoj Wkrajiny, spadkojemci Sahajdacznoho j Bohdana – znów dobiegło mnie z jakiejś kawiarni – *dokażit', szczo wy je dijsno jichnia zmina. Oficery, oficery, oficery".* Chodziłem po Frankiwsku i miałem depresję.

Miasto w ogóle nie przypominało tamtego, które pamiętałem. Nie było w nim niczego wybielonego i pustawego, pozwalającego odetchnąć. Nie, z Frankiwskiem nie było jakoś bardzo źle. Kształt kamienic, kształt miasta, jego urbanistyka – wszystko było nawet dość czytelne i jasno nawiązywało do tego, do czego miało nawiązywać. Do Europy Środkowej, koniec, kropka. Ale Macondo toto nie było. Bo wszystko, czym wysmarowała to miasto Ukraina, przywodziło myśl o najeździe barbarzyńców. Przeszkadzało mi we Frankiwsku to, co przeszkadza mi w polskich miastach. I co z mniejszym lub większym przekonaniem wmawiam sobie, że lubię, że muszę jakoś lubić, bo przecież trzeba się jakoś czuć we własnym kraju i nie wolno w nim zwariować. Choćby z tego powodu, że nie ma sensu.

Wszystkie te elementy, które składały się na ukraiński Iwano-Frankiwsk, kostka brukowa, szyldy reklamowe, wystawy, sposób malowania czy tynkowania kamienic, wszystko to było na miejscu, ale było dobrane tak niezgrabnie i przypadkowo, jakby ktoś założył malinową marynarkę do kowbojskiej koszuli. Do tego dresy i mokasyny.

Nie miałem pojęcia, co się stało z tym biało malowanym, z tym w bieli kąpanym Frankiwskiem. Malowanym po wierzchu, buracko i prostacko, ale jakoś jednak kojąco. Nie wiedziałem, co się z nim stało. Pewnie nigdy nie istniał.

*

Umówiłem się z Andruchowyczem i kręciłem się po mieście. Miałem coraz większego doła i chciałem z Frankiwska wyjechać. Andruchowycz mnie zrozumie, myślałem.

Andruchowyczowi zawsze przecież chodziło o formę, zawsze brakowało mu u siebie tego, czego i mnie brakowało w Polsce, zawsze tęsknił za jakimś wyrafinowaniem. Przecież to widać. Przecież po to mu był w *Moscoviadzie* król Olelko Drugi. Ostrygi przynosili mu służący w mundurach z wyłogami, na których złotą, delikatną nicią wyhaftowane były tryzuby, po to mu był w *Rekreacjach* nobliwy elegant Popiel, który przyjechał do Czortopola wielką, staroświecką limuzyną i rozdawał bohaterom to paczki papierosów, to paczki czipsów. Tak, to wyobrażenie, jakie Andruchowycz miał o luksusie na początku lat dziewięćdziesiątych, kiedy powstawały te książki, było z obecnego punktu widzenia, cóż, mało politycznie poprawne, bo służba Olelka koniecznie musiała być „egzotyczna", a więc ciemnoskóra, bosa. Nieco tandetne, bo cóż to jest za klasa rozdawać czipsy i szlugi – ale takie wtedy to wyobrażenie było. No trudno. W naszej biednej części świata, która „przeżywała pewne niepowodzenia" z jakąkolwiek formą bardziej subtelną niż nóż i widelec. I naprawdę rozumiałem Andruchowycza. Mnie też doprowadzało do rozpaczy, że na całym, dokładnie całym terytorium, które zajmowało państwo zwane Polską, obowiązuje absolutna pauperyzacja, skończona, przeżerająca to społeczeństwo i ten kraj na wskroś. Że nie ma tam ani jednego miejsca, w którym można by było czuć się tak, jak miało się potrzebę czuć. Że nie ma takiej Polski, z jaką chciałoby się utożsamiać, bo wszystko, co ma na sobie napis „Polska", ma też certyfikat podłej jakości. Jasne, jasne. Nie wszystko. Jasne, sztuka, jasne, literatura, film. Ale ci literaci, ci malarze i graficy brodzili w tych samych postapokaliptycznych, gównianych korytarzach, którymi były ulice polskich miast i wsi, jedli ten sam chłam z tych samych podejrzanych sklepów i, od święta, w restauracji, a po jedzeniu podcierali się gazetą, bo papier toaletowy był towarem dla piesków francuskich z zepsutego Zachodu, a nie czymś dla takiego społeczeństwa na schwał jak my. Hardkorowego, krzepkiego jak rzepa i zdrowego. Najprostsza funkcjonalność i konieczność. Gwóźdź w ścianę, na gwóźdź – kufajka, w kącie garść słomy – śpij. W garnku kasza z omastą – jedz. W sraczu kawałek gazety ze zdjęciami ze zgniłego Zachodu – marz. Sraj i marz.

*

A przecież, ciągnąc w stronę tego pierdolonego Zachodu, o którym już mi się nie chce ani myśleć, ani pisać, ale co mam, kurwa, zrobić, no więc ciągnąc w jego stronę, tam ulokowawszy swój punkt odniesienia, skazaliśmy się na wieczne porównywanie się, na wieczny kompleks, na wieczne poszukiwania „Paryżów Wschodu" i „Rzymów Północy". Owszem, teraz można już trochę odpuścić. Skoncentrować się na poszukiwaniu własnej istoty, ale wtedy, po upadku jednego świata i przed narodzinami drugiego, w tej postapokalipsie, trzeba się było czegoś chwycić. I wcale mnie nie dziwiło, że Andruchowycz wymyśla sobie tę bardziej subtelną ukraińskość niż ta, która istniała, nawet jeśli tę subtelność wyobrażał sobie dość topornie. Bo takie były wtedy wyobrażenia.

I wcale mnie nie dziwiło, że siedzi na tych stypendiach, w tych Berlinach i Stanach, że pisze o Włoszech, że jara się Niemcami, że w jego wierszach pełno jest takich zaklęć przywołujących świat Zachodu jak „escudo", „calle — aqua minerale" czy „Dragon River", że jego Stach Perfecki w Perwersji, siedząc na weneckiej wysepce, okazuje się najsubtelniejszym znawcą klasyki europejskiej muzyki i w tę klasykę wkomponowuje ukraińskie melodie, że na końcu książek Andruchowycza zawsze jest napisane, gdzie powstawały, i są tam te wszystkie nazwy miejsc w Szwajcarii, Niemczech czy jeszcze gdzie indziej. Że w Tajemnicy, wywiadzie rzece przeprowadzonym ze samym sobą, swoim alter ego zrobił Niemca. I nazwał go Egon Alt.

Wcale
mnie
to
nie
dziwiło.
Wcale.

*

Nie tylko zresztą Andruchowycz szukał dla Ukrainy
bardziej subtelnej formy. W knajpie, w której piłem
kawę, ktoś namalował na ścianie Iwano-Frankiwsk
z czasów, gdy nazywał się jeszcze Stanisławów. Albo,
po niemiecku, Stanislau. Albo, po ukraińsku, Stani-
sławiw. Jak kto woli. Szeroki prospekt, kamienice. To
było przerysowane z jakiejś pocztówki i wyglądało
dość desperacko. Tak jakby ktoś nieumiejętnie próbował wywoływać duchy. Jakby uprawiał kult przeszłości, malując na ścianie jej wizerunki i licząc na jej
powtórne przyjście. Na paruzję przeszłości. Z głośników leciało tandetne disco, nie pamiętam, czy rosyjskojęzyczne, czy ukraińskie. Kawę podawali wprawdzie dobrą, ale zbyt rozpaczliwa była ta stylizacja na
wiedeńskość. Z tymi filiżaneczkami, z tymi ciasteczka-
mi, z tym gnącym się kelnerem, z tymi oparciami sie-
dzeń wyginającymi się w Ą i Ę. To wszystko był kult
cargo i wywoływanie duchów. A na ulicy kostka brukowa przywoływała człowieka do rzeczywistości, reklamy przywoływały, wystawy przywoływały, wszystko przywoływało. Wyszedłem przed kawiarnię. Szła
po bruku paniusia z pieskiem, który nie szczekał, tylko kwiczał jak świnia.

Spytam o to wszystko Andruchowycza, myślałem
z rozpaczą.

Niech mi co powie.

Niech powie, jak sobie z tym radzi.

*

No więc Jurij Andruchowycz miał na sobie czerwone
spodnie, na ramieniu plecak i był bardzo miły. Książki od niego dostałem w prezencie, więc było mi bardzo przyjemnie. Nie kadziłem mu, że „o jaa, jest pan
moim ulubionym pisarzem, o jaa, mam wszystkie pana
książki", bo pewnie czułby się głupio, a ja nie chciałem
go w takiej sytuacji stawiać. Pochodziliśmy po Frankiwsku, obwąchując się trochę. Nie bardzo mi jakoś
do tego Frankiwska pasował, szczerze mówiąc, Andruchowycz. Szczerze mówiąc, nie bardzo. Jakoś nie.
Patrzyłem na niego i myślałem o wymyślonym Ego-
nie Alcie, o jego wymyślonym mieszkaniu na berliń-
skim Kreuzbergu czy Prenzlauer Bergu. Nie pamiętam,
gdzie ten jego Egon Alt mieszkał. Myślałem o Karlu-
-Josephie Zumbrunnenie z *Dwunastu kręgów*. O nie-
mieckim mężu Ady Cytryny z *Perwersji*, który wiózł
ukraińskich bohaterów Andruchowycza przez Bawa-
rię swoim lśniącym samochodem.

Trochę pogadaliśmy o tym i owym, a potem poszliśmy do knajpki.

– Panie Juriju – spytałem. – I jak pan sobie z tym
radzi. Z tym wszystkim.

– Z czym? – zapytał, a ja mu powiedziałem. O tym
bezformiu, o tym wrzącym bezkształcie, który, jak
kroplówka, wsącza w żyły ciągły niepokój i poczucie

zagrożenia płynącego skądś, no, właściwie, nie ma co udawać: z antyświata, antyzachodu. Czyli, bo tak to się rozkłada we wschodnioeuropejskich lękach, ze wschodu. O tej nieumiejętności i niemożności, która ciągle przypomina nam, że tak bardzo chcielibyśmy, a jakoś, kurwa, nie wychodzi i przyprawia nas o niezwykłą ciężkość bytu. O wstawanie rano, wzdychanie i mówienie „o kurwa", bo za ciężkimi zasłonami nie czeka na nas rozbłysk słońca, ale jeszcze cięższy dzień.

– Ale co, teraz? – Był naprawdę zdziwiony. – Kiedyś, to tak, to jasne. Ale teraz? Teraz to jest już lepiej. Teraz to... e...

– Lepiej... – żachnąłem się. – Trochę tak, ale nadal... przecież Olelko, przecież Popiel, przecież Egon Alt... przecież ta niemożliwość zgruntowania w... To życie w ciągłej niezgodzie z...

– Wie pan – rozparł się na krześle. – Jak wracam na Ukrainę, dajmy na to, z Niemiec, Austrii czy skądkolwiek, to zazwyczaj ląduję na lwowskim dworcu. I tam jest taki lokal, zaraz jak się idzie z peronów, po prawej, są toalety, prosto – sala dla VIP-ów, a po lewej, za bankomatami – ten lokal. I ja tam sobie wchodzę. To jest zły lokal. Od razu wali mnie po nosie zapach tego niezdrowego jedzenia, ale wchodzę, siadam i zamawiam sobie koniak i kawę. To właśnie tam piję pierwszą ukraińską kawę i zapijam koniakiem. I patrzę sobie na to wszystko. Przywykam – powiedział.

A co miał powiedzieć.

*

We Lwowie, bo gdy się jeździ po zachodniej Ukrainie, to zawsze wcześniej czy później wraca się, chcąc nie chcąc, do Lwowa, poszedłem do tego lokalu, o którym mówił Andruchowycz. Po prawej toalety, po lewej bankomaty, a za bankomatami — faktycznie: smród parszywego żarcia i starego oleju. Poszedłem, zamówiłem kawę z koniakiem. Gdzie on tu, zastanawiałem się, siada, jeśli wszystkie stoliki zawalone ludźmi jedzącymi odgrzewany barszcz i kotlety.

— Można? — spytałem jakiegoś karka grubego, nalanego, który szybko wtranżalał szaszłyk. Popatrzył na mnie z rezygnacją w oczach, z niechęcią, ale nie jakąś piekącą, i coś odmruknął. Równie dobrze mogło to być „idź w chuj", jak „można", ale nie bardzo miałem wybór i musiałem założyć, że było to „można", bo głupio było tak po prostu odejść.

No więc siadłem przy stoliku i patrzyłem. Nalany zjadł szaszłyk i poszedł, a ja patrzyłem. Na zmęczoną panią za barem, na jakąś młodą parkę z wielkimi tobołami dzielącą się barszczem i piwem, na jakichś Polaków w górskich butach, którzy weszli, zmarszczyli nosy i poszli, na staruszka, który wszedł, popatrzył na ceny, przyglądał im się długo i bardzo uważnie, po czym też wyszedł, na jakiegoś chłopaczka w dresach, który zamówił barszcz, dostał, spróbował, bardzo grzecznie powiedział, że zimny, więc mu go odebrano, podgrzano bardziej, oddano i chłopaczek bardzo kulturalnie za to podziękował i zjadł. A potem weszli milicjanci. Dziwnie weszli, nie bardzo wiadomo po co. Weszli i niby to patrzyli, co też tam do jedzenia jest, ale pozierali jakoś dziwnie na ludzi. Że niby głodni są, coś by zjedli, ale tak naprawdę to kogoś szukają. Wyglądali jak nieudolni szpiedzy z sitcomów i ludzie jedzący swoje sznycle, kartofle, szaszłyki i barszcze zaczęli poparskiwać.

Gliniarze trochę się obrazili i sobie poszli.

Tiempo santo

W ogóle trudno mi było wyobrazić sobie rewolucję we Lwowie. We Lwowie? Przecież tutaj tylko się po kawiarniach plotki plecie, a nie rewolucję robi. Taki stereotyp. Że nic, tylko kawiarnie, kawa, piwo wieczorem, jakaś wódzia, kolacja. Teatr, koncert. Kultura, nie wojna. Jaki teatr? Jaki koncert? Jakie kino? Kin co kot napłakał, filmów jeszcze mniej. Jakieś kino jest w centrum miasta, w dodatku w tym samym budynku co wojskowy urząd, więc od razu po wejściu przez drzwi wali po oczach zdjęcie prezydenta państwa i głównodowodzących sił zbrojnych, wszyscy mają bardzo poważne miny i w oczach dźwigają ciężar odpowiedzialności za kraj, a tobie robi się głupio, że chcesz iść oglądać jakiś tam film, tracić czas, podczas gdy oni tu tak poważnie wiszą, obok godło państwowe, jakieś draperie, jak na szkolnej akademii, bo przecież państwowa symbolika nie może się obyć bez draperii, co to za poważne państwo bez draperii.

Inne kino, reklamowane jako kino studyjne, „zagubione w plątaninie wąskich, staromiejskich uliczek", tylko zwykłe, komercyjne kino w galerii handlowej King Cross na przedmieściach. Jedzie się tam nocą, tak, przez czarną, ukraińską noc, i wchodzi do galerii przez przeszklone drzwi, włącza się w ten obieg światowego kapitalizmu, bo w tej galerii, wiadomo, jest tak samo jak we wszystkich innych galeriach w Europie, a pewnie i na świecie. Kiedyś, tak sobie myślisz, w przyszłości turyści będą zwiedzać stare galerie handlowe tak samo, jak teraz zwiedzają stare miasta, bo przecież to dokładnie to samo, tylko, myślisz, co oni w tych galeriach będą oglądać? Może tabliczki: „butik z butami, początek XXI wieku", manekiny udające klientów, ubrane w strój ludowy typu wschodnia Europa, przełom tysiącleci. Czyli dresy dla pana, jakieś mokasyny, skórzana marynarka i skórzana czapka (no dobra, i jedno, i drugie ze sztucznej skóry), suknia wieczorowa dla pani, bo się twórcom tego skansenu z przyszłości popierdoli galeria handlowa z galerią sztuki i wszystko im się pomiesza, i nie będą wiedzieli, co jest co, a nie chcąc przeżywać „pewnych niepowodzeń", nie będą ryzykowali i ubiorą panią na wszelki wypadek w suknię wieczorową, żeby nie było wtopy i niepowodzenia. Co jeszcze, myślisz, może być w takiej galerii – restauracja z sushi, pierwsza połowa XXI wieku. Na tabliczce napis, że w czasach tych we wschodniej Europie miała miejsce postapokalipsa i absolutny brak wiary w to, że wschodni Europejczycy sami mogą coś sensownego wymyślić, zwrócono się więc do innych, uformowanych kultur, by czerpać od nich wzorce i choć przez chwilę, choćby jedząc sushi w knajpie udającej japońską, poczuć, że ma się do czynienia z czymś, co ma kształt i się go nie wstydzi. No i w takich miejscach są lwowskie kina. Czyli nic specjalnego, jak wszędzie.

*

No więc we Lwowie wszyscy zawsze mówili: nie, u nas nic nie będzie, u nas się w knajpach siedzi, a nie lata po ulicach palić samochody. No siedzi się, wtedy gdy się zaczynało, też siedzieli.

*

Wyglądało to niesamowicie. Knajpy były pełne, ludzie siedzieli nad piwami i gapili się w telewizory wiszące na ścianach, a na nich płonął Majdan. Na żywo. A w powietrzu było czuć, że i do Lwowa już idzie. Że zaraz coś się wydarzy. Pomiędzy pełnymi knajpami w centrum i po pustych, zimnych ulicach poza starym miastem biegali chudzi gówniarze w kaskach rowerowych i maskach z trupimi czachami na twarzach. Na plecach mieli plecaki, z których wystawały różnego rodzaju pałki: od kijów bejsbolowych po ciężkie druty obwiązane sznurkami na rękojeściach. Na nogach – nagolenniki. Wyglądali jak złe dzieciaki z piosenek Misfits. Jak punkowi zadymiarze. Ale tu nie chodziło o to: to była stylówa Majdanu. I te chłopaki ze Lwowa przebrały się za swoich. Nie za jakichś amerykańskich raperów czy hipsterów: to z Ukrainy w tamtym sezonie płynęła najzajebistsza stylówa. To majdanowy styl był najbardziej *cool*. Nie ma nic bardziej stylowego niż rewolucja.

Chodziłem po ulicach, a oni mijali mnie, pędząc na rowerach, spiesząc się gdzieś, migając tajemniczo oczami znad chustek. A milicji na ulicach nie było. Ani jednego gliniarza. Nic.

*

Lwowski Majdan stał na Prospekcie Swobody, przez cały czas przemawiano, a gdy chwilowo kończyły się hasła, którymi obracano, kiedy już wszystkim nudziło się krzyczeć „*sława Ukrajini – herojam sława*" i śpiewać hymn państwowy – wtedy po prostu na wielkim telebimie szła transmisja *live* z Kijowa. Na ekranie pomarańczowo płonęły majdanowe opony. Ten pomarańcz wdzierał się w zimowy, wschodnioeuropejski ciemny i zimny granat.

A potem faktycznie się zaczęło. Poszła plotka, że palą budynek delegatury MSW i od cielska tłumu momentalnie oderwał się zdrowy jego kawał i pociągnął ulicą Akademika Hnatiuka. Huk i krzyki słychać było z daleka. Chłopacy w maskach z trupimi czachami naznosili opon pod drzwi MSW i podpalili. Walili w boczne wejścia. Próbowali wyrwać kraty z okien. Tłum, jak zaczarowany, patrzył w ogień, słuchał powtarzalnego łomotu. Łatwo było tu odpłynąć. Ogień i trans uderzeń – łup, łup, łup. Przypominało to szamański obrzęd. Błyszczały ekrany komórek: jedni kręcili filmy, inni robili zdjęcia. Jakiś chłopaczek wdrapał się na front budynku i zaczął z kopa walić w kamerę powieszoną nad wejściem. Ktoś z tłumu się roześmiał.

– Mołodiec! – krzyknął.

– Mołodiec! – Podjął ktoś inny.

Po chwili cały tłum skandował: „Mo-ło-diec! Mo--ło-diec!".

Kamera spadła, zwisła na kablu jak niedocięta głowa. Tłum zawył.

Rozglądałem się za gliniarzami. Nie było. To znaczy – byli, tylko udawali, że ich nie ma. Tu i ówdzie
stali jacyś faceci w cywilu, na szeroko rozstawionych
nogach, strzygli wokół uszami i szeptali coś do komórek starego typu, zasłaniając usta dłońmi.

– Nie, wcale nie widać, że to gliniarz – parsknął mi
do ucha jakiś chłopaczek, wskazując palcem jednego
z szepczących. – Ni chuja nie widać. Stuprocentowy
kamuflaż, kurwa.

Dziewczyny ustawiały się chłopakom do zdjęć na
tle płonących opon i wybijanych szyb.

*

A poza tym – normalnie. Knajpy otwarte, ludzie siedzieli, kelnerzy przyjmowali zamówienia. Taka była
ta lwowska noc bezprawia. Nawet samochody jeździły normalnie, mimo że drogówka pozamykała się
w domach i obgryzając paznokcie, oglądała rewolucję w telewizji, mając nadzieję, że nikt sobie o niej
nie przypomni. Po ulicach chodziły patrole pałkarzy,
które miały pilnować porządku. Na twarzach nosili
maski, ale brwi mieli ściągnięte: powaga, godność.
Ogólnie – ważna sprawa, rewolucja. Snuli się po
ulicach, zbici w kupy.

Milicji nie było – i nic. Ale nikt nie rozwalał witryn,
nikt nawet przepisów ruchu drogowego nie łamał jakoś
bardziej niż zazwyczaj. Po raz kolejny okazywało się, że
ten kraj pilnował się sam. Że działał nie dzięki władzy,
tylko wbrew władzy.

Piliśmy wódkę w Bukowskim i wychodziliśmy tam,
gdzie palili i rozbijali, a potem znów wracaliśmy do
Bukowskiego. U Bukowskiego podawali drinki w sło-
ikach. Taki styl. Można było palić, bo właściciel, stary
Ukrainiec z Kanady, od zawsze olewał ogólnokrajowy
zakaz papierosów w lokalach. Piliśmy i paliliśmy, jakiś
chłopak opowiadał mi, że dorastał w Polsce, ale Polski
w ogóle nie zna. Bo się wychował w wojskowej bazie radzieckiej w Bornem Sulinowie i nie wolno mu było wychodzić do Polaków. Że to było bardzo dziwne miejsce,
bo mieli tam swoje radzieckie szkoły, radzieckie bloki,
radzieckie sklepy, radziecki świat, tylko nie taki wielki,
szeroki, jak ten właściwy Związek Radziecki, raczej
miniaturowy, parę kilometrów w jedną, parę w drugą
i koniec. Jak na orbitującym mieście w kosmosie. Że
kiedyś uciekł, przelazł jakoś przez bramę i poszedł
w Polskę, doszedł nawet do jakichś tam zabudowań,
a polskie dzieci patrzyły na niego jak na kosmitę i rzu-
cały w niego kamieniami, potem przyszli radzieccy
żołnierze i go zabrali, a w domu dostał pasem lanie
od ojca – oficera. I to wszystko, chłopak pokazywał
palcem płonący na ekranie Majdan, to wszystko po to,
żeby nie być już pierdolonym radzieckim potworem
zza drutu kolczastego, w którego rzuca się kamieniami.

Tak więc piliśmy, a potem znów szliśmy zobaczyć,
co tam wybebeszyli. Pod zdobytym już MSW leżały
powypieprzane na ulicę dokumenty, krzesła, stare
komputery, prywatne zdjęcia i albumy urzędników,

śmieszne biurowe rysunki i hasła typu „kochaj szefa swego, możesz mieć gorszego". Dokumenty i akta. Część była popalona. Tylko ikony powygrzebywano z przemieszanej kupy i z namaszczeniem poustawiano na parapetach.

Przez wybite okna widać było, jak chłopaki buszują w serwerowniach. Ludzie się powoli rozchodzili. Zimno, no i ile można patrzeć. Nawet najciekawsza akcja nudzi się po kilku godzinach. Poza msw spalono też i rozwłóczono kilka komisariatów i prokuraturę. W Bukowskim mówiło się, że chłopaczki w maskach i kapturach to kibole Karpat Lwów razem z nacjonalistami i że przy okazji rewolucji spalili kartoteki i akta. Porozpieprzali serwery. Wszystko, co na nich było. Przy zdobytych budynkach poustawiali warty. Warty były bardzo poważne, nie pozwalały wejść. „Nic tam nie ma do oglądania". Cóż było robić, wchodziliśmy bocznymi, niepilnowanymi drzwiami. Mieli zresztą rację, faktycznie niewiele było do oglądania. Ogołocone gabinety, posprejowane ściany.

*

Wracałem na kwaterę późno w nocy. Po ulicy Bandery, dawnej Sapiehy, ciągnęli kolesie z Samoobrony, ci z pałami. Śpiewali jakąś smutną piosenkę i wyglądali tak, jak musiały wyglądać średniowieczne grodowe milicje, tylko im pochodni brakowało. Ktoś, pijany, awanturował się przy nocnym na rogu Głębokiej. Podeszli tylko i zawarczeli. Pijany machnął ręką i odszedł w noc, mamrocząc jakieś przekleństwa.

*

Na drugi dzień Lwów był jednak trochę w szoku i zgorszony. No bo jak to tak? Palić budynki użyteczności publicznej? We Lwowie? No kurwa! No my bardzo przepraszamy! Rewolucja rewolucją, ale porządek musi być! Wyrzucać dokumenty z okien? WE LWOWIE? W KULTURALNYM MIEŚCIE LWOWIE? Przecież ktoś to będzie teraz musiał posprzątać, mówili lwowianie, przecież ktoś to będzie musiał wyremontować.

Lwowowi nie podobała się brzydka strona rewolucji. Lwów od rana siedział przy kawie i rozkminiał. Ładna była pogoda, prawie wiosenna, i porozpinanych spacerowiczów na ulice wyszło co niemiara. Przysiadali po kawiarenkach, ten tu, ta tam, i po lwowsku próbowali łączyć nici wszystkich intryg, rozgryzać akcję. Zastanawiali się *cui bono* i kto za czym stał.

Zgadzano się, że za wszystkim stoi partia Swoboda, kibole Karpat Lwów. No i, wiadomo, Prawy Sektor i Samoobrona Majdanu. Ale, mówiono: zauważcie, co zostało spalone – miejsca, w których trzymano dokumenty mogące komuś zaszkodzić, czyli prokuraturę, MSW i niektóre posterunki milicji. Na przykład kibolom, ale wcale niekoniecznie tylko im. A tak, proszę bardzo, akta poszły z dymem, serwery powybebeszano, spraw nie ma, winnych nie ma. Zajęta Rada Miejska, w której większość miała Swoboda, była jedynym miejscem, gdzie praktycznie nic nie tknięto, dodawano, odginając mały palec.

*

Lwowscy studenci zaczęli organizować ochronę bi-
bliotek przed rozochoconą rewolucją, żeby z rozpędu
„hunwejbini", jak tu czasem określano chłopaczków
w maskach, nie polecieli palić książek. Na uniwerku
organizowano wyjazdy do Kijowa i pomoc dla Majdanu. Siedzieliśmy ze studentami i gadaliśmy.

– Jadę na Majdan – usłyszałem, jak na wydziale
dziennikarstwa mówi jakiś student do swojej dziewczyny.

– Miau – odpowiedziała dziewczyna.

*

Władzy nie było. Milicja znikła z ulic i poszła do domu.
Komisariaty mieli popalone. Na ulicach leżały powy-
rzucane z nich mundury i czapki.

Ale to wszystko. Nic poza tym. Żadnych zamieszek,
żadnego gwałcenia i zabijania, nic z tych rzeczy, które pojawiają się zawsze w filmach, gdy znika władza.
Absolutnie. Lwów był porządny, jak zawsze. Kawę pił.
Napiwki dawał. Buźkę do wątłego słoneczka wystawiał.

Siedzieliśmy z Wasylem Rasewyczem w rozkosznej,
wiedeńskoidalnej kawiarence przy placu Katedralnym,
pełnej zacnych lwowskich mieszczan, kurtuazji kelnerów i miłych kawiarenkowych zapachów. Gawędziliśmy
o tym, że oto nastał we Lwowie „święty czas", *tiempo
santo*. W niektórych miejscach Ameryki Południowej
tak nazywa się sobotę między Wielkim Piątkiem a wiel-
kanocną niedzielą, kiedy to Bóg-Jezus, zabity w piątek,
a jeszcze przed niedzielnym zmartwychwstaniem, nie
żyje, nie patrzy, nie widzi – i można w związku z tym

robić, co się komu podoba. Grzechu nie ma. Piekło nie przyjmuje.

Ale Rasewycz twierdził, że tutaj, na Ukrainie, *tiempo santo* działa na odwrót. Że wszyscy grzeszą na co dzień, a w ten jeden akurat dzień, gdy Bóg nie patrzy – nie grzeszą. Pilnują się. Nie tylko innym, ale i sobie samym patrzą na ręce. Trochę jak w tym starym radzieckim kawale o gruzińskim dżygicie, który zawsze przejeżdżał na czerwonym świetle, ale na zielonym stawał. Bo co, jeśli mu jakiś inny dżygit z boku wyjedzie?

Tak, Bóg nie patrzył, władzy nie było, ale nic, nic się nie działo. Kto grzeszył, ten grzeszył, ale każdy, jak zawsze, po cichu. Nie było Sodomy, nie było Gomory. Być może właśnie dlatego, że nie było Boga. Bo tego Boga, umówmy się, nigdy w niepodległej Ukrainie nie było.

*

Było więc spokojnie, poza pojawiającymi się co jakiś czas plotkami, że banki przestają wypłacać pieniądze. Wszyscy rzucali się wtedy do bankomatów. Ludzie, jak szarańcza, ogałacali je i rzucali się na kolejne.

Z Kijowa dochodziły coraz groźniejsze pomruki. Strzelali do ludzi. Pojawiły się pogłoski, że mają zamknąć polską granicę.

Łaziliśmy z Rasewyczem po mieście od bankomatu do bankomatu i próbowaliśmy coś wypłacić. W końcu, jak na filmach, rozdzieliliśmy się. Rasewycz poszedł w lewo, ja w prawo. Mieliśmy do siebie dzwonić, jeśli coś znajdziemy. Gdzieś w okolicach Szewczenki spotkałem jakiegoś anglofona wyglądającego na turystę.

– *Man, yes* – mówił podniecony do telefonu. – *It's like war and stuff. No money in the ATM's, people start panicking, man... they're shooting in the capital... dude, I'm tellin' ya!*

Mijający go ludzie patrzyli na niego jak na wariata.

*

Tak samo było w Kijowie w dzień, w którym uciekł Janukowycz. I w kolejne dni też. *Tiempo santo.*

*

Jeszcze przed ucieczką Janukowycza sytuacja zaczęła się zmieniać. Coraz częściej to nie majdanowcy bali się Berkutu i tituszek, ale tituszki i Berkut – majdanowców.

Przy wjeździe do Kijowa od strony lotniska stały już posterunki Majdanu, które sprawdzały, czy tituszki nie wjeżdżają do miasta. Uwijali się między samochodami, stukali pałami w szyby, zaglądali do środka. W moim autobusie jechało dwóch kolesi o wyglądzie gopników. Tak w Poradziecji mówi się na dresiarzy.

– Lepiej się schowajcie, tituszki – powiedział im kierowca. Dresiarze obrazili się, że jakie tam z nich tituszki, że oni przecież za Majdanem, ale posłusznie skulili się tak, by jak najmniej ich było widać przez okna.

*

Tituszki siedziały w parku Maryńskim. Tam mieli Anty-majdan. Schowany dość głęboko, między drzewami. Już w parku było ich widać. Mój Boże, jak bardzo różniło się to od Majdanu. Wyglądało jak wszechzwiązkowy zjazd dresiarstwa. Kolesie w ciemnych kurtkach, ciemnych spodniach i przylegających do głów ciemnych czapkach kręcili się po parku z białymi, plastikowymi kubeczkami w dłoniach. Z jednych kubeczków parowało, z innych nie. Niektórzy z dresiarzy mieli czerwone nosy.

Antymajdan był ogrodzony. Przy wejściu wielkie, krzepkie dresy kontrolowały wchodzących. Pokazałem legitymację prasową i mnie wpuścili. Było tam naprawdę smutno i ponuro. Tu już stały nie tylko dresy. Także trochę staruszków. Ale jednak – większość dresy. Wyglądali jak wojsko przebrane w cywilne ciuchy. Nie chciało mi się wierzyć w te wszystkie pogłoski, które krążyły po Majdanie, że te chłopaki to narybek szkół milicyjnych i kolesie z klubów sportowych ze wschodu kraju. Nad ich głowami, na telebimie, przemawiał Mykoła Azarow, janukowyczowski premier. Był trochę szyderczy, a trochę rozżalony i obrażony na świat.

Próbowałem z kimś pogadać, ale nie miało to specjalnego sensu. Strach było nawet podchodzić, bo gapili się spode łba. Czułem się jak czyżyk wśród gawronów. Nie żebym był jakoś kolorowo ubrany: nie byłem. Ale moje dżinsy były jaśniejsze od ich dżinsów, moja kurtka, choć granatowa, nie była ciemnogranatowa. Moja czapka nie była czarna i nie przylegała ściśle do głowy.

Ale nawet gdy zagadywałem – słyszałem powarkiwania. Warknięcia – tu i tam. W końcu, dość zdesperowany, doczepiłem się do jednego z nich. Stał na uboczu i chyba zgubił kolegów, bo rozglądał się bezradnie. Wypytywałem, skąd jest, kim jest, co tu robi.

Burczał na mnie, ale nie dawałem się zbyć. W końcu, zniecierpliwiony, wyjął legitymację milicyjną i kazał spierdalać.

*

No ale wtedy, pod sam koniec, tituszki były już trochę wystraszone. Po Majdanie chodziła plotka, że podobno jakiś zagon Samoobrony wpędził grupę tituszek do Dniepru, potrzymał tak dłuższą chwilę w lodowatej wodzie, po czym rozdano każdemu po pięćdziesiąt hrywien i kazano spieprzać do domów, za Dniepr, na wschód. Trochę mi się nie chciało w to wierzyć, szczególnie w to pięćdziesiąt hrywien, ale wierzyłem. Milicjantów, podobnie jak we Lwowie, nie było. No, może kilku. Ale wystraszonych i z tak wielkimi żółto-niebieskimi kokardami, że się nawet majdanowcy śmiali.

*

Majdan jeszcze bardziej niż dawniej przypominał postapokalipsę z *Mad Maxa*. Madmaxowską wersję siczy kozackiej. W kolumnach przechodziły sotnie facetów opancerzonych w co się da. Ci ze Lwowa wyglądali przy nich jak hipsterzy. Kopciły się beczki, w których palono ogniska. Śmierdziało dymem, śmierdziało spalenizną po oponach, śmierdziało jak cholera majdanowym żarciem: mięsem z konserw, gotowanym ryżem, kaszą.

Namioty przy Chreszczatyku wyglądały jak chałupy czarownic: coś w nich bulgotało, unosił się jakiś czarny dym. Przyrządzano tam między innymi koktajle

Mołotowa. Ciemne od brudnego dymu chłopy jarały szlugi na zewnątrz, bo, jak głosiła kolejna plotka, ostatnio ktoś palił przy koktajlach i cały namiot poszedł z dymem.

*

Patrzyłem na to formowanie się narodu i nie mogłem uwierzyć, że to wszystko dzieje się na moich oczach. Patrzyłem na te wszystkie transparenty: Charków, Dnieprodzierżyńsk, Odessa. Tam przecież tej ukraińskości hałyckiego wzoru było tyle co brudu za paznokciami. Jeśli była ukraińskość – to radziecka. Bliższa rosyjskiej. Właściwie – zlana już z nią, stopiona. Mykoła Riabczuk pisze, że to kolonializm, że „Wielkorusin" ustawia „Małorusina" wobec siebie w stosunku podrzędności, że „Małorusin" „Wielkorusina" roztkliwia i bawi, i jeśli „Wielkorusin" ma kaprys, to poczochra „Małorusina" po głowie, po osełedcu, i powie: aleś ty śmieszny, wesoły, rozkoszny, na, słonina, masz. Ale ja nie wiem. Z tą wielkoruską pobłażliwością to pewnie racja, ale to wtapianie jako celowy, złowrogi kolonializm... Nie wiem, myślałem. Proces historyczny, jak każdy inny, myślałem. Słabsze etnie wtapiały się w silniejsze, jedne w drugie, morawskość powoli wlewa się w czeskość, prowansalskość – we francuskość. Rozumiałem Riabczuka. Rozumiałem go dobrze, też bym nie chciał, żeby mi się polskość wmontowała w rosyjskość. Ale jakoś nie byłem pewien tego kolonializmu. Trudno mi było uwierzyć w złowrogą machinację dokonywaną za plecami otumanionego, obojętnego świata. Ukraina wchłania zakarpackich Rusinów, Rosja wchłaniała Ukrainę. Ot, proces. Wydawało mi się nawet, że tym „kolonizowanym" nigdy to specjalnie nie przeszkadzało. Charków, Sumy, Zaporoże. „Tak, Ukraina, jesteśmy Ukrainą, ale nie tą banderowską, nie tą krzyczącą". Tak myśleli w tych miastach. Nie mogłem ich za to winić. Tak wyglądał ich świat, tak był skonstruowany. Rosyjska telewizja wmawiała im, że na Majdanie stoją naziści, a oni w to wierzyli. Widzieli swastyki na hełmach Prawego Sektora, więc czemu mieli nie wierzyć. Widzieli płonących berkutowców, więc czemu mieli nie wierzyć, jeśli tak im wmawiano, że zwyrodnialcy przejmują władzę w mieście. *Tiempo santo*. Widzieli to, co mieli zobaczyć, i odebrali to w sposób, w jaki zostali ukształtowani. Jak by zareagował Poznań albo Wrocław, gdyby widział, że histeryczni katolicy spod krzyża na Krakowskim Przedmieściu przejmują władzę w państwie, niezależnie od tego, jak ta władza jest skorumpowana i sprzedajna? I gdyby jeszcze ci histeryczni katolicy wzięli na swoje sztandary ultraprawicowe symbole i wymachiwali karabinami, krzycząc o narodowym dżihadzie?

A tak na to patrzył Donbas, tak na to patrzył Charków, Krym, tak na to patrzyły Odessa, Zaporoże, Dniepropetrowsk. Tak patrzyły, bo niezależnie od tego, co się pokazuje w telewizji, mózg sam z siebie dostosowuje odbierany obraz do tego wyobrażonego. Mózg sam filtruje informacje i ustawia w odpowiednich, zawczasu przygotowanych przegródkach.

I oni naprawdę byli przekonani, że nazistowskie bandy palą miasto i za chwilę spalą cały kraj.

*

Wszyscy, nieważne, czy banderowcy, czy nie, krzyczeli to przeświechtane już na wszystkie strony „sława Ukrainie – bohaterom sława", i było to jak wypowiadanie szahady. Bo oni wszyscy wrócą, myślałem, do swoich białocegłych miast na wschodzie, na południu i będą tę ukraińskość tam sadzili, będą za nią walili po pyskach i będą jej nauczali jak pierwsi chrześcijanie. Jednych będą wkurwiać, innych porywać za sobą. Niejeden pewnie poniesie za nią męczeński wpierdol. Albo i śmierć. Będą się egzaltowali, będą wpadali w ekstazy ukraińskie. Tak to będzie, myślałem.

*

Tymczasem Majdan odpoczywał po rzezi, którą Berkut zgotował mu poprzedniego dnia. Gadałem z chłopaczkiem z Donbasu, który był całą noc na pierwszej linii, na barykadzie przy Instytuckiej. Dopiero teraz do niego docierało, że poprzednia noc przejdzie do narodowego mitu i legendy, a on – razem z nią.

Patrzyłem na świeżego bohatera Ukrainy, który jeszcze nie wiedział o tym, że jest bohaterem.

– Nacierali – opowiadał – a pojedynczy atak trwał jakieś pięć minut. Potem się wycofywali, przegrupowywali, i znów. Jak w nich rzucaliśmy, formowali żółwia, jak Rzymianie. Czasem strzelali z gumowych kul.

Stał na barykadzie od szesnastej do dziesiątej rano następnego dnia. Co jakiś czas drzemał po piętnaście minut pod choinką obwieszoną karykaturami Janukowycza i wulgarnymi tekstami na jego temat.

– Bałeś się? – zadałem jedno z tych najgłupszych pytań pod słońcem, przed których zadawaniem nie można się powstrzymać. Ale on się wcale nie żachnął, ani nawet nie uśmiechnął.

– Nie boisz się – powiedział – bo ci adrenalina mózg wyłącza. Co więcej, dostajesz nadludzkiej siły. Sam jeden doniosłem wielkiego, ciężkiego faceta do medyków. Dopiero potem – dodał – gdy to wszystko z ciebie schodzi, siadasz i cały się trzęsiesz.

*

Byłem przy barykadzie na rogu Proriznej, gdy zaczęto wołać, że Janukowycz podał się do dymisji. Chodziło o podpisanie ugody między opozycją a rządem, przy której asystował między innymi Sikorski. Była to plotka, ale na Majdanie plotka chodziła za plotką, plotka dementowała plotkę i na jakiś czas stawała się plotką obowiązującą, w którą wszyscy wierzyli.

W jednej chwili wszyscy ci postapokaliptyczni wojownicy chwycili smartfony i zaczęli sprawdzać newsy. Net wywalił się momentalnie. *Janukowycz uszeł w otstawku!"* – podawano sobie z ust do ust. Wielkie, niedźwiedziaste chłopisko, z wielką metalową buławą, której ciosu w głowę po prostu nie dałoby się przeżyć, ryknął naraz:

– Nie ma żadnej odstawki! Nie wierzcie mu! Ja sam z Donbasu, ja tego pedała znam!

– Ale... – próbował ktoś dyskutować, ale koleś pogroził buławą. Miał w oczach coś z wariata. Za nic nie chciałbym stanąć mu na drodze.

– Nie ma ale! Nie cieszyć się! Do barykady! – ryknęło

chłopisko z Donbasu. – Nie ruszamy się, dopóki nie dostaniemy jego głowy! Albo dopóki nie powiesimy go na choince!

Wszyscy posłusznie poszli.

*

Podczas mszy za poległych, gdy trumny z ciałami ładowano do karetek, ze sceny zaczęto krzyczeć hasło, które znałem z pomarańczowego Majdanu: *„bandu het"* (na hipsterskomajdańskich wlepkach przerabiane na *„pandu het"*). Stojący za mną członkowie Samoobrony oburzyli się.

– Jakie *„het"*! „Śmierć!"
– Posadzić bydlę na choince!
– Nie ruszymy się stąd, zanim nie dostaniemy jego głowy!

*

Co jakiś czas na majdanowym telebimie pojawiali się trzej przywódcy opozycji: Witalij Kliczko, Arsenij Jaceniuk i Ołeh Tiahnybok. Wyglądali jak hologramy z *Gwiezdnych wojen*. *„Help me, Obi-Wan Kenobi. You're my only hope"*. Na początku Majdanu, przed spaleniem budynku Związków Zawodowych, przed ostrzeliwaniem przez snajperów, ludzie jeszcze ich słuchali. Teraz coraz częściej słychać było buczenie.

*

W dzielnicy rządowej był wtedy Sikorski. Mówił majdanowcom, że jeśli nie podpiszą porozumienia, to Janukowycz ich wszystkich pozabija, i wcale się nie dziwię, że tak mówił, bo tak to wtedy, z tamtej perspektywy, wyglądało. Ale Majdan nie zgodził się na porozumienie i dał Janukowyczowi ultimatum: albo do dziesiątej rano następnego dnia oddaje władzę, albo Samoobrona atakuje dzielnicę rządową. Byłem pewien, że to samobójcza decyzja. Byłem pewien, że tej nocy albo następnego ranka nastąpi rzeź.

Ale już pod wieczór pojawiły się plotki, że Janukowycz nie zamierza czekać do dziesiątej i że zwiał już teraz. I że w dzielnicy rządowej nie ma ani jednego mundurowego. Wszyscy uciekli. Tituszki, Berkut, władza. Snajperzy. Wszyscy.

Poszliśmy to zobaczyć.

*

Miałem głęboką nadzieję, że uciekli. Szliśmy w górę zaciemnioną Luterańską. W terytorium wroga. Rozproszeni, w razie czego. Było naprawdę czarno i głucho. Na Bankowej stały wypalone barykady z samochodów. Opuszczone. Nie wierzyłem w to, co widzę. Kilkaset metrów w dół, za górami ciężkich, socrealistycznych kamienic, wrzał Majdan, palił się pomarańczowo i wypełniał szczelnie niebo kłębami dymu z kopcących się opon, chciał się napierdalać, trzeba było go przytrzymywać, krzyczał *„zeka het!"*, a „zeka" już nie było.

Chodziliśmy tą pustą dzielnicą, a ja się bałem jak cholera. Wypatrywałem cieni po dachach, bo cholera jedna wiedziała, czy tam gdzieś jakichś snajperów nie było. Nasłuchiwałem, czy zza jakiegoś rogu nie wyskoczy auto z tituszkami. Ale najbardziej niepokoiło to, że to wszystko było nie tak, że takie rzeczy się nie zdarzają. To wyglądało jak jakaś niepojęta ściema. Jakbym szedł w pułapkę. Patrzyłem na tę pustkę i tego nie rozumiałem. Nie rozumiałem, dlaczego uciekł: miał przecież milicję, miał wojsko, miał, kurwa, czołgi i transportery, miał karabiny, miał snajperów. Majdan nie miał nic, poza pałami i śladową ilością broni palnej. I, oczywiście, wsparciem Zachodu, choć niechętnym i powściągliwym. Czemu Janukowycz nie spacyfikował Majdanu? Przecież radziła mu to Moskwa, ba: domagała się tego. Przecież na Zachodzie i tak już był spalony. Nie rozumiałem: Berkut mu się zbuntował? Współpracownicy zrobili w wała? Bał się jednak pójść na całość, żeby zupełnie, do końca nie uzależnić się od Moskwy? Żeby nie uchodzić na świecie za zbrodniarza? A może, po prostu, nie był w stanie wydać rozkazu strzelania do cywili, a za snajperami stał kto inny? Moskwa na przykład, chcąc pozbawić Janukowycza jakiegokolwiek wyboru?

Majdan czuł się niepewnie, bardzo niepewnie. W zasadzie ci, którym wydawało się, że są realistami, liczyli już jego ostatnie dni. Ale okazało się, że Janukowycz czuł się jeszcze bardziej niepewnie, mimo że stał za nim cały państwowy aparat represji i mimo że wspierało go największe państwo świata.

*

Szliśmy więc przez te opuszczone ulice, a ja myślałem: kto teraz tym wszystkim rządzi, Majdan? Tysiące kolesi z pałami i z tarczami zajebanymi Berkutowi? Postapokaliptyczna sicz kozacka? Kto jest policją, kto wywiezie śmieci, kto sprawi, że to wszystko, cały ten państwowy krwiobieg będzie dalej działał? Bo przecież nie było głowy, a ja, dureń, zapomniałem, że państwo jest jak karaluch, że będzie żyło i bez niej, dopóki, oczywiście, nie umrze z głodu.

Z jakiejś ulicy wyszła dziewczynka z małym pieskiem. W ogóle się nie przejmowała rewolucją, tym, że władzy nie ma, jaki Berkut, jacy snajperzy, jakie dachy, ona jest, kurwa, stąd, z okolicy, i jak co dzień pieska wyprowadza.

Zrobiło mi się trochę wstyd tego mojego strachu i poszedłem dalej.

Za kolejną opuszczoną barykadą widać już było Radę Najwyższą, a przed nią płonęły ognie. W naszą stronę szedł koleś w mundurze. Stanęliśmy na chwilę, niepewni.

– Ja z Samoobrony – powiedział. – Ochraniamy Radę Najwyższą.

– Nasi – odetchnęliśmy.

*

Schodziłem w dół ulicą Instytucką. Ten wielki kolo, gigant z Donbasu z różową, wielką buławą, wrzeszczał coś w kierunku parku Maryńskiego. Majdan, w dole, szalał z radości. To on teraz rządził państwem. Tak się wieńczyły wieki historii. Kiedyś tu, w Kijowie, rządzili Rurykowicze, potem Rzeczpospolita. Potem Rosjanie, potem czerwoni komisarze. Cała ta koncepcja, cała idea Ukrainy jako społeczno-państwowej formacji dziś była tutaj, pode mną, i rozświetlała sobie noc ogniskami palonymi w blaszanych beczkach. A jeszcze niżej, na Padole, w modnych i lansiarskich knajpach jak gdyby nigdy nic bawiła się złota młodzież.

*

Przy przejściu przez barykadę, tę samą, której wczoraj broniła Samoobrona, kłócili się kolesie z pałami. Wyliczali sobie, który dłużej na Majdanie, i próbowali się, który dłużej wytrzyma spojrzenie prosto w oczy.

Szedłem przez płonący, triumfujący Majdan i zastanawiałem się, czy jutro w Kijowie będą lądowały samoloty. Czy będą działały telefony i czy będzie prąd. Czy ktoś skorzysta z faktu, że ukraińskie państwo nie istnieje i, dajmy na to, ogłasza niepodległość.

W momencie, gdy kładłem się spać, Samoobrona Majdanu najeżdżała posiadłość Janukowycza w Meżyhirji. Prywatne królestwo prezydenta, położone na powierzchni trzy razy większej niż Watykan.

*

Pojechaliśmy tam na drugi dzień rano.

Taksiarz mówił, że sam chce zobaczyć. Opowiadał jakieś dziwne historie z Donbasu. Mówił, że „teraz już można". W tych opowieściach co chwila padał trup, więc słuchałem jednym uchem. Minęliśmy „posterunek drogowy Majdanu". Majdanowcy stali tam ramię w ramię z milicjantami. Milicjanci coś im próbowali tłumaczyć, ale ci demonstracyjnie ich olewali. Któryś z majdanowców zaczął na nich krzyczeć. Można było się przyjrzeć, bo korek zrobił się niesamowity. Cały Kijów chciał zobaczyć Meżyhirję. Całe miasto tam ciągnęło. Im bliżej byliśmy, tym gęściej się robiło od aut. Na środku szosy wymalowany był specjalny pas ruchu, na który zwykłym śmiertelnikom nie wolno było wjeżdżać. To tym pasem prezydent jeździł do domu.

*

Skręciliśmy w jedną z podmiejskich uliczek. To było zwykłe kijowskie przedmieście. Ceglane domy, płoty zakrywające widok na podwórze. Tu i tam koślawe rudery; pies na łańcuchu, zamarznięte błoto, często brak asfaltu. Janukowycz musiał to wszystko widzieć, gdy wracał do swojego Disneylandu za wielkim, zielonym ogrodzeniem. Musiał widzieć ten kraj, którego był prezydentem.

*

Brama do Meżyhirji była gigantyczna i tak pretensjonalnie rokokowa, że robiło się smutno. Samoobrona Majdanu pilnowała porządku, ale nie trzeba było go specjalnie pilnować. Po posiadłości chodziły rodziny z dziećmi i nie deptały nawet trawników. To była rewolucja normalsów, myślałem. Tak wyglądał triumfalny pochód narodu po zdobytym zamczysku obalonego dyktatora: jak niedzielny spacer w parku. Nikt trawników nie deptał, nikt nie rzucał śmieci.

*

Jakiż tandeciarz nimi wszystkimi rządził. Całą tą nieszczęsną Ukrainą. Jaki badziewiarz. Uosobienie wszystkich stereotypów o poradzieckim dorobkiewiczu. Wszędzie stały jakieś dramatycznie kiczowate podróby starożytnej Grecji. Jakieś rzeźby, figurki. Pod samą willą Janukowycza było najzabawniej: walało się tutaj kilka połamanych greckich kolumn i koński kamienny łeb, niby że świeżo wykopany gdzieś w Śródziemnomorzu. Przed ruinami rechotała grupa zwiedzających. Rechotali i kręcili głowami z niedowierzaniem. I z zakłopotaniem. Wstydzili się.

Poszliśmy w stronę basenów. W drewnianej salce stała zakarpacka czana – wanna podgrzewana od dołu. Ludzie włazili do niej i robili sobie zdjęcia. Wyobrażałem sobie, że jeszcze kilka dni temu mógł tu się pluskać – ze swoim wielkim brzuszyskiem, z wodoodpornym zegarkiem na przegubie, kosztującym miliony, bo takie zegarki to, jak wiadomo, *must have* wśród poradzieckich elit. Wyobrażałem sobie, jak w zimowy dzień wychodzi z czany i biega w szlafroku po groblach między basenami, trzęsąc się z zimna i pohukując dobrotliwie, żeby pobudzić krążenie. Wyobrażałem sobie, jak zabiera tutaj prominentów i popisuje się przed nimi, wskakując zimą do basenu. Być może, zastanawiałem się, pluskali się w tej czanie razem z Putinem. Kto wie. Janukowycz zerkał na Putina i zazdrościł mu rozłożystej klaty, a Putin, z połowę na oko niższy od Janukowycza – zazdrościł mu wzrostu. Tutaj to się, w każdym razie, wszystko odbywało, myślałem. Wiktor Fedorowycz, wyobrażałem sobie, osobiście, jako dobry gospodarz, wyłaził z czany i dorzucał do ognia.

*

Wszystko to musiało kosztować kupę forsy, ale sporo materiałów, z których wykonano Meżyhirję, było marnej jakości. Nie miałem pojęcia czemu, ale budował po taniości. Tak jakby chciał mieć najwięcej, ile się da, ale za dużo nie zapłacić. Wszędzie to samo, luksus otoczony tandetą na odwal się: ściany obłożone marmurem, ale na dachu – blachodachówka. Kostka brukowa paskudna, tania i niechlujnie położona. Takie same i tak samo się kładzie w małych ukraińskich, a często i polskich miasteczkach w ramach rewitalizacji, po której często wyglądają gorzej niż przed nią.

Wyobrażałem sobie, że on to naprawdę wszystko zbudował z tego, co udało mu się zwinąć. Ukraść. Że ten bruk naprawdę jest podjumany z rewitalizowanych miasteczek, które z tego powodu do tej pory stoją niezrewitalizowane. Bruk więc, dajmy na to, z Sambora, a asfalt na alejki w parku z, dajmy na to, niewyremontowanych szos w obwodzie odeskim. Rzeźby kurek, kogutków, wróbelków, par łabądków z szyjami wygiętymi w serduszka, na które aż radość brała patrzeć, jaki to ludzki człowiek był z Wiktora Fedorowycza – z niewybudowanego przedszkola, dajmy na to, pod Charkowem. Prywatne zoo – z niepowstałego publicznego zoo, powiedzmy, w Równem. Stare samochody, cała historia radzieckiej motoryzacji – z niepowstałego działu Muzeum Narodowego w Kijowie. A nowe samochody, kolekcja największych wszystkich cudów, jakie kiedykolwiek jeździły po szosach – z zagubionego i zapomnianego, lecz opłaconego zamówienia na pojazdy dla stołecznej milicji.

*

No i były jeszcze pieńki.

Pieńki Wiktora Janukowycza są słynne na całą Ukrainę. Kiedyś Wiktor Fedorowycz zaprosił do Meżyhirji grupkę dziennikarzy z zaprzyjaźnionych stacji. Rozmawiając sobie swobodnie po rosyjsku, prezydent pokazywał im swoje dobra: w tym pokoju, mówił, czaj pijemy, tutaj moja sypialnia („duża" – zachichotał jeden z dziennikarzy, „no" – skomentował Janukowycz), tutaj gabinet do pracy. Później zabrał ich Janukowycz na spacer wokół willi, pokazywał baseny, pochwalił się, że pływa co rano, żeby kondycję utrzymać, że w tenisa gra, no i – słynne pieńki. Stały wkopane, jeden koło drugiego, na zboczu, zaraz przy paskudnym, zielonym, wysokim płocie wyznaczającym granicę rezydencji.

– Po tych pieńkach – mówił Janukowycz – co rano biegam dziesięć razy, w górę i w dół. To – mówił – świetnie robi na zdrowie.

I pobiegł do góry, ale dobiegł tylko do połowy i wrócił, zasapany.

– Dziesięć razy? – dopytywali się dziennikarze z bardzo poważnymi minami. – Na samą górę?

– Dziesięć razy – odpowiedział z równie poważną miną Janukowycz.

Teraz po pieńkach w górę i w dół biegali rozradowani zwiedzający i członkowie Samoobrony. Szwedzcy dziennikarze nie rozumieli, co się tu dzieje.

– Dlaczego oni tak biegają? – usłyszałem, jak jeden z nich pyta po angielsku członka Samoobrony, który stał przy pieńkach i filmował komórką całą bieganinę.

– Dla zdrowia – odpowiedział członek. – Trzeba dziesięć razy w górę i w dół.

– Dziękuję – podziękował grzecznie Szwed, jak to Szwed.

*

We wnętrzu willi porządek panował taki, jakby Janukowyczowi zależało na tym, żeby majdanowcy, którzy, jak musiał przypuszczać, wedrą się do jego rezydencji, mogli tylko cmokać z uznaniem nad porządnością prezydenta. Pomieszczenia przypominały salony w hotelu. Właściwie nie było widać śladów zwykłego życia. Żadnej szklanki na stoliku, gazety na kredensie. Nic. Tylko ten kretyński i buracki styl „na bogato". Byłem ciekaw, czy są garnki w kuchni i pościel w sypialni. Zastanawiałem się, jak bardzo musiał czuć się przyciśnięty do muru, by to wszystko zostawić i zwiać.

*

Dalej było jeszcze gorzej. Nad brzegiem Dniepru wlokła się promenada. Na jednym z jej końców roznosiło się ujadanie psów. Janukowycz zostawił je tutaj. Szczekały, pozamykane w klatkach, szamotały się, uderzały cielskami o kraty. Poszliśmy kawałek dalej, do budynku zajmowanego przez ochroniarzy. Nie było tu śladu luksusu. Tam wcześniej ich pracodawca kręcił się w szlafroku po ziejących pustką, gigantycznych salonach z pretensjami do królewskości, a oni tutaj spali jak w akademiku czy koszarach, po sześciu w jednym niewielkim pokoju. Przy jednym z łóżek stały hantle. Przy innym – zeszyty. Ochroniarz, widać, dokształcał się i chodził na jakiś kurs. Otworzyłem zeszyt na chybił trafił. „Wojna z korupcją" – głosił nagłówek.

*

Wzdłuż nabrzeża ciągnął się drut. Zastanawiałem się, czy pod napięciem, żeby nikomu nie przyszło do głowy próbować dostać się do Meżyhirji od strony Dniepru.

*

Były jeszcze bażanty w klatkach, był jachtoid, w którym mieściła się luksusowa jadalnia. Dziewczyny robiły sobie zdjęcia z majdanowcami pozującymi ze zdobycznymi milicyjnymi tarczami. Co chwilę ktoś krzyczał „sława Ukrainie". Łaziliśmy po Meżyhirji parę godzin i nie zobaczyliśmy wszystkiego. Pole golfowe i marmurowe rynsztoki. Prywatny ring, zoo i prywatna cerkiew z ikonostasem bogatym jak Liechtenstein i Luksemburg do kupy. Prywatna stacja benzynowa. W hangarze, na końcu rezydencji, opadły nam szczęki. Janukowycz trzymał tu kolekcję wszystkich samochodów wyprodukowanych w ZSRR. Stały, błyszczące, odnowione i nawoskowane, jeden obok drugiego. Wołgi, zaporożce, łady. Po drugiej stronie hangaru – samochody wojskowe. Transportery, ciężarówki. Między nimi walały się skrzynie z rzeczami, których Janukowycz nie dał rady wywieźć. Uchyliłem wieka jednej z nich: paskudna, pozłacana stojąca lampa na marmurowym postumencie. W innej zamknięta była rzeźba o nazwie „Polowanie na lisy". Pośrodku hangaru mieściły się zamknięte garaże. Przy każdym umieszczono kartkę z informacją, co też za maszyna tam stoi. Mercedesy, beemki, różnie. Drzwi garażu, w którym powinien znajdować się jeden z najnowszych modeli BMW, rozcięto jak otwartą puszkę z tuńczykiem, a w środku było pusto.

175

Dniepr był tu jak morze. Ledwo było widać jego drugi brzeg. To właśnie do niego ludzie uciekającego prezydenta wywalili kompromitujące dokumenty. Zapomnieli, że papier nie tonie. Unosiły się leniwie na powierzchni wody zaraz przy brzegu, tam gdzie je wrzucono. Samoobrona wyłowiła je i wysuszyła. To z nich Ukraińcy dowiedzieli się, że w rubryki rozliczeniowe prezydenckiego budżetu wpisywano takie pozycje, jak „łapówka przy przetargu".

Wschód

Wyjechaliśmy spod kijowskiego dworca, był już wieczór i wszystko siniało, okopcało się w spalinach, w turkocie silników i nawoływaniach dworcowych. Jechaliśmy na Charków. Wyjeżdżaliśmy z Kijowa, kręcąc się między białoceglymi blokami i jakimiś budami, salonami wszystkiego naraz. Ale wydostaliśmy się z Kijowa, wytrząsnęliśmy się z tych flaków, zabudowań i chaosu – i wszystko zniknęło. Miałem wrażenie, że wjechaliśmy w kosmos.

Było ciemno i pusto. Tylko od czasu do czasu mijaliśmy karawany wojskowych ciężarówek zmierzających na wschód. Osobówek było niewiele. Skończyły się wraz z orbitą Kijowa. Gdzieś czytałem, że większość mieszkańców Ukrainy nigdy nie opuszczała rodzinnego miasta. No, chyba że na wczasy: na Krym, do Odessy czy nad limany.

Czasem tylko, jak cyberpunkowe bazy kosmiczne, pojawiały się w tej czarnej nicości przydrożne parkingi, a na nich ledwie zipiące budy z kawą i tanim, bardzo niezdrowo pachnącym żarciem. Pokraczna szyldoza ziała z góry, a dziurska, kałuże i błoto – z dołu. Kierowcy tirów skakali pomiędzy plamami zimnej, stojącej

wody, w jednej dłoni trzymając czebureka, a w drugiej –
kawę w cienkim, plastikowym kubku.

*

Po jakimś czasie Dima dał mi prowadzić. Nie było źle:
dwupasmówka wyremontowana na Euro. Tylko piesi
co jakiś czas wyłazili z tej lepiącej czerni na jezdnię.
Widać ich było dopiero wtedy, gdy wyłowiły ich reflektory. Pod Połtawą na środku drogi stał pijany facet
i z melancholią wpatrywał się w zbliżające się światła
samochodów. Dima puszczał jakieś starocie: Led Zep-
pelin, Deep Purple, takie rzeczy. Był etnicznym Rosjaninem, ale po Majdanie wyrzekł się swojej rosyjskości.
Przestał mówić po rosyjsku. Nauczył się ukraińskiego
i mówił o sobie, że jest ukraińskim patriotą.

Zjechaliśmy do Połtawy. To na dialekcie połtawskim
oparty został skodyfikowany, oficjalny język ukraiński.
Włodkowi Kostyrce ze Lwowa ten „dialekt chłopów
z połtawskiej guberni", z jego „maje" zamiast „je" i „ta"
zamiast „i", wydawał się paskudny i niepasujący do
Lwowa. Ale Dima uwielbiał Połtawę. Jeździliśmy po
zaciemnionych ulicach, a Dima wzdychał: „Ja by tu
żył, ja by tu żył".

Połtawa. Legendarna Połtawa. Nie pamiętam już, ilu
ludzi niecierpiących Hałyczyny, narzekających na to,
że się wywyższa, że uważa, że ma wyłączny patent na
ukraińskość, przeciwstawiało Połtawę Lwowowi. Że to
niby tutaj bije serce ukraińskości. Tu, w Połtawie, a nie
w spolonizowanej, mówiącej jakimś dziwacznym pol-
sko-ruskim surżykiem Hałyczynie, zepsutej, siedzącej
po kawiarniach, jednocześnie ultranacjonalistycznej

i liżącej dupy Polakom, i w ogóle Europie, która zresztą właśnie w tej lizanej dupie ją ma. Tak, Hałyczyna nie była specjalnie popularna poza samą Hałyczyną. Podśmiechiwano się, że to właśnie tam, w „krainie sławy banderowskiej", najwięcej ludzi uchyla się od służby wojskowej i że Hałyczanie, udający najbardziej subtelnych i wyrafinowanych Ukraińców na świecie, to w gruncie rzeczy konserwatywne, grubo ciosane buraki.

– Wiesz – mówił mi kiedyś pisarz Andrij Bondar, który sam pochodzi z Kamieńca Podolskiego, a mieszka pod Kijowem – gdyby to Hałyczanie rządzili państwem, toby naprawdę nie miało to zbyt wiele wspólnego z europejskością. To by było nacjonalistyczne, nietolerancyjne państwo, bez żadnej otwartości.

Czasem wyobrażam sobie taką właśnie niepodległą Hałyczynę. Na przykład w Połtawie. Połtawa w ogóle nie przypominała Lwowa. Lwów był miastem o starówce zbudowanej za czasów polskich, ale prawdziwy kształt nadała mu Austria, robiąc z niego habsburską metropolię, miasto europejskiego wzoru. Gdyby Połtawa była przez jakiś czas austriacka, też nabrałaby zapewne tego wiedeńskoidalnego szarmu. Ale Połtawa przez większość czasu swojego istnienia leżała w Rosji i wyglądała jak typowe rosyjskie imperialne miasto. Kamienice niskie, ulice obsadzone drzewami. Ładnie tu było, momentami jak w Odessie, ale tego ładnego nie było zbyt dużo. Ledwie się zaczynało, a już się kończyło. Znałem skądś tę architekturę i długo nie mogłem się połapać, o co chodzi, aż w końcu zrozumiałem:

Połtawa przypominała mi inne dawne rosyjskie gubernialne miasto: Radom.

„Ja by tu żył" – wzdychał Dima.

*

Kończył się obwód połtawski, zaczynał charkowski. Był to trochę wjazd do innego świata. Przy drodze stała barykada, a na barykadzie ramię w ramię powstańcy i milicjanci. Powstańcy, jak na Majdanie, nosili tarcze, choć nie bardzo było wiadomo przeciw komu. Tarcza po prostu była symbolem. Częścią umundurowania. Najcięższa naszywka świata. Jeden z majdanowców miał na sobie radziecki hełm, kożuch po kolana, a przez ramię przerzuconą flintę. Wyglądał jak partyzant, który wyszedł z lasu. Milicjanci coś mu tłumaczyli i pokazywali palcami ciemność po charkowskiej stronie, za wielkim znakiem z napisem „Obwód charkowski wita". Było coś majestatycznego w tym widoku. Trochę kojarzył mi się z obrazem *Waszyngton przeprawia się przez rzekę Delaware*. Wskazujące palce, posągowość partyzanta w kożuchu, milicjanci wyglądający jak jego akolici, majdanowcy stojący za nimi i także wpatrujący się w ciemność charkowskiego obwodu. Minęliśmy barykadę i wjechaliśmy w tę pustkę przy *Stairway to Heaven*. *„There's a feeling I get when I look to the West, and my spirit is crying for leaving"* – jęczał w głośniku Robert Plant, a my jechaliśmy na wschód. Dima bił nerwowo palcami w kierownicę.

*

Misza i Masza mieszkali w niewykończonym domu na przedmieściach Charkowa. Ze światem łączyła ich wyboista droga bez nawierzchni, którą pokonywali starą ładą kopiejką. Misza był wielki, wysoki, brodaty, nosił szwedzką kurtkę w kratę i wielkie szwedzkie buty, bo kiedyś mieszkał i pracował w Szwecji. Tam też poznał pierwszych w swoim życiu Polaków, którzy go, a jakże, nauczyli po polsku kląć. Masza była niewysoka, miała długie włosy i przejętą twarz. Cała była zresztą przejęta.

Misza i Masza działali na Majdanie w Charkowie, a to nie była bezpieczna fucha. Szczególnie po wydarzeniach sprzed kilku dni, kiedy to majdanowców okupujących budynek Rady Obwodowej wywleczono z niego siłą, pobito i kazano na centralnym placu, w rozjeżdżonym błocie, na kolanach błagać charkowian o wybaczenie.

Majdanowców atakowali „zwykli obywatele Charkowa", czyli osiedlowi dresiarze i krótko obcięte chłopy w czarnych kurtkach. Niektórzy mieli ze sobą rosyjskie flagi. Milicja niespecjalnie się angażowała. Nikt nie wysłał nawet na miejsce odpowiedniej liczby funkcjonariuszy. Kaski i tarcze miało niewielu. Ci, którzy byli, próbowali nawet przez chwilę interweniować, ale przeliczyli siły na zamiary i dali sobie spokój. Atakujący przerwali linię obrony majdanowców i wbiegli do budynku. Zaczęła się chaotyczna bieganina po korytarzach, bicie obrońców i wywlekanie ich, pobitych, słaniających się na nogach, skamlających z przerażenia, pod nogi zgromadzonego przed Radą tłumu. Niektórzy szli przez błoto w samych skarpetkach.

Klękali, wystraszeni, ze wzrokiem wbitym w bruk. Kto chciał, mógł ich uderzyć. Biły nawet staruszki. Jednemu z nich próbowano założyć na szyję pętlę. Niektórzy się modlili. Nad Radą triumfalnie zatknięto rosyjską flagę. Pod tą flagą milicjanci z tryzubami na czapkach eskortowali skulonych majdanowców do karetek. Dresiarze podbiegali i kopali ich w dupy.

— Czasem pod dom podchodzą obcy — opowiadała Masza. — Stają pod oknami i po prostu patrzą. Boimy się trochę.

— Charków to miasto glin i tituszek — dodał Misza. — Tu jest trochę jak w Rosji. Uważajcie. Nie wyróżniajcie się. Na ulicy noście czarne czapki, najlepiej jest mieć czarne kurtki. Bez żadnych hipsterskich dodatków. W Kijowie na ulicy można chodzić ubranym, jak się chce, ale tutaj po ciuchach od razu poznają, kto jest kto. Nie mówcie po ukraińsku. A ty — Misza wycelował we mnie palec — po polsku to już w ogóle. Jakie macie rejestracje? Kijowskie? To jeszcze ujdzie. Jakbyście mieli lwowskie, to przerąbane.

*

Charków był zaskakująco ładnym miastem. A Misza i Masza trochę przesadzali. Czarnych kurtek, jak to w Poradziecji, było sporo, ale kręcili się też po ulicy jacyś hipsteroidzi. Nikt na nich nie zwracał uwagi. Było nawet kilku z wpiętymi w klapy niebiesko-żółtymi wstążkami.

Ale na centralnym placu, wielkiej jak pustynia Płoszczy Swobody, faktycznie lepiej było po ukraińsku nie mówić. Flagi rosyjskie, flagi radzieckie, flagi jakichś dziwnych prorosyjskich organizacji. Kręciło się sporo ludzi. Zbierano podpisy pod petycją o przeprowadzenie referendum.

– Jak sobie naziści i pałkarze chcą rządzić w Kijowie – tłumaczył mi jakiś staruszek – to niech sobie rządzą. Ale tu – nie! Tu jest porządny kraj, proszę pana. Tu jest cywilizacja! Nie będą mi tu rządziły dzikusy z pałkami! Tu jest porządek.

Próbowałem spojrzeć na sytuację jego oczami. Karmionymi rosyjską perspektywą przez rosyjską telewizję. Tak, mówił, Janukowycz był zły, ale nie, obracanie stolicy w postapokaliptyczną sicz i kopcenie płonącymi oponami – to się w głowie nie mieści. Żaden normalny kraj by sobie na to nie pozwolił. Żaden normalny kraj nie pozwoliłby sobie na to, żeby zajmować publiczne budynki i robić z nich cygańskie tabory!

Słuchałem go i przypomniałem sobie, jak wyglądała zajęta przez Majdan Rada Miejska w Kijowie. Napisy na ścianach, śpiący protestujący pod ścianami, prowizoryczne kuchnie i jadłodajnia w sali obrad. Chodziłem wtedy po tej zajętej Radzie i myślałem mniej więcej to samo, co mówił mi staruszek. Że w żadnym innym kraju nie pozwolono by sobie na coś takiego. Szczerze mówiąc, dziwiłem się Janukowyczowi, że nie odbija budynku. Świat by mu słowa nie powiedział. Cieszyłem się, oczywiście, cieszyłem się, że ktoś w końcu napluł w twarz rządzącym krajem cwaniakom, ale nie rozumiałem tej bezradności władzy.

– Władza była dla nich za dobra, za tolerancyjna – mówił starszy facet. A oni chcą nas wszystkich zabić. To faszyści. Będą nas przepytywali z ukraińskiego, a jeśli nie będziemy znali, to nas będą zabijać. Tak mówią ci naziści z Prawego Sektora.

Tak mówił, a ja myślałem o tym, że gdyby w Polsce miały miejsce jakiekolwiek protesty, w których brałaby udział jakakolwiek organizacja choćby podobna do Prawego Sektora, to ja też bym się bał. Wiedziałem, że Prawy Sektor nie będzie go przepytywał z ukraińskiego, ale on tego nie wiedział. Skąd miał wiedzieć. Oglądał rosyjską telewizję.

– Za dobrzy dla nich byli, za tolerancyjni – ciągnął. – I teraz rządzi ta... junta. Ja nie jestem separatysta – dodawał – ja po prostu nie chcę mieć z nimi nic wspólnego. Z faszystami.

*

Lenin na placu stał gigantyczny. Miał na sobie płaszcz, marynarkę i kamizelkę i wyglądał od dołu trochę jak Joker z *Batmana*. A w pozie stał takiej, jakby apelował do kanara w tramwaju o niewypisywanie mu mandatu, bo ma miesięczny, tylko w domu zostawił.

Pod Leninem leżały kwiaty i stali komuniści. Mieli własny namiocik w komunistycznych barwach. Rozdawali karteczki z postulatami. Były trzy: federalizacja państwa, język rosyjski jako urzędowy i zobowiązanie, że Ukraina nigdy nie wstąpi do NATO.

Pod Radą Obwodową stało dwunastu milicjantów.

– Oni tu jak dwunastu apostołów – zachwycały się jakieś staruszki.

Dookoła placu jeździła, rycząc jak sto szatanów, błyszcząca, stuningowana łada z ciemnymi szybami. Waliło od niej ruskim dichem jak psu z mordy.

*

Mój Boże, cóż było w Iziumie. Nic nie było w Iziumie. No, ładna katedra stała, malowana na jasnobłękitno, a pod katedrą trochę bab w chustkach, kilku dziadków z paznokciami jak skórki pomarańczy. Ta katedra to był znany przykład kozackiego baroku. Obok katedry stały jakieś budy z białej cegły i widać było, że w tym świecie wcale nie chodzi o żadną katedrę w kozackim baroku, tylko właśnie o te budy w białej cegle.

To te budy w białej cegle pokazywały, czym naprawdę jest ten świat. Biała cegła ciągnęła się jak Izium długie i szerokie, jak Słobodszczyna długa i szeroka, jak Ukraina i Rosja długie i szerokie, jak długa i szeroka była Radziecja i jak długa i szeroka jest Poradziecja.

Nie, nie, to nie były katedry, to nie była pamięć Ukrainy Słobodzkiej, gdzie bieżeńcy przed powstaniem Chmielnickiego mieli czas wytchnąć, założyć osady, którym nadawali takie same nazwy jak te, skąd pochodzili, a potem formować swoje luźne kozackie oddziały. Katedry i Ukraina Słobodzka to była prehistoria i fantasy, *Gra o tron*, *Hobbit* i *Conan*, a to, co było tu i teraz, to biała, radziecka cegła i poradzieckie dokrętasy do niej, to były balkony zabudowane wszelkim badziewiem i malowane na biało wysokie krawężniki. I co z tego, że pod koniec XIX wieku za Ukraińców tu się miało prawie osiemdziesiąt procent mieszkańców, a za Rosjan – tylko dwadzieścia, skoro dziś to całe miasto było w białej, kruszącej się cegle, miało po poradziecku zabudowane balkony, mówiło po rosyjsku i oglądało rosyjską telewizję.

Więc kręciłem się po ulicach Iziumu, trochę nie wiedziałem po co, bo wszystko tu wyglądało podobnie do siebie, wszystko było nie tylko oskrobane do nagiej konieczności, do najprostszego mechanizmu poruszającego społeczeństwem, ale sam ten mechanizm korodował już, zacinał się, wyglądał jak reanimowany, podgniły trup. Izium było jak monstrum Frankensteina, umarłym i znów ożywionym organizmem, który się wyczerpał, ale który nie mógł umrzeć, bo żerowali na nim ludzie. Konkretnie – pięćdziesiąt tysięcy mieszkańców. Właściwie zresztą Izium umarło, tylko jego mieszkańcy nie przyjęli do wiadomości, że żyją na trupie.

Chodziłem więc, oglądałem zabudowane balkony, oglądałem mieszaninę starych opli, ład i nowych, wielkich suwisk, patrzyłem, jak wzbija się na parę centymetrów pył pokrywający chodnik, jezdnię i wszystko inne. Czułem się jak na końcu świata. Wiedziałem, że za tym końcem świata zaczyna się inny świat, ale nie chciało mi się w to wierzyć. Tak samo jak nigdy nie chciało mi się wierzyć w takie rzeczy na wschodzie Słowacji, za którym dopiero zaczynała się Ukraina.

*

Niedaleko była Ławra Świętogórska. Donbaska Częstochowa. To tutaj podobno Janukowycz miał duchowego opiekuna, tutaj jeździł podładowywać duchowe baterie. Bo Janukowycz był bardzo wierzący. Jumał z państwa ile wlazło, łomotał Ukrainę na lewo i prawo, a potem przyjeżdżał do Ławry i modlił się z przykłonem przed ikonostasem, spacerował z brodatymi popami pod świętymi obrazami, oddawał się zadumie, patrzył na błękitne, strzeliste dachy kaplic wspinające się na wzgórza. Tylko zastanawiałem się, jak się tam dostawał. Pewnie helikopterem, bo jakoś trudno mi było uwierzyć, że chciało mu się tłuc tyłek na tych pierdolonych, ukraińskich drogach, których wiecznie nie było za co wyremontować, mimo że oligarchowie wypasieni na ukraińskim majątku państwowym, w tej liczbie i sam prezydent, nie wiedzieli, na co pieniądze wydawać, najnormalniej w świecie kończyły im się pomysły, i kupowali sobie antylopy do prywatnych ogrodów zoologicznych i zegarki za cenę awionetek.

To już był Donbas. Obwód doniecki. I na murach i przystankowych wiatach pojawiały się napisy „Putin – pomóż" i „Berkut – bohaterowie". Wzdłuż drogi wypalano trawy i cała okolica wędziła się w ciężkim, piekielnym, gryzącym dymie. Za parę miesięcy będą tutaj leżały porozpierdalane czołgi i transportery opancerzone, ale wtedy były tylko te płonące trawy. Donieckie wioski przypominały mi trochę bałkańskie: domki też były niewielkie, kwadratowe i zgrabne, tylko zbudowane nie z kamienia, ale z białej cegły. Dachy też były spadziste, ale nie pokrywano ich tą rudą bałkańską dachówką, która sprawia, że człowiekowi robi się ciepło w sercu, a w głowie pojawia się myśl, że tak piękny świat nie może być taki zły. Pokrywano je zimnym azbestem albo jeszcze zimniejszą blachą.

Po tabliczce oznaczającej 665 kilometr od Kijowa nie było tabliczki z trzema szóstkami. Po sześćset sześćdziesiątce piątce pojawiła się od razu sześćset sześćdziesiątka siódemka. Wszystko po to, by nie wkurwiać cerkiewników z Ławry Świętogórskiej.

*

Jechaliśmy em trójką na Debalcewe i Donieck. Most na rzece Kazennyj Toreć jeszcze stał i można było przez niego przejechać. Na rondzie pod Słowiańskiem srebrzył się wielki napis z nazwą miasta. Nie miał jeszcze dziur od strzałów, a budynki wokół niego były całe. Niedługo potem zaczęła się aglomeracja doniecka. Przejeżdżaliśmy obok jakiegoś gigantycznego wysypiska. Przypominało hałdę śmieci, którą ktoś rozwlókł po całym krajobrazie. Wiał wiatr i porywał foliowe torby, które fruwały nad tym wszystkim jak ptaki. Tu i tam sterczały kominy. Wyglądały jak minarety z mordorskiej wersji *Baśni z 1001 nocy*.

*

W Jenakijewem, rodzinnym mieście Janukowycza, powietrze śmierdziało. Był to jeden z tych smrodów, który osiada głęboko w nozdrzach, w gardle, który czuje się jeszcze długo po tym, jak przestanie śmierdzieć. Coś pomiędzy smrodem z garbarni a swędem palonych włosów. W centrum miasta było brzydko. Brzydkie były reklamy, budynki, chodniki. Nawet drzewa mi się brzydkie wydawały. Kręciłem się po mieście i głupio mi było wypytywać ludzi o Janukowycza, o jego dom, więc po prostu łaziłem i patrzyłem. Gapiłem się, a ludzie gapili się na mnie, dokładnie tak samo jak wtedy na Antymajdanie w Kijowie. Czułem się, jakbym trafił do matecznika antymajdanowców. Do mrowiska, z którego się wyrajają. A więc tak to wygląda, myślałem. Tak wygląda ich ojczyzna. Miejsce, które ich kształtuje. Takie myśli mnie opadały. Śmierdzące powietrze i wszechobecna brzydota. Wstydziłem się tych myśli, odganiałem je. To były paskudne myśli, myśli, które miały zrobić z tych ludzi orki z Mordoru. Posłużyć jako paliwo do antypatii dla nich, a tą antypatią karmiła mnie cała promajdanowa Ukraina. To zombie, mówili mi w Kijowie i Lwowie. To źli, brzydcy ludzie pochodzący ze złego, brzydkiego świata. Nie próbuj ich zrozumieć, mówili. To orki. Sporo rzeczy mnie wkurwiało w tej majdanowej Ukrainie, ale to – najbardziej.

*

No, ale było tu brzydko. Próbowałem sobie wyobrazić młodego Janukowycza, wysokiego podskakiewicza, jak łazi tymi ulicami, nawalony jak działo, jak śpiewa na cały głos pijackie piosenki i jak ludzie zamykają okiennice. Słyszałem, że tak właśnie bywało. Tak mi opowiadano. Na Majdanie. Zacząłem w końcu pytać o niego ludzi. O to, gdzie mieszkał. Ludzie patrzyli na mnie krzywo.

– Nie wie pani, gdzie jest dom Wiktora Janukowycza? – spytałem, na przykład, jakąś dostojnie kroczącą po ulicy panią.

– Jak to gdzie! – warknęła z lodem w oczach. – W Kijowie!

*

Szukaliśmy w internecie. Było napisane, że to gdzieś na przedmieściach, niedaleko dworca. Pojechaliśmy tam. Skończył się asfalt, zaczęła droga bita. Domki były niskie, płoty – wysokie. Jakiś wielki facet w dresie błyszczącym jak końska mucha grzebał w bebechach stuningowanej łady. Spytaliśmy go o dom Janukowycza.

– Janukowycz, Janukowycz – udawał, że się zastanawia. – Coś mi to mówi... Jakiś aktor? Pisarz?

*

W końcu znaleźliśmy. Taki sam dom jak wszystkie inne. Donbaski. Biała cegła, zapadły dach. Ruina. Wszystko w środku wybebeszone. Ogród zachwaszczony. Daleko stąd było do Meżyhirji. Lata świetlne. Wanna w Meżyhirji była większa od tego domu. W ogródku bielił się dramatycznie jakiś porzucony kozaczek. Może ktoś tu kogoś zgwałcił, kto wie. Może ktoś kogoś zabił. Ruina na końcu wyboistej drogi to wygodne miejsce do takich rzeczy. Albo do chlania, na przykład. Wszędzie walały się puszki po piwie. Za płotem jakiś pies ujadał, ale było pusto, śmiertelnie pusto. Nic nie było widać przez te wysokie płoty.

*

– Z Francji, z Niemiec przyjeżdżają – opowiadała nam stara kobieta, która mieszkała obok. – Dziennikarze. Pytają o Janukowycza, ale ja go nie pamiętam. Wyprowadził się, zanim ja się wprowadziłam. A potem już nigdy nie przyjeżdżał. Może nie miał najlepszych wspomnień.

– I co im pani mówi? – spytałem. – Tym Niemcom i Francuzom?

– Że za Janukowycza było źle i po Janukowyczu będzie źle! – wygłosiła staruszka. – Taka ta Ukraina!

– A Rosja? – spytałem.

– Rosja… – zawiesiła się trochę starowinka. – Rosja, Ukraina, kiedyś to było wszystko jedno. A teraz… nikt nie pytał, tylko te granice pobudowali, ech… – Machnęła ręką. – Rosja… – zastanowiła się. – No mówią, że tam emerytury wyższe…

*

Jenakijewe było brudne i zapuszczone, ale Donieck – wyczyszczony i zadbany. I tak, widziałem te słynne donieckie wypasione czarne SUV-y, beemki, volva, mercedesy, z mafijnymi, przyciemnianymi szybami, jak demonstracyjnie olewały przepisy drogowe. Myślałem, że to stereotyp i pieprzenie głupot – a tu proszę. Pod prąd, przez trawniki, na czerwonym świetle. Czasem na oczach milicji, skromnie przysłoniętych spuszczonymi rzęsami.

*

Chodziłem po Doniecku. Nudne było to miasto. Przewidywalna, klockowa zabudowa. Spodziewałem się wrzącego piekła, Mordoru, a znalazłem coś w rodzaju radzieckiej Słowacji. Spokojnie, czysto. Bez ekscesów, ale schludnie. I tylko te mafijne auta. I te protesty pod Leninem. Tam już nie było spokojnie, to było co innego. Wielkie chłopiska skandowały „Ber-kut, Ber-kut" i dłońmi robiły ptaszka, bo berkut to gatunek orła. Złączali kciuki razem, a palcami machali, niby że skrzydłami. Wyglądało to zarazem zabawnie i przerażająco, bo podejrzewałem, że ci kolesie to po prostu dawni berkutowcy, którzy tymi rękami robiącymi ptaszka katowali pałami Kozaków z Majdanu, a potem, gdy

Majdan ogarnął Kijów, spieprzyli do Doniecka, gdzie mogli się czuć bezpiecznie. „Synkowie nasi, nie oddamy was" – płakały na takich demonstracjach staruszki, ściskając umundurowanych berkutowców, a ci, przez łzy, odpowiadali wzruszeni: „A my was będziemy chronić, mateńki".

*

Chodziłem po Doniecku, po tym mieście założonym pod koniec XIX wieku przez walijskiego inżyniera, który rozkręcił tutaj swój biznes metalurgiczny i kopalniany i za którym, z walijskiego przemysłowego piekła, jakim podobno była wtedy jego rodzinna miejscowość Merthyr Tydfil, przybywali imigranci chcący zacząć nowe, sensowne życie. Z Merthyr Tydfil w ogóle się wtedy raczej wyjeżdżało. Jedni do Stanów, inni tu, na stepy ówczesnej Noworosji. Na dawne Dzikie Pola. Ciekawy byłem, jakie mieli wrażenia. Z Wielkiej Brytanii, z przemysłowego miasta, z samego środka przemysłowej rewolucji – tutaj. Do miejsca, które musiało im trochę przypominać Dziki Zachód z tanich, groszowych powieści. Step był jak preria, miasteczka – drewniane. Wtedy jeszcze nie było wiadomo, jak się to potoczy. Że Rosja zamieni się w Związek Radziecki, a ten będzie chciał urządzać świat na nowo, i że z tego urządzania, z tych dobrych chęci wyjdzie to samo co zawsze. I że potem będzie tu jakaś Ukraina, a potem jakaś Doniecka Republika Ludowa... Wtedy nie wiedzieli i umierając, też nie wiedzieli. Ich dzieci też nie wiedziały, a wnuki i prawnuki, gdy zorientowały się, że szanowni dziadowie wybrali akurat niespecjalnie dobre miejsce na emigrację, były już w stu procentach lokalne, były już stamtąd i nie mogły żałować jakoś specjalnie decyzji przodków o wybraniu akurat tego kawałka ziemi na rozpoczęcie nowego życia.

*

Stepy. Najpowszechniej przyjmowana w nauce hipoteza pochodzenia języków indoeuropejskich zakłada, że to właśnie tutaj, na ukraińskich stepach nad Morzem Azowskim, była ich kolebka. Że tu się wszystko zaczęło. Walijczycy więc wracaliby, po prostu, do ojczyzny. Do praojczyzny. Urheimatu. To stąd mieli wyjść ich przodkowie, Celtowie, którzy przez całą środkową i zachodnią Europę dotrzeć mieli aż na Wyspy Brytyjskie. To stąd mieli wyjść też przodkowie Rzymian i Germanów, którzy dopełnili formowania się wyspiarskiego narodu. Słowianie, którzy od północy wlali się do Europy Środkowej i Bałkanów, dochodząc aż do Peloponezu. My wszyscy z Donbasu. Wszyscy z Dzikich Pól.

Szkoda byłoby tego faktu nie wykorzystać – i, w rzeczy samej, jest on wykorzystywany. Andrew Wilson, autor książki *Ukraińcy*, miał ewidentnie dużo zabawy z tez ukraińskiego historyka Jurija Kanyhina, który twierdzi, że to właśnie Ukraińcy są najszczerszej próby Aryjczykami, czyli inaczej mówiąc, oraczami, bo to od orania pochodzi nazwa Ariów. A Ukraina, wiadomo: czarnoziemy, najżyźniejsza ziemia na świecie, uprawa, złote kłosy pod błękitnym niebem.

Być może dlatego niektórzy donieczanie pielęgnują swoje starożytne dziedzictwo. Widziałem dobudowany do bloku z lat, na oko, pięćdziesiątych portyk w antycznym stylu i z kolumnami, na którym, żeby nie było wątpliwości, napisano „ANTIK". Widziałem kariatydy przed, o ile dobrze pamiętam, pizzerią.

*

– Widział pan w telewizji posiadłość Janukowycza pod Kijowem? Meżyhirję? – spytałem pewnego wąsatego faceta, który siedział pod pomnikiem Lenina, jadł kanapkę z kiełbasą i zbierał podpisy pod referendum w sprawie decentralizacji Ukrainy, równouprawnienia języka rosyjskiego i deklaracji, że Ukraina nigdy nie wstąpi do NATO.

– Widziałem – odpowiedział. – *Gwiezdne wojny* też widziałem.

– A ile razy? – zaciekawiłem się.

– Wszystko, towarzyszu, można w komputerze zrobić – podniósł w górę palec pan z kiełbasą. – I tę Meżyhirję, towarzyszu, i Majdan, wszystko.

– Ale ja tam byłem – zaprotestowałem – widziałem sam, na własne oczy!

– A to wiadomo, co wyście widzieli, towarzyszu? – spytał facet z kiełbasą. – A może nawieźli sprzętów z jakiegoś muzeum i pokazują ludziom? W nic nie można wierzyć, towarzyszu, w nic.

– A w Putina?

– W niego to już najbardziej – ściszył głos pan z kiełbasą. – Bo to jedyny porządny polityk. Choć i on... – ściszył głos jeszcze bardziej – ...wie pan.

*

Gdzieś wtedy właśnie w Doniecku mieszkał Władimir, który teraz jest Wołodymyrem. Ale wtedy miał na imię jeszcze Władimir, był rosyjskojęzycznym pisarzem i dostawał nagrody w Moskwie. Być może był wtedy pod Leninem, w tym tłumie, który protestował przeciwko rządom „junty". Bo jemu też się nie podobało to, co widział w telewizji. Nie podobali mu się bojownicy ze swastykami na hełmach, a głównie takich pokazywała telewizja. Nie, Janukowycz też mu się specjalnie nie podobał, ale nie uważał, że zamiana go na wrzeszczącą, nacjonalistyczną bandę miała jakikolwiek sens. I tak, tak samo jak inni ludzie z Donbasu, bał się, że ci popierdoleni, otwarcie nazistowscy nacjonaliści przyjadą do Doniecka na czołgach ozdobionych swastyką i zrobią im w Donbasie dzień nawracania narodowego.

Ale nacjonaliści nie nadchodzili, więc się wkurwił i sam wybrał do Kijowa, zobaczyć na własne oczy, co tam się dzieje. Zaczął nabierać podejrzeń co do rzetelności rosyjskiej telewizji, od kiedy coraz częściej pojawiał się w niej jego Donbas. To, co widział bowiem za oknem, nie do końca zgadzało się z tym, co mu się wyświetlało na ekranie. Pojechał więc do Kijowa i tam zrozumiał, że na Majdanie faszyści, owszem, byli, ale że w całej tej rewolucji zupełnie nie o nich chodziło. I że to właśnie było największe, bazowe kłamstwo rosyjskiej telewizji.

5 maja 2014 roku Władimir był akurat na kościelnej dzwonnicy, bo jest człowiekiem wierzącym, pobożnym i wśród duchownych się lubi obracać. I z tej dzwonnicy, twierdzi, zobaczył, jak do Doniecka wchodzą bojownicy, wjeżdżają transportery opancerzone. I kiedy

w Donbasie zaczęło się dziać, gdy na ulicach pojawili się uzbrojeni faceci w mundurach bez oznaczeń, Władimir powiedział, że pieprzy to wszystko, i pojechał do Kijowa. I tam zaczął uczyć się widzieć świat na nowo, bo ten, który widział do tej pory, okazał się w kilku ważnych punktach źle skonstruowany i przestał być kompatybilny z tym, czego się dowiedział.

Nauczył się nowego języka, bo do tej pory język ukraiński był dla niego językiem obcym. Stał się Wołodymyrem. Stracił wszystko, całe swoje pięćdziesiąt lat życia: najpierw w radzieckim, a potem ukraińskim Donbasie. Jego kumple, którzy w Donbasie zostali, nazywają go zdrajcą. Bo jego kumple nadal myślą tak, jak on myślał, zanim pojechał do Kijowa. I on ich, mimo wszystko, rozumie. Jak ma nie rozumieć, skoro sam tak myślał.

Ale Ukraina, ta kijowska, nacjonalistyczna, która sama siebie nazywa patriotyczną, też go wkurwia.

Wkurwiało go, i nadal go zresztą wkurwia, że Ukraińcy nie szanują specyfiki Donbasczyków. Wkurwia go, że nie rozumieją, że można mieć inną tożsamość od tej jedynej, najświętszej, i nie być gorszym. A Donbas był specyficzny. Najpierw, mówił Wołodymyr, szła tożsamość donbaska. Ona była najważniejsza i choć zawierała się w ukraińskości, to jednak dominowała. Ważna była pamięć radziecka, bo przecież w Związku Radzieckim nie wszystko było złe. Ważna była wspólnota kulturowa i językowa z Rosją. I wkurwia Wołodymyra, choć jest Wołodymyrem, a nie Władimirem, gdy na przykład jedzie do takiego Lwowa i słyszy, że w Donbasie mieszkają ogry, orki i bydło. Na początku spokojnie tłumaczy, jak jest, wyjaśnia, ale szybko się denerwuje. A Wołodymyr jest emocjonalny. Wielki, ciężki, nerwowy.

*

No, ale wtedy jeszcze nie było wiadomo, że w Doniecku powstanie DRL, choć już się na coś zanosiło. Separatyzm wisiał w powietrzu, gadano o nim, krzyczano. Pod Radą Obwodową, którą kilka razy zdobywali antymajdanowcy i z której ich kilka razy wyrzucano, spotkałem znajomych polskich dziennikarzy. Byli z jednej z komercyjnych telewizji. Siedzieli tu już od jakiegoś czasu i powoli zaczynała im się nudzić powtarzalność donieckich wydarzeń. Opowiadali, że robi się coraz bardziej nerwowo. Lepiej, mówili, nie mówić po polsku. Polska, mówili, się źle kojarzy.

– Ja, na przykład – mówił Olek, wysoki i szczupły prezenter z fryzurą na lekkiego hipstera – udaję Czecha. Mówię, że jestem z czeskiej telewizji. Czechów nikt nie traktuje poważnie.

Kohorta ciężkozbrojnej milicji stała pod Radą. Stały też ciężarówki mające robić za barykady, wejście opleciono drutem kolczastym. Wyglądało na to, że mysz się nie prześlizgnie. Szliśmy pod Lenina, szerokimi, a nawet zbyt szerokimi arteriami, bo Donieck wyglądał, jakby był uszyty na wyrost, ponad miarę, jakby najważniejsze było zapewnienie każdemu obywatelowi jak najwięcej luźnej przestrzeni wokół niego.

*

Pod Leninem stał tłum i krzyczał, żeby Putin pomógł, że precz z juntą. Wszystkie te sprawy. Oficjalnie nikt nie mówił o przyłączaniu Donbasu do Rosji, mowa była tylko o autonomii, o języku rosyjskim. Podeszliśmy do jednego z przywódców wiecu. Kończył właśnie przemawiać, rozmawialiśmy więc z jego akolitą, czarniawym chłopaczkiem, gówniarzem z aksamitnymi wąsami, w za dużym płaszczu i czapce kierowcy marszrutki na głowie. Wyglądał, jakby ktoś go przebrał do roli młodego rewolucjonisty inteligenta z Europy Wschodniej.

– I co – spytałem chłopaczka – chcecie autonomii?

– Chcemy przyłączyć się do Rosji – wypalił prosto z mostu. – Tylko nie możemy tego powiedzieć oficjalnie.

– A ile, myślicie, procent ludzi w Donbasie was poprze? – spytałem.

– A – odpowiedział – z osiemdziesiąt...

Dzień wcześniej chłopaki z lotnego Majdanu – w Doniecku stały Majdan nie ustałby nawet dziesięciu minut, boby go emeryci do spółki z dresiarzami roznieśli na butach – mówiły, że maksymalnie dziesięć.

Przywódca zszedł z mównicy i podszedł do nas.

– Skąd jesteście? – spytał.

– Z Czech – odpowiedział szybko Olek, podtykając mu pod nos mikrofon.

– A skąd z Czech? – dopytywał się.

– Z Brna – mówił Olek. – Dobre, stare Brno.

– A jak się nazywa drużyna hokejowa z Brna? – uśmiechnął się facet szeroko, a Olek posmutniał. Stojące opodal byczki w czarnych kurtkach gapili się na nas, rozbawieni.

Dniepr

Gdy pierwszy raz zobaczyłem Dniepropetrowsk, zrobił na mnie duże wrażenie. O tak, Dniepropetrowsk robi wrażenie. To było dawno, zimą. Przyjechałem z Zaporoża smętnym autobusem, który wlókł się pośród rozmokłego stepu, nasiąkniętego zimną wodą jak gąbka, i myślałem o tych biednych stepowych Kozakach. O tym, jak mieli przejebane przez jakąś mniej więcej połowę roku. Co innego po suchym biegać w szarawarach i z oseledcem rozwianym wiatrem, w słońcu wąs za ucho zakładać, a co innego chlupać w tym rozmokłym gównie po horyzont. I znikąd pomocy, i znikąd nadziei, bo dookoła to samo i to samo, i się nie kończy. I wtedy, z nudów, trzeba pisać listy do sułtana, w których nazywa się go „jerozolimskim piwowarem", „macedońskim kołodziejem", „aleksandryjskim kozłem kastrowanym", „Wielkiego i Małego Egiptu świniopasem", „świńską mordą" i „kobylą dupą". O ile ten słynny list jest w ogóle oryginalny, a nie XIX-wieczną podróbą mającą pokazać, jacy ci Kozacy byli *cool*. Przecież, myślałem, patrząc na ten nieszczęsny step, w tym świecie nie było nic, nic poza trawą bez końca i od czasu do czasu jakąś drewnianą konstrukcją mieszkalno-obronną, raz otoczoną ostrokołem, a raz nie. I czasem jakąś cerkwią w kozackim baroku. I po tygodniach, miesiącach takiej monotonii, gdy się zobaczyło Dniepr, to naprawdę miało się wrażenie, że dotyka się absolutu. Ciekawy byłem, jak ci nieszczęśni Kozacy reagowali, gdy dopływali w końcu w tych swoich czajkach do Stambułu. Jak im szczęki w dół musiały lecieć. Albo gdy widzieli góry, czy to Karpaty, czy to Krymskie, czy to Pontyjskie w Turcji. Przerwanie monotonii stepu to musiało być jednak wydarzenie. I być może również odkrycie.

*

Gdy wjechałem pierwszy raz do Dniepropetrowska i nie wiedziałem, czego się spodziewać – też mi opadła szczęka. Okolice dworca autobusowego wyglądały jak obrazek z cyberpunkowej antyutopii, gdzie wśród pokruszonego betonu i nomadzkich namiotów ludzie handlują resztkami cywilizacji, bo tak wyglądały te wszystkie radia spiętrzone na kupę, te wszystkie pirackie płyty, te wszystkie stare mechanizmy czy ciuchy z odzysku. Wszyscy, jak zawsze w Poradziecji, mówili, że za Sojuza było lepiej, i jak zazwyczaj nie mogłem ich nie rozumieć, gdy widziałem, jak roją się, dwoją i troją na gruzach tego dawnego świata, upadłego imperium, któremu nawet nie pozwolono obrócić się w godnie wyglądające ruiny, o ile Radziecjanom zależało w ogóle na czymś takim jak *Ruinenwert*, tylko próbowano te ruiny ożywić, zaadaptować, dostosować do potrzeb nowego świata, który się spod tych gruzów wyłonił. Tyle że dla tego nowego świata były za duże. Przerastały go. Wystarczyło przecież otworzyć mały interes w jednym z pokoi dawnego radzieckiego molocha, wykuć osobne wejścia i odmalować kawałek fasady wokół niego. Rozbić namiot przy walącym się murze. Stworzyć z tych namiotów handlowe miasteczko przy wejściu do poradzieckiego metra.

Patrzyłem na nich wszystkich, na dawną radziecką klasę średnią, która po upadku świata próbowała urządzić się w postapokalipsie, kręcąc się po bazarach, kombinując, nie pozwalając, by to przerażające błoto ciągnące w zimnym deszczu ze wschodnich stepów zalało im życia i wytrąciło z wydeptanych kolein. Patrzyłem i podziwiałem ich, bo swoją walkę toczyli z jedną z najbardziej przygnębiających rzeczywistości na świecie, i byłem wściekły, tylko nie wiedziałem na kogo. I na co. Bo jasne, wiedziałem, czym była Radziecja, i uważałem, że trzeba było całe to imperium posłać do piachu, ale faktem też, że to, co rodziło się na jej gruzach, to na razie były krew, pot i łzy wsiąkające w zimny, podchodzący wodą step i w pokruszony beton, i popękany asfalt.

*

Choć nie, przepraszam, rodziło się jeszcze coś. Szedłem w górę niekończącym się prospektem Karola Marksa i w końcu to zobaczyłem. Wyniosłe wieże zamków nowej szlachty, nowych książąt: ze szkła i chromu, z drzwiami na fotokomórkę i z wojami z firm ochroniarskich w czarnych mundurach. U stóp tych zamczysk kłębiła się ludność podgrodzia w czarnych kurtkach i przylegających do głowy czapkach, a pomiędzy nimi wszystkimi handlarze, fircyki, łotry do wynajęcia, brodaci i włochaci popi z końskimi ogonami spiętymi frotkami, hajducy pańscy w poradzieckich czapkach o denku jak pizza xxl i źle skrojonych mundurach.

Pod jednym z takich szklanych zamków, przed drzwiami na fotokomórkę, usiadła sobie na rybackim krzesełku babcia handlująca koperkiem, czosnkiem i pumeksem. Rozłożyła wszystko na przyniesionym z domu kocyku i czekała cierpliwie, aż ktoś się zatrzyma i coś kupi. Nikt się nie zatrzymywał i serce mi się krajało. Babcia zmęczona już była, przeciągała się i każde to jej przeciągnięcie uruchamiało fotokomórkę, i otwierały się szklane drzwi zamczyska. Wychodził z nich ochroniarz, młody gówniarz o poczciwej twarzy, i patrzył na staruszkę, i też mu się serce, widać, krajało, i mówił do niej: „no, babuszka, no...".

A babuszka patrzyła na niego i pytała: „no co, synku, no co?".

A on machał ręką i wracał do środka, a wtedy ona poruszała się i znów uruchamiała fotokomórkę, i wtedy on znów wychodził, i znów, z lekką przyganą w oczach, mówił: „no, babuszka, no przesuńcie się kawałek...".

A ona znów na niego patrzyła i mówiła: „no co, synku, no co?".

Stałem po drugiej stronie ulicy, udawałem, że czekam na autobus albo marszrutkę, i nie mogłem oderwać od nich oczu. Za moimi plecami ciągnęło się długie blaszane ogrodzenie pokryte milionem ogłoszeń i naklejek, za którym miano stawiać nowy zamek. Pod ogrodzeniem siedzieli inni handlarze, piętrzyły się pudła z rozmiękłej, napęczniałej od wilgoci tektury, a za nim strzelał w niebo dniepropetrowski chromowany skyline.

*

Właśnie wtedy, tego dnia, gdy patrzyłem na babuszkę i ochroniarza, dochodziła do finału sądowa sprawa ludzi, których nazwano „maniakami z Dniepropetrowska". Zaczęło się pod koniec czerwca 2007 roku, kiedy o piątej nad ranem zrozpaczona matka znalazła zwłoki swojej córki, Jekatieriny Ilczenko. Jej twarz była rozbita tępym narzędziem. Niedługo potem na ławce *vis-à-vis* siedziby prokuratury tępym narzędziem rozbito głowę bezdomnego Romana Tatariewicza, a po tym jak rozbito, pastwiono się jeszcze nad nią, tak że wyglądała, jakby eksplodowała od środka. Kilka dni później akcja przeniosła się do leżącego dwadzieścia pięć kilometrów dalej Nowomoskowska, gdzie znaleziono kolejne dwa trupy ludzi zabitych w podobny sposób, ze zmasakrowanymi twarzami. Przez kolejne dni mordercy krążyli po mieście i okolicach. Zatłukli na śmierć dwie osoby na wschodnim brzegu Dniepru, a w poddniepropetrowskiej wiosce – nastolatka Andrieja Sidiuka. Koledze Sidiuka, Wadimowi Lachowowi, udało się uciec: pobiegł na milicję, która zareagowała momentalnie i energicznie – aresztowała go za zabójstwo kolegi. Przerażony nastolatek został wsadzony do aresztu i najprawdopodobniej pobity podczas przesłuchania. Zabójstwa wcale się nie skończyły. Dwa dni później znaleziono kolejne ofiary. W dodatku nikt nie miał pojęcia, jak połączyć ze sobą te wszystkie morderstwa.

Zaatakowani ludzie nie mieli ze sobą nic wspólnego poza tym, że w większości przypadków zostali zatłuczeni na śmierć. Niektórzy przed śmiercią byli torturowani.

I kto wie, czy mordercy, zabijający najwyraźniej bez żadnego innego motywu niż czysta radość zabijania i wybierający swoje ofiary przypadkowo, czyli działający jak snujące się po poradzieckim krajobrazie czyste Zło, wpadliby, gdyby nie słabość do kieszonkowego. Czyste dniepropetrowskie Zło w swoim piekielnym rozmachu i absurdzie mordowało co prawda po nic, dla przyjemności, ale przy okazji kradło swoim ofiarom telefony komórkowe, które następnie opychało w miejskich lombardach. Czemu nie skorzystać, jak samo w ręce się pcha. Jak samo do kieszeni wskakuje. I przez tę małostkowość właśnie wpadło. I głupotę, bo wytropione zostało po sygnałach komórek ofiar.

Okazało się, że morduje dwóch pryszczatych nastolatków, rocznik 1988. Dwóch kolegów z klasy, Wiktor Sajenko i Igor Supr</br>uniuk. Zaczęli od bestialskiego mordowania kotów i królików, co zresztą filmowali. Ich krwią malowali swastyki. Hajlowali do kamery. Supruniuk urodził się tego samego dnia co Hitler, i bardzo mu się to podobało. To on był przywódcą. Sajenko podobno łatwo ulegał wpływom innych, dawał się lepić jak plastelina. Supruniuk go lepił.

Później przerzucili się na ludzi. Polowali na nich. Czaili się za drzewami, za krzakami, załomkami murów. Czekali na samotne ofiary. Zabijanie niektórych również filmowali. Te filmy zostały wykorzystane jako dowody w sądzie. Filmowali wydłubywanie śrubokrętem oczu żywym ludziom. Zabijali i dobijali najczęściej młotkiem. Skazano ich za zabójstwo dwudziestu jeden osób. Podobno chodziło im o przezwyciężanie kompleksów. Ich rodzice, ludzie dobrze sytuowani i wpływowi, wypierają to wszystko. Ich mózgi nie są w stanie przeżuć rzeczywistości. Twierdzą, że chłopcy zostali wrobieni w całą tę sytuację, a filmy sfabrykowane przy użyciu efektów specjalnych. W całej sprawie, twierdzą, chodzi o to, żeby ukryć prawdziwych morderców. Synów z jeszcze lepiej sytuowanych i wpływowych domów.

*

Kompleksy.

Widziałem kiedyś w Dniepropetrowsku, w dworcowej sali dla VIP-ów, jak spotyka się dwóch facetów z nowej szlachty, nowego rycerstwa. W sali dla VIP-ów, z której skorzystanie kosztowało wtedy dwadzieścia hrywien, można było odetchnąć w miękkich, skórzanych fotelach, oczekując na pociąg odjeżdżający w środku nocy, poczytać kolorowe magazyny. A nawet się lekko zdrzemnąć – ale dyskretnie, bo podchodził ochroniarz, wystrojony jak carski kadet, i budził. Nie wolno było spać.

W środku nocy wszedł do sali jakiś pachnący perfumami jegomość, a za nim – giermek z kaburą tak schowaną pod spodniami, żeby było ją widać. Pan usiadł w miękkim, skórzanym fotelu, a giermek stanął za nim – i czekali. Nie odzywali się do siebie. Pan patrzył w okno, za którym rozciągała się przydworcowa postapokalipsa, ale była noc i nie było jej widać, poza tym pan wzrok miał pusty, wbity w nicość, zawieszony. Wystrojony ochroniarz do nich nie podchodził, choć nie widziałem, by płacili dwadzieścia hrywien. Wiedział, kto jest kto i na jakim koniu łaska pańska jeździ. Podejdzie, myślał pewnie, i na dwoje babka wróżyła. Jeśli pan dobry – to się tylko uśmiechnie, wyciągnie portfel i zapłaci, a może jeszcze napiwek da. Ale niech każe giermkowi obić. Albo choćby spoliczkować. Co wtedy robić? Szamotać się? Awanturować? Po to, żeby jeszcze bardziej dostać? Po milicję dzwonić? Żeby i milicja swoje dodała? Spuścić oczy i wrócić do kąta? To już lepiej się z tego kąta nie ruszać. Stał więc grzecznie, zawczasu upokorzony przy drzwiach, i tak samo jak pan – wbijał pusty wzrok w okno.

Po paru minutach do sali dla VIP-ów wmaszerował drugi pan buchający perfumami. Za nim również szedł giermek, rosły chłop w mundurowej bluzie. Panowie przywitali się ze sobą, a giermkowie ze sobą. Panowie nie zwracali uwagi na giermków, usiedli obok siebie i zaczęli rozmawiać cichym głosem. Giermkowie rozmawiali jeszcze ciszej i co chwila popatrywali na swoich suzerenów.

Panowie i giermkowie wyglądali, jak gdyby byli zrobieni z mięsa różnych gatunków, jak gdyby pochodzili z odrębnych światów. A przecież wszyscy, i jedni, i drudzy, wychowali się w tej samej ojczyźnie, w tym samym związku republik swobodnych, w którym wszyscy na wieki mieli pozostać sobie równi, między tymi samymi blokami z białej cegły, z paskudnie zabudowanymi balkonami, z rurami, które ciekły i wylewały szlam na korytarz.

*

Wielkim Księciem w Dniepropetrowsku już wtedy był Ihor Kołomojski, jeden z największych ukraińskich oligarchów. To on, jak się powszechnie uważa, uratował Dniepropetrowsk przed losem Doniecka i Ługańska, w których powstały separatystyczne „Ludowe Republiki". Gdy tylko sytuacja zaczęła wymykać się Kijowowi spod kontroli, władze zdecydowały się na chwilę przestać udawać, że najważniejszy w obwodzie dniepropetrowskim jest gubernator z kijowskiego nadania, i władzę w zagrożonym regionie przekazały temu, który faktycznie ją posiadał: Kołomojskiemu właśnie. Kołomojski za własne pieniądze uzbroił kilka ochotniczych batalionów, a za każdego złapanego separatystę czy prorosyjskiego bojownika wyznaczył nagrodę. Miasto pokryło się całe proukraińskimi napisami. Tu też co tylko się dało malowano na żółto-niebiesko. Nawet niektóre studzienki ściekowe.

*

Od jakiegoś czasu do Dniepropetrowska z Kijowa dojeżdża nowoczesny pociąg, kupiony na Euro, i nie trzeba już jechać całej nocy. Latem za oknami jest zielono, domki wspinają się na naddnieprzańskie pagórki i czasem błyszczy rzeka. Latem droga z Kijowa do Dniepropetrowska wygląda jak droga przez raj.

Sporo ludzi w mieście nosiło żółto-niebieskie kokardy, koszulki z tryzubem, dresy narodowej reprezentacji. Z Iryną, proukraińską aktywistką i dziennikarką, umówiłem się w restauracji na ostatnim piętrze dniepropetrowskiego centrum handlowego. Z jej tarasu widać było ciągnący się w dole gigantyczny prospekt Karola Marksa z dziurą po obalonym Leninie jak dziurą po wybitym zębie. Iryna miała na głowie żółto-niebieskie kwiatki, żółto-niebieską obrączkę na ręce. Na szyi – wisiorek z tryzubem. Papierosy odpalała żółto-niebieską zapalniczką. I, wcale nie żartuję, zaraz po spotkaniu biegła na lekcje języka ukraińskiego.

Mówiła, że dawniej był strach tak się ubierać: staruszkowie mogli opluć, a młodsi – pobić albo choć za włosy wytargać. Ale teraz ukraińskie na wierzchu i nikt się nie rzuca. Jeśli jednak chodzi o to, kto kogo w Dniepropetrowsku popiera, mówiła, to jest tutaj tak pół na pół.

Zadzwonił telefon. Tak, dzwonkiem był hymn Ukrainy. Roześmiałem się. Iryna zerknęła na ekran i wyciszyła.

– No tak, wiem – uśmiechnęła się. – W takim Lwowie to się z nas śmieją. Że my tacy obwieszeni tym wszystkim, tymi tryzubami, flagami. Ale oni tam mają po prostu Ukrainę, nie muszą nic nikomu udowadniać. A my jesteśmy jak świeżo zakochany młodzieniec, co chodzi po mieście i pisze, dajmy na to, „Tamara, kocham cię". Jeszcze sobie tatuaż zrobię może.

Spytałem ją o to, czy podobał jej się Lwów.

– Nie wiem – odpowiedziała z ociąganiem. – Miasto ładne, no i tam ta ukraińskość jest bardzo naturalna, ale... wiesz, tu jest niedaleko front. My mamy taki program: „wyposaż bojownika". Cały czas zbieramy pieniądze dla żołnierzy, na broń, wyposażenie. Na nic innego nie wydajemy pieniędzy. A tam, we Lwowie, kawa, piwo. Zaprosili nas na spotkanie jakieś, a tam patrzę – freski malują na ścianie. To ja im na to: co wy, freski sobie malujecie? Co wy, kasy macie za dużo? Tam front, a wy tu – freski?

– I co ci powiedzieli? – spytałem.

– Patrzyli dziwnie, a potem zaczęli mówić, że kultura też ważna. I tak dalej. Wiesz, ja nie jestem Ukrainką z krwi, dopiero teraz uczę się ukraińskiego. Ale jestem zaangażowana.

– A czym jest dla ciebie Ukraina? – zapytałem Irynę. Myślała chwilę.

– Wolnością od strachu – odpowiedziała. – W ogóle wolnością. My chcemy żyć jak wolni ludzie.

– A jeśli Rosjanie wejdą – spytałem – co zrobisz?

– Odprawię rodzinę na wieś – zaciągnęła się papierosem – i zostanę. Nie po to uczyłam się strzelać...

– Uczyłaś się strzelać? – zdziwiłem się.

– No tak – powiedziała. – Prawy Sektor organizuje takie... nie, nie – przerwała, widząc moją minę. – To nie są żadni faszyści. Dmytro Jarosz normalnie z nami rozmawia po rosyjsku, bez problemu. A jeśli chodzi o tolerancję, to ostatnio pomagali gminie żydowskiej...

– Od kiedy czujesz się Ukrainką? – zapytałem.

– Od dawna... – powiedziała z wahaniem. – Ale ostatnio to zaczęło być ważne – dodała szybko.

*

Siedzieliśmy w knajpie Towarzysz Saachow, której motywem przewodnim był towarzysz Saachow właśnie, bohater *Kaukaskiej branki*. To film w Poradziecji kultowy jak u nas *Rejs* i każdy Poradziecjanin jest w stanie rzucić od ręki kilkunastoma cytatami z Saachowa. W Towarzyszu

Saachowie nie trzeba było się specjalnie z tym męczyć, bo cytaty powypisywano na ścianach. Na przykład taki, najbardziej znany: „Mam życzenie kupić dom, ale nie mam możliwości. Mam możliwość kupić kozę, ale nie mam życzenia. Wypijmy za to, żeby nasze życzenia zawsze były zgodne z naszymi możliwościami".

Klienci pojadali pierogi, pili piwo i wódkę. Siedzieliśmy tam z dziewczynami, które studiowały germanistykę. Ale nie, nie chciały uczyć niemieckiego czy, co za pomysł, zostać na uczelni. Chciały, po prostu, wyjechać do Niemiec. Po to była im ta cała germanistyka potrzebna.

– Nie wystarczyło nauczyć się języka? – pytałem. Wzruszały ramionami. Nie mogły uwierzyć, że my nadal jeszcze mieszkamy w Polsce, jeśli możemy, jeśli byśmy tylko zachcieli, wyjechać do Niemiec. W końcu Polacy wiz nie potrzebują, mogą pracować. Ba, granicy nawet nie ma. Nic, tylko wyjeżdżać. W ogóle nie mogły pojąć, po co Polacy jeszcze w tej Polsce siedzą.

– Co – szydziły – w Polsce lepiej niż w Niemczech? Co wy jeszcze w tej Polsce robicie?

Polityka ich nie interesowała. Nie interesował ich Donbas, rewolucja, reformy, nic. Niemcy je interesowały. Pytały, czy wiemy, ile się tam zarabia, ile wynosi socjal, jakby co. Ja je pytałem o Ukrainę. Wzruszały ramionami.

– Ukraina... – mówiły znudzone i zawieszały głosy. Ukraina była dla nich rzeczywistością, która po prostu była, która istniała, choć niewiele znaczyła. I nie do końca wiadomo, czym była. Ukraina, Rosja, Poradziecja. To było coś oczywistego, powietrze, którym się oddycha, rzeczywistość bazowa, której nie trzeba w żaden sposób określać. – Czym jest dla mnie Ukraina? – powtarzała moje pytanie jedna z nich, rozdrażniona trochę, że musi wikłać się w tak idiotyczne rozmowy. – Nie wiem... godło, flaga... te tabliczki, co wiszą na urzędach... – Język? – dopytywałem. Parsknęły śmiechem. Rozumiały po ukraińsku, bo im ten język w szkole wtłukiwano do głów, ale nie widziały żadnego powodu, by darzyć go jakąkolwiek emocją. Nie mówiąc już o rozmawianiu w nim. Nie widziały żadnego sensu, mówiły.

Wyszedłem z knajpy. Szedłem Dniepropetrowskiem, mijałem te wszystkie badziewne witryny, albo zbyt tandetne, albo zbyt luksusowe, albo jedno i drugie, mijałem kamienice, albo zliszajowione, albo odpicowane w pretensjonalne marmury i złocenia – ale nigdy w sam raz. Mijałem to wszystko i wyobrażałem sobie samego siebie urodzonego w Dniepropetrowsku. Z takim samym, jak wszyscy inni, backgroundem kulturowym. Rosyjsko-radzieckim. Wyobrażałem sobie, czym by była dla mnie ukraińskość. Wiedziałem, że najpierw musiałbym ją dla siebie wymyślić, a potem w nią uwierzyć. Chodziłem ciemnymi ulicami, patrząc pod nogi, by nie wleźć w jakąś dziurę, i wiedziałem, że prawdopodobnie bym nie potrafił. Nie umiałbym potraktować serio czegoś, co, żeby zaistniało praktycznie, musi zrodzić się najpierw z niczego, z czystej teorii, z mitu, z mgły, z ektoplazmy. Nawet gdybym chciał. Nawet gdybym bardzo chciał. Czym innym jest życzenie, a czym innym możliwość.

I kto wie, czy faktycznie, koniec końców, bym do tych Niemiec nie spieprzył.

Donbas

Przyjechaliśmy w nocy, na zewnątrz wisiał siny mróz i mimo że mieliśmy rezerwację, były kłopoty z pokojem. Spodziewałem się, że będą, bo kłopoty bywają, więc się nie zdziwiłem. Kontuar ciemny, drewniany, nawet solidny, światło przyćmione, wszystko wyglądało trochę jak w amerykańskich filmach dziejących się w hotelach, a facet za kontuarem miał wielkie, nabrzmiałe wargi cwaniaka z międzywojennych plakatów. Narzekał, że naszego pokoju po prostu nie ma, nie ma i koniec, co on ma zrobić. Był obrażony, że z tą naszą rezerwacją stawiamy go w kłopotliwym położeniu. Po chwili okazało się, jak to zazwyczaj bywa, że pokoje jednak są, i to w dodatku kilka do wyboru. Byliśmy zbyt zmęczeni, żeby zastanawiać się nad naturą wału, który kręcił. Po prostu zrobiliśmy, co chciał, daliśmy mu kasę, nawet nie tak wielką, i poszliśmy do pokoi.

*

W hotelu Kramatorsk razem z nami mieszkali ukraińscy żołnierze. Snuli się po hallu, siedzieli na dole, w restauracji. Na ramionach mieli małe niebiesko-żółte flagi. Popijali herbatę i wychodzili na papierosa przed hotel. Niektórzy do munduru nosili kapcie. Jeździliśmy razem ciasną windą. Nikt na siebie nie patrzył, jak to w windzie. Wszyscy gapili się gdzieś po kątach. Wysiadali na czwartym piętrze. Czwarte piętro było dla nas zakazane. Drzwi się otwierały, a za drzwiami stało biurko. Chyba przepustki tam się dostawało. Za biurkiem siedział koleś w mundurze i podrzemywał. A potem drzwi się zamykały i jechaliśmy wyżej, na nasze piąte. Czasem było słychać od nich muzykę. To była rosyjska muzyka. Takiej samej musieli słuchać bojownicy DRL-u, bo niby czego mieli słuchać.

*

W hotelu mieszkał też Misza, facet, który udawał Słoweńca. Mówił co prawda przez cały czas po rosyjsku, nie starał się nawet maskować akcentu, ale do każdego zdania dodawał „*u piczku materinu*". Co nie było nawet po słoweńsku. Siedział wciąż przy barze i narzekał. Na świat, na ludzi, na pogodę, na wojnę, na barmankę Olenę, gdy jej za barem nie było, a gdy była, to na barmana Siergieja. I wychwalał Słowenię. Że słowiański kraj – a jak Niemcy. Nie potrafił zbyt składnie wytłumaczyć, co jego, Słoweńca z rosyjskim akcentem o rosyjskim imieniu Michaił, przywiało do hotelu w Kramatorsku. Nikt zresztą za bardzo nie pytał. Przez większość czasu Misza był pijany. Wszyscy bardzo się starali nie zwracać na niego uwagi. Zarówno w hotelu Kramatorsk, jak i w innych lokalach, w których bywał.

– Może to szpieg? – zastanawiali się żołnierze. – Ruski szpieg? Udaje pijanego Słoweńca, a tak naprawdę zbiera o nas informacje. I podsłuchuje. Tylko – dumali dalej – czy ruski szpieg udawałby Słoweńca tak chujowo?

– Może dla zmyły chujowo udaje Słoweńca – kombinowali inni.

Żeby skomplikować sprawę, Misza czasami mówił po angielsku. Wtedy zresztą, co dziwne, nie twierdził już, że jest Słoweńcem, tylko że ze Słoweńcami robi interesy, ale bardzo mu się w Słowenii podoba i że Słoweńcy są dla niego jak bracia. Często domagał się, żeby pić z nim zdrowie Republiki Słowenii, i krzyczał, że chętnie zaśpiewałby słoweński hymn, gdyby go tylko znał.

Gdy się tylko zbliżał do baru, żołnierze uciekali gdzie pieprz rośnie. Tylko barmani stali na posterunku. W oczach mieli rezygnację. Misza podchodził, mówił *„u piczku materinu"*, barmani wzdychali, mówili „cześć Misza" i dawali mu piwo. Misza uśmiechał się, brał piwo, odwracał się w stronę hotelowego baru i machał przyjacielsko do żołnierzy. Uśmiechał się szeroko.

– Cześć, Iwan! – krzyczał. – Cześć, Denis!

– Cześć, Misza, cześć – mruczeli żołnierze.

*

W Kramatorsku jakoś nie mogłem długo spać. Wstawałem, gdy często było jeszcze ciemno. Podchodziłem do okna i patrzyłem, jak świt powoli unosi się nad budynkami z białej cegły, nad dachami z papy i eternitu. Jak szkli się glazura lodu na powierzchni miasta. Jak zaczynają warczeć marszrutki i jęczeć stare trolejbusy z napisami „Kramatorsk" i „Słowiańsk" na czołach.

Potem ubierałem się i schodziłem na dół. Kilku zaspanych żołnierzy w mundurowych kurtkach i kapciach paliło już papierosy. W tych mundurach amerykańskiego kroju wyglądali jak zachodnia armia, ale czasem zdejmowali mundury, zakładali cywilne ciuchy i szli w miasto. Wyglądali wtedy jak gopniki, dresiarze ze wschodniego obszaru globalizacji. Albo taksówkarze, albo kierowcy marszrutek. Z *la Russophonie*. Ciemne dżinsy, buty w szpic albo czarne adidasy, czarne kurtki, obcisłe czarne czapki.

*

Szedłem zobaczyć Lenina. Na ulicy było ślisko, ale nad lodem wisiała różowa, poranna mgła. Kramatorsk w różowej mgle. Tego się nie spodziewałem. Spodziewałem się ponurego, zakopconego miasta pełnego martwego górniczego industrialu, a Kramatorsk był całkiem przyjemny.

Na przystanku stali ludzie. Wyglądali, jak gdyby ten mróz ich ściął i jakby zastygli w stop-klatkę. Kawiarenka przy przystanku właśnie się otwierała. Można było wypić kawę i zjeść croissanta z parówką w środku. *Kruasan s sosiskoj* to się nazywało. Kruasany z sosiskojami leżą stertami w każdej piekarni Ukrainy. Zawsze podobała mi się ta bezceremonialność, z jaką w Poradziecji ładowano parówę w croissanta.

Nie mogłem przestać myśleć o tym, jak musiał wyglądać Kramatorsk pół roku temu, gdy rządzili w nim separatyści. Musieli zachodzić, myślałem, na przykład do tej kawiarenki, kupować kruasany z sosiskojami i kawę. Z karabinami zwisającymi z ramion, dyndającymi na długich pasach gdzieś w okolicy kolan, w wojskowych kurtkach.

Za barem stała blond dziewczyna, nastolatka – z tych wiecznie obrażonych i warkliwych. Miała cienki, zadarty nos, wielkie niebieskie oczy i jasne włosy. Chciałem pogadać, popytać o tych separatystów, o tych z DRL, ale zamiast tego po prostu kupiłem kruasana z sosiskoj i kawę. Nie wiedziałem za bardzo, jak zapytać. „Cześć, pamiętasz separatystów?" „Cześć, za kim jesteś? Za Ukrainą czy DRL?"

– Ty z zachodniej Ukrainy? – spytała za to ona, słysząc mój akcent. Nie starała się nawet specjalnie maskować niechęci w głosie.

Jakiś chłopaczek jedzący ciastko przy stoliku podniósł na mnie wzrok, jakby podnosił kij z ziemi.

– Gorzej – powiedziałem. – Z Polski.

Pokręciła głową z pogardą połączoną z politowaniem. Chłopaczek zrobił to samo. I tak nieźle, bo mogło być gorzej: gdy kiedyś, w Mariupolu, powiedziałem starszej pani, przypadkowej współpasażerce taksówki, że jestem Polakiem, popatrzyła na mnie z przerażeniem. Jak gdyby zobaczyła diabła. Całkiem się wystraszyłem, żeby zawału nie dostała.

*

Na YouTubie są filmy, na których widać, jak do Kramatorska wjeżdżają wojskowe transportery, a na nich – ukraińscy wojskowi. W pełnym umundurowaniu, w czarnych maskach na twarzach. Jest pełnia wiosny, zieleń, donbaski asfalt i beton nagrzane słońcem, w powietrzu wolno snują się pyłki. Widać, jak ludzie, zwykli przechodnie, podchodzą do transporterów i drą się na Ukraińców. Słowo „Ukraina" w ich ustach brzmi jak przekleństwo. Krzyczą, żeby brali tego swojego Banderę i spieprzali do domu, wyzywają ich od faszystów. W końcu krzyczą „Donbas, Donbas" i z tym „Donbas, Donbas" idą naprzód. Żołnierze przez cały czas w milczeniu, w tych czarnych maskach, bezosobowi, wskakują na pancerze maszyn i odjeżdżają. „Sława Donbasowi!" – krzyczy za nimi tłum.

*

Wtedy jeszcze w Kramatorsku stał Lenin na placu. Nie obalano go, żeby nie przeginać, żeby nie drażnić lokalnych. Nie wszystko od razu. Spokojnie. Na razie, żeby go ośmieszyć, pomalowano mu nogawki na żółto-niebiesko. Tak samo pomalowano mu cokół. Tylko na tym żółto-niebieskim cokole ktoś wydrapał „Sława DNR". Pod tym właśnie napisem leżała świeża czerwona róża.

Ale mimo to Kramatorsk był zaskakująco przyjemnym miastem. Kamienice wokół centralnego placu próbowały nawet dość bezpretensjonalnie udawać, że mają w sobie starą, godną mieszczańskość. A sam plac próbował udawać rynek z ratuszem pośrodku. Tu i ówdzie widać było ślady po kulach, ale wyglądało na to, że na Kramatorsku ostatnie wydarzenia goiły się jak na psie.

Wieczorami wszyscy siedzieli w wielkiej pizzerii niedaleko hotelu. Jakby nigdy nic się nie stało. Dzień w dzień pizzeria była pełna. Kelnerzy mieli w twarzach godny profesjonalizm i dwoili się, i troili. Do pizzy brano piwa i karafki wódki. A czasem i bez pizzy brano. Nie można było palić, więc wszyscy jarali przed knajpą. Marzli w tych eleganckich i cienkich sweterkach.

Faceci tupali na lodzie w swoich mokasynkach założonych do cienkich skarpetek od garnituru, a panny – w czółenkach. Przy pizzerii rosły jakieś iglaste drzewa i było lekko pod górkę. Z tym śniegiem i lodem, z tymi iglakami i górkami – ten kawałek Kramatorska kojarzył mi się z jakimś górskim kurortem. Najdziwniejsze skojarzenie na świecie. Kramatorsk – górski kurort. Ale tak było. Podpici ludzie wychodzili z pizzerii i na butach zjeżdżali w dół, do ulicy.

*

W Słowiańsku był mróz i patrolujący miasto milicjanci nosili zimowe czapki. Ale prywatne, nie urzędowe: jeden miał na głowie adidasa, drugi – fałszowaną pumę. Było ich dwóch i byli bardzo młodzi. Mówili, że nie wiedzą, co tu się działo w czasie, gdy separatyści rządzili w mieście. Byli wtedy na prowincji, tłumaczyli. Jakieś tam, mówili, mieli zadania. Swoje sprawy. Mówili to wszystko z bardzo poważnymi minami i nawet im powieka nie drgnęła. I dobrze zresztą, że nie drgnęła, bo ni przez sekundę nie zamierzałem ich oceniać.

Teraz, mówili, wszystko się zmieniło. Jest nowe naczalstwo. Z zachodniej Ukrainy przyjechali milicjanci. Wsparcie. I co, pytałem, jakie relacje z nimi macie? Popatrzyli po sobie i parsknęli śmiechem.

– Dobre – powiedzieli. – Dobre.

*

W odbitym separatystom Słowiańsku też długo nie odważali się tknąć Lenina. Poprzestawali na upokarzaniu. Na szyi powieszono mu tabliczkę z napisem

„Zabiłem dwa miliony żyć". Wyglądał, jakby stał pod pręgierzem, albo jak wisielcy na starych zdjęciach, którym na szyjach wieszano tabliczki z napisem „szpieg", „dywersant" czy „złodziej". A u jego stóp, niczym matka u szubienicy syna, stała starsza kobieta.

— Historię nam odbierają! — zawyła, podchodząc do mnie i łapiąc za rękaw kurtki. — Całe pokolenia z błotem mieszają! Jak oni to chcą zrobić? — pytała z bezradnością w głosie i nie byłem w stanie ocenić, czy to była bezradność zagrana, czy prawdziwa. — Lenin — wykrzyknęła po chwili — to był najlepszy człowiek, który chodził po ziemi! On nawet jak rozstrzelali carską rodzinę, to płakał!

Wokół staruszki szybko zebrał się tłumek. Okazało się, że centralny plac wcale nie jest taki pusty, jak się wydawało. On był nie tyle pusty, ile tak wielki, że ludzie na nim — prawie niedostrzegalni. Jak pyłki na koszuli. Nad placem wisiała martwa cisza i gdy kobieta ją przerwała — zbiegli się po prostu do źródła dźwięku. Coś się działo. Zaczęli rozmawiać, dyskutować, machać rękami. Ktoś zaczął chlipać.

Nikt nie zauważył, jak wyszedłem ze zbiegowiska.

Na placu stał też facet w czapce toczka w toczkę takiej, jaką na wszystkich chyba pomnikach na świecie nosił Lenin. Na uwięzi trzymał kucyka. Rozumiałem, że chodziło o to, że można wleźć na kucyka, zrobić sobie zdjęcie i dać panu za to pieniądze, ale byliśmy w Słowiańsku, a nie, dajmy na to, w Jałcie. Był środek zimy, a nie lato.

— Fotografują się ludzie panu na kucyku? — spytałem.

– Czyś ty oszalał – odpowiedział facet z kucykiem. – Kto ma teraz głowę, żeby się na kucyku fotografować.
– To po co pan tu przychodzi? – zapytałem.
– A co – odpowiedział. – W domu mam siedzieć?

*

W Artiomowsku na dworcu autobusowym kręcili się żołnierze. Wypłacali kasę z bankomatu. Robili po kilka podejść, bo naraz można było wypłacić tylko dwieście hrywien. Sam dworzec był stary i smutny. Artiomowsk w ogóle był smutny, czemu trudno się było dziwić. Taksówkarze też byli smutni. Na blokpost, punkt kontrolny, na drodze na Debalcewe, nie chcieli jechać. Twierdzili, że tam strzelają, że rakiety nad głowami latają, i sam, szczerze mówiąc, nie byłem pewien, czy naprawdę w to wierzą, czy czują się w obowiązku uzasadnić, dlaczego aż tyle chcą za kurs. Ale wbrew pozorom naprawdę mogli w to wierzyć. Mnie też to dziwiło, ale ludzie z przyfrontowych miejscowości nie do końca się orientowali, gdzie się kończy władza Kijowa, a zaczyna DRL. Albo ŁRL. Taksówkarze patrzyli na mapę, w końcu jeden z nich – grubawy, łysawy i chamski – powiedział, że dobra. Jechaliśmy w milczeniu, tylko chamski coś czasem burczał. Nie do nas, do innych na drodze. A jechały transportery opancerzone, ciężarówki. Cała ta wojskowa, smutna, ociężała maszyneria. Umacniali Debalcewe, bo wtedy jeszcze planowali go bronić.

*

Taksówkarz wysadził nas przy blokpoście i wrócił. Do Popasnej, powiedział, nas za skarby świata nie zawiezie, jeszcze nie zwariował. Tam to naprawdę strzelają. Na blokpoście stali zmarznięci żołnierze. Podchodzili czasem z nudów do pobocza i kopali bryły zmarzniętego śniegu. Nie chcieli nas z początku puścić dalej, ale w końcu machnęli ręką. Prosili tylko, żebyśmy nie fotografowali ich punktu. Stali między tymi betonowymi blokami i marzli. Stali też z nimi tam z jakiegoś powodu milicjanci z drogówki. Wyglądało to tak, jakby się nudzili i wpadli pogadać. A może się denerwowali i przyjechali podpytać, jak tam sytuacja. Od strony Popasnej przyjechali dziennikarze z Kijowa, własnym samochodem. Byli bladzi i trochę roztrzęsieni.

*

Do Popasnej wiózł nas jakiś rolnik, który nie wyjechał z domu, mimo że rakiety latały mu nad dachem. Poza tym żonę miał chorą i za bardzo się nie mogła ruszać. Mówił, że sra na tę całą wojnę. Że ma już swoje lata i że pierdoli uciekanie. Był w mieście żonie po lekarstwa i wraca. Jak mają nas zabić jedni albo drudzy, mówił, to w domu.

Na oblodzonej drodze omijał dziury, które równie dobrze mogły być efektem ostrzału z wyrzutni Grad, jak po prostu zwykłymi dziurami. Pędził, twierdząc, że w każdej chwili mogą zacząć strzelać. No a on te lekarstwa żonie.

*

Żołnierze siedzieli w budynku stacji benzynowej. Benzyna oczywiście dawno się skończyła. Po obu stronach szosy były schrony. Od strony miasta dudniły wybuchy.

Żołnierze popisywali się, że po dźwięku wystrzału mogą poznać, czy wybuch nastąpi blisko, czy daleko. Grzmiało, a oni mówili: „Teraz to nic, nie ma się co bać". Huk – a oni: „Teraz nic się nie dzieje". Bum – a oni: „Tamto daleko, tamto nie w naszą stronę". Trach! „O! A teraz szybko do schronu". Nie wiedziałem, czy ściemniają, czy nie, ale jak kazali biec, to biegłem. Schrony były wyścielane kocami i pierzynami, wszędzie, na ścianach, nad wejściem, wisiały koce i pierzyny. Przypominały wkopane w ziemię jurty. Wybuchy na żołnierzach nie robiły już wrażenia. Denerwowali się tylko, gdy słyszeli strzały z ręcznej. Ściskali wtedy mocniej karabiny i rozglądali się nerwowo, dopytywali jeden drugiego, skąd to i jak według nich daleko.

Dowódca sobie popijał. Miał schowaną flaszkę polskiej żubrówki. Ja też popijałem, bo się bałem. Na stole leżały kartofle gotowane w skórkach i grubo pokrojona słonina.

– Jedzcie – mówił dowódca.

Żołnierze nie pili. Mówili, że im nie wolno. Smutno snuli się po stacji benzynowej. Twarze mieli jak z wosku. Siedzieli tutaj, na tym posterunku, i mówili, że nie boją się śmierci. Przyleci rakieta, raz, bum, wszystko. Pozamiatane, nikt nic nie wie, nikt nic nie czuje, do widzenia, ręka, noga, tylko matek staruszek żal, że będą płakać. Ale jeśli separy przyjdą, podejdą, ogarną... jeśli wezmą do niewoli. Dlatego tak się bali ręcznej. Tego ta-ta-ta-ta. Wy wiecie, pytali poszarzałym głosem, co oni robią z naszymi w niewoli?

– Jakie separy – huczał na nich dowódca. – Tam ruska armia, rozumiecie? – I patrzył na nas: – Mam nadzieję, że rozumiecie, że to Ruscy, a nie żadne separy.

Podjadaliśmy kartofle w skórkach, słuchaliśmy wybuchów i wzdychaliśmy.

*

Na półkach stacji benzynowej, tam gdzie wcześniej stały napoje energetyczne, czipsy, jakieś samochodowe ładowarki do komórek – stały teraz ikony, papier toaletowy, butelki z wodą utlenioną, taśma klejąca, opakowania po zjedzonych już dawno jajkach.

Na ścianach wisiały dziecięce rysunki. Słoneczka, niebo, tęcze, kwiatki, chmurki. A nad tym – święte obrazki. Pod rysunkami była wybita dziura, od pięści. Zastanawiałem się, kto tak pierdolnął. Czy dowódca, wściekły na któregoś z żołnierzy. Czy któryś z nich nie wytrzymał napięcia. Przed stacją stała blaszana buda. Było na niej sprejem napisane „życie – Ojczyźnie, honor – nikomu". Buda była postrzelana. Tylko buda. Wątpiłem, żeby ostrzelali ją separatyści. Bo niby czemu tylko budę, i z tak bliska.

Dowódca chyba też się bał, ale nadrabiał miną i nonszalancją. Żołnierze wodzili za nim wzrokiem i czuł to wodzenie na potylicy. W końcu byli tutaj, w stepie szerokim, sami, w kilku. Do najbliższego wsparcia cholera wie ile, a najbliżej – separatyści. Albo Rosjanie. Tamci w każdym razie. Do granicy Ługańskiej Republiki Ludowej – rzut beretem. Prosto, ulicą Trudową – i zaraz za zakrętem. A ich tu – niewielu. I wiedział, że jeśli tamci ich dojadą, to nie będzie zmiłuj. Więc popijał, a potem wychodził na papierosa, patrząc smętnie i melancholijnie w niebieszczejący od wieczoru śnieg.

Miał zastępcę, w którego obecności czuł się wyraźnie lepiej. Był wielki, brodaty i nosił jakiś dziwny zimowy kamuflaż, który wyglądał trochę jak ultrahipsterski strój narciarski. Kojarzył mi się trochę z Erykiem Lubosem, tylko ze cztery razy większym. Eryko-Lubosoid wpływał na dowódcę kojąco. On i wódka. Nie wiem, czy był oficjalnym zastępcą, być może był równy stopniem innym żołnierzom. Ale wyglądał na takiego, co w naturalny sposób przejmuje inicjatywę i dowodzenie. Tylko przed dowódcą czuł respekt. Dowódca chyba odczuwał do niego za to coś w rodzaju wdzięczności. Za to, że nie próbował podważać jego autorytetu i przynajmniej ten problem ma z głowy. No i za to, że dobrze się dzięki niemu czuje. Pewniej. To wyraźnie było widać.

*

Osiedle obok było postrzelane i poobtłukiwane. Sporo ludzi nadal tam żyło. Kręcili się wśród ciągłych grzmotów. Żyli, ot tak. Nic już tam nie było: ani prądu, ani wody, ani sklepu, ani bankomatu. Nic. Zostali ci, którzy nie mieli gdzie wyjechać. Na przykład tacy Dima i Iwan: gówniarze, po dwadzieścia dwa–dwadzieścia trzy, a już z żonami i dziećmi. Zabrali nas swoją ładą z powrotem do blokpostu. Klapa od kopiejki im się nie zamykała i klekotała irytująco, gdy pędziliśmy po tych wertepach, uciekając przed widmowymi bombami i rakietami, które wcale na nas nie spadały. Słychać je było gdzieś w tle, daleko. Jechali po kasę do bankomatu i po zakupy, a potem wracali do domu. Wrócą, myślałem, miną tę stację benzynową z poszarzałymi i siwiejącymi ze smutnego stresu żołnierzami, po czym zaparkują pod blokiem z białej cegły z dziurami na fasadzie. Wrócą do domu. Wejdą po schodach, otworzą drzwi. Żona i dzieci będą siedziały w kuchni, bo tam najbezpieczniej. Przy świeczkach. Zacznie się kolejny dzień z hukiem w tle, z nasłuchiwaniem serii z broni maszynowej.

Ale na razie jechaliśmy. Na blokpoście już ich znali, tylko rękami machnęli. Jeden z żołnierzy koniecznie chciał, żeby mu znaleźli jakąś dziewczynę z Artiomowska. Kiwnęli mu głowami na odczepnego. Wjechaliśmy do Artiomowska, największej dziury na świecie, która teraz wydawała się Paryżem.

*

Dobrze to to wszystko nie wyglądało.

Wielkie rondo, na którym wylotówka ze Słowiańska krzyżowała się z szosą Kijów–Rostów, było pobojowiskiem.

Stał tam wielki napis „Słowiańsk": duże litery na białym postumencie, wykonane z blachy. Najpierw tę blachę ostrzelano, a później sprejami pomalowano na żółto-niebiesko. Albo odwrotnie.

Na środku ronda sterczał urwany w połowie słup, z którego, jak palce trupa, wystawały druty. Wyglądał jak odcięta ręka. Przystanek autobusowy był spalony i osmolony. Kuśtykał wokół tego wszystkiego pies na trzech łapach.

Ale sklepik działał. To była jakaś buda postawiona obok zgliszczy. Kupiłem baterie do aparatu. Nie spodziewałem się, że będą, bo to bardziej spożywczak był – a były. Właścicielka miała na imię Galina Bogdanowa i była już obyta z dziennikarzami. Dziennikarze często się tu zatrzymują, bo to rondo przy głównej drodze i wysadzony most kilkaset metrów przed nim to jedne z pierwszych obrazów wojny, jakie widać, gdy się jedzie od Charkowa. No więc tak, Galina Bogdanowa już nieraz gadała z mediami.

Ta smutna buda, mówiła, pokazując na sklepik stojący pośród ruin, to jedyne, co jej zostało.

Wcześniej mieli z mężem restaurację i sklep. Do smutnej budy przenieśli, mówiła, towar po tym, jak pod jej domem rozpętało się piekło i rozchrzaniło w drzazgi sklep i restaurację. To te gruzy, tam. Ten zbój, mówiła, Poroszenko, jej to wszystko rozpieprzył w ciorty, a wy mu, mówiła, jeszcze pieniądze dajecie. Żeby sobie jeszcze więcej broni kupował. Super.

I dom tu mieli. Dom jeszcze stał, ale był posiekany kulami i odłamkami. Teraz w nim nie mieszkają, bo uszkodzony.

Poszliśmy zobaczyć dom. Galina prowadziła i wyklinała Poroszenkę. Jak zaczęli strzelać, mówiła, to padli plackiem na podłodze w kuchni i przeczekali. Pokazywała dziury po odłamkach w sypialni. Pokazywała wielką, pustą klatkę po wielkiej papudze. Papugę zabił odłamek. To była, mówiła Galina, wielka papuga. Naprawdę wielka papuga. W życiu takiej wielkiej papugi nie widzieliśmy. Poroszenko zabił papugę. Ech, oni wszyscy: ten Jaceniuk, ten Kliczko, ta junta...

W pokoju syna wisiało zdjęcie Witalija Kliczki. Był w białej koszuli i patrzył na fotografa tak, jakby chciał go zagryźć.

– Taaaak – powiedziała przeciągle, widząc moje spojrzenie. – Mój syn szanuje Witalija Kliczkę. Jako sportowca.

*

Syn pozbierał odłamki z podwórka i schował w skrzyni. To była zresztą wojskowa skrzynia na jakąś amunicję. Musiał ją wydębić albo od separatystów, albo od wojska. Na podwórku ustawił stracha na wróble: w kurtce z kapturem i masce gazowej. Jeśli chciał, żeby cała scena wyglądała jak z *Fallouta*, to mu się udało.

– Co mnie obchodzi, że gdzieś tam był Majdan – powiedziała Bogdanowa. – Co mnie obchodzi polityka.

*

Chodziłem po tych zgliszczach. Pies na trzech nogach nie chciał dawać się przywabić. Przyjechali jacyś kolesie białą skodą i aż ich wryło w ziemię, jak się rozejrzeli. Od razu zaczęli sobie strzelać fotki na tle ruin.

Później, grzebiąc w necie, próbowałem zrekonstruować, co się tu działo. Oglądałem filmiki na YouTubie i LiveLeaku. To były filmiki nagrywane komórkami. Autorzy musieli mieć nie po kolei w głowie, myślałem. Dookoła świstały kule, wybuchały rakiety, a oni filmowali. To było wiosną 2014 roku. Szła ofensywa armii, a separatyści się wycofywali. Na filmach widać na przykład, że spalony przystanek przed spaleniem był malowany na zielono-niebiesko. Widać, jak za spalonym teraz budynkiem, obok domu Galiny, chowa się przed ostrzałem jakiś facet w koszuli w kratę. Obok ronda rosły gęste zielone krzaki, jak dżungla. Wyszli z nich faceci w mundurach, z karabinami. Wyglądało to jak scena z *Predatora*.

Na innych filmach widać, jak jacyś kolesie wyciągają karabiny z bagażnika terenówki, mają na sobie mundury i hełmy. Biegną gdzieś. Jakiś inny facet leży w trawie i, skoncentrowany, wali ze snajperki. Kolejny filmik: w tle słychać kanonadę, a pod murem siedzi kilku cywili, wygląda na to, że lokalnych, bo śmieją się i mówią: „Wszystko okej, u nas to normalne". Ale jeden z nich drga nagle, zaniepokojony pyta: „Czy to nie leci w naszą stronę?".

Na innym filmie widać, jak pali się biznes Galiny Bogdanowej. Widać ludzi w mundurach, ktoś biegnie z granatnikiem. Jakaś kobieta leży na noszach. Lekarze w białych kitlach mówią zdenerwowani: „Znów się zaczyna. Szybko!".

Za słupem, który wygląda jak urwana ręka, leży człowiek ze snajperką. Na kolejnym filmie widać, jak ludzie uciekają przed ostrzałem. Od strony Słowiańska podjeżdża jakiś cywilny dostawczak, kierowca widzi, co się dzieje, i daje po hamulcach tak, jakby mocno ściągnął koniowi wodze. Wrzuca wsteczny i gorączkowo spieprza z kadru.

Na jakimś po ukraińsku opisanym filmie widać, jak ukraińscy żołnierze chowają się za transporterami opancerzonymi i ostrzeliwują się. Co jakiś czas ekran rozbłyskuje – to wystrzał z większego kalibru.

A na innym filmie, opisanym po rosyjsku, staje przed obiektywem chłopaczek w hełmie, chyba lotniczym, który cholera wie skąd wytrzasnął. Mówi do kamery, że szli Ukraińcy, że walili z dział, że niszczyli czołgami blokposty. Że po stronie *opołczenija*, oddziałów donieckich, niewiele strat, jakichś dziesięciu zabitych. No ale jasne, mówi, szkoda chłopaków.

Na innym filmie widać spaloną ciężarówkę. „Szkoda kierowcy – mówi jakiś facet do kamery – ostrzelali auto, spłonęło".

Paka spalonej ciężarówki jest już podpięta do innej, zaraz będą wywozić. W tle słychać kanonadę, ale nikt nie zwraca na nią uwagi.

Na jeszcze innym widać gopników w dresach stojących obok rozwalonego w drzazgi samochodu. Na kolejnych – kałuże krwi, w których odbija się niebo. W jednej z kałuż leży szczoteczka do zębów. Widać powyrywane drzewa i trawę zrytą kołami. Śpiewają ptaki.

*

Kawałek dalej, za przejazdem kolejowym, wysadzony most. Obok niego ukraińscy saperzy zbudowali przeprawę pontonową. Szefem wojskowego posterunku był Witalij, w cywilu – młody inżynier z Winnicy. Spokojny, zblazowany.

– Most wysadzili separatyści, jak się wycofywali – powiedział, opierając się na workach z piaskiem. – Żebyśmy nie mogli ich gonić.

– No i co? – spytałem. Spojrzał na mnie z dobrotliwym uśmiechem.

– No i zadziałało – odpowiedział. – Nie goniliśmy. Przez jakiś czas. Widzisz – wskazał palcem – ten spalony budynek na horyzoncie?

– Widzę – powiedziałem. – Co to, szkoła?

– Nie – zachichotał. – Tam był dom wariatów. I oni sobie tam kwaterę główną urządzili.

*

Hasan był Azerem, urodził się w Azerbejdżanie, ale
w Kramatorsku, jak mówił, dobrze mu się żyło. Żył tu
już ze czterdzieści lat w końcu. U siebie, w Azerbejdżanie, spędził młodość, potem armia, potem jakieś
pierwsze interesy, kupić, sprzedać, za Sojuza też się
dało, jakieś, nie ukrywajmy, mówił, przekręty. I tak go
rzuciło do Donbasu. Najpierw do Doniecka, potem
Kramatorska – i tu już został. Normalnie, mówił, fajnie,
dom, wszystko jest, robota na taksówce, znajomi są,
syn, mówił, super, chłop karate ćwiczy, światło w pokoju włącza nogą. Z żoną się kochają, mimo że on muzułmanin, a ona prawosławna, nigdy zresztą nikomu nie
przychodziło do głowy robić z tego problem, ten świat
się jakiś dziwny zrobił. To z Zachodu, mówił Hasan,
do nich tu przyszło, że jak się jest muzułmaninem, to
się od razu robi nie wiadomo jaki problem. Za Sojuza,
mówił, tego nie było. Za Sojuza było normalnie. A on
też muzułmanin – na spokojnie. Wódkę pije, świnię zje.
   Jechaliśmy przez Dzikie Pola. Wzdłuż granicy Do-
nieckiej Republiki Ludowej. Patrzyliśmy z Hasanem
na mapę, żeby przypadkiem się na nich nie nadziać.
Patrzyłem na nazwy okolicznych miejscowości. No-
woekonomiczne, Łenińske, Dzierżyńsk. Niby wiedzieliśmy mniej więcej, jak biegnie front, ale Hasan trochę
się denerwował, że wpadniemy na DRL-owców. Choć
to nie takie proste: przecież najpierw byłby blokpost
Ukraińców, potem jeszcze jeden co najmniej, dopiero później – DRL. Ale Hasan mówił, że teoretycznie
to może i tak, ale w polu to jednak inaczej wygląda.
A poza tym strzelają cały czas, więc trzeba uważać.

Żeby wyluzować i żeby droga milej płynęła, Hasan opowiadał, co też mu się w życiu przydarzyło śmiesznego.

– Raz – mówił – babuszka zamawia moją taksówkę. Podpita, piosenki śpiewa, o wojnie opowiada. Każe się wieźć do koleżanki. No to ją wiozę. Babuszka wysiada, mówi: „Za chwilę wracam, towarzyszu, czekajcie". To ja czekam. Babuszka za kilkanaście minut wraca jeszcze bardziej pijana, radosna, piosenki śpiewa głośniej, każe się wieźć pod inny adres. Wiozę, co mam nie wieźć – mówił Hasan. – Ona wysiada: „Poczekajcie, towarzyszu". To ja czekam piętnaście minut, pół godziny, czterdzieści pięć minut, myślę: „E, sprawdzę, co się dzieje". Pukam do drzwi, otwierają mi, a ja pytam: „Czy jest tu taka wesoła babuszka?". A oni: „Panie, nie jest pan pierwszy, to znana oszustka taksówkarzy. Zawsze każe się tu wozić, bo z tyłu ogródka jest tylne wyjście, i ona tak wszystkich oszukuje..." – opowiadał Hasan. – Babuszka mnie w chuja zrobiła! Kto by pomyślał.

Ściemniał, ale fajnie się tego słuchało.

Hasan, generalnie, popierał separatystów. Gdy przyszli do niego do Kramatorska, to się cieszył. Ale wpaść na nich nie chciał. Różnie, mówił, może być.

– No ale co – pytałem – wy nie za DRL?

– Ja – popatrzył na mnie – za ZSRR. Tu nikt, synok, nie jest za DRL. Tylko wszyscy za ZSRR.

*

Jechaliśmy dalej przez Dzikie Pola. Wsie były ciche i spokojne. Drogi przez nie – wyglądały na dawno zapomniane. Wszystkie samochody, które przez nie jechały, wyglądały na zagubione. Ciężarówki – cywilne i wojskowe. Osobówki. To, co było widać, nie zawsze pokrywało się z tym, co na mapie. Kilka razy przejeżdżaliśmy przez opuszczone blokposty. Kilka razy władowaliśmy się na polne drogi.

Hasan opowiadał, jak pracował na lotnisku w Doniecku.

– To było dawno. Za Sojuza jeszcze. Rozładowujemy samolot z Moskwy, a tam w luku bagażowym chłop śpi. My go budzimy, a on patrzy na zegarek, mówi: „O kurwa, już po robocie" – i leci przed siebie. Po chwili wraca, skołowany: „Kurwa, gdzie ja jestem? Co się stało, że to Szeremietiewo takie inne? Przebudowali, kurwa?". To my w śmiech: „Chłopie, ty w Donbasie!". A on: „O kurwa! Bo ja popiłem przy załadunku w Moskwie i chyba mnie koledzy, chuje, wsadzili między bagaże... a żona czeka, zabije, jak wrócę". My się śmiejemy, mówimy mu: „Spokojnie, drug, zaraz samolot z powrotem do Moskwy odlatuje, siadaj z powrotem, i masz tu flaszkę, żeby ci się nie nudziło!".

Ściemniał, ale fajnie się go słuchało.

Zatrzymaliśmy się w jakiejś knajpie dla tirowców, którą znał Hasan. Zamówił kotlet wieprzowy i kartofle. Kobieta za barem wyglądała, jakby zaraz miała zasnąć. W telewizorze leciały rosyjskie wiadomości. Nikt z obecnych nie protestował, nikomu nie przeszkadzały. Ot, jak było na początku, tak było teraz i wyglądało na to, że tak będzie zawsze.

*

– Na mojej ulicy – mówił Hasan, jedząc kotlet – ludzie byli za DRL, wielu wstąpiło do oddziałów, teraz siedzą w Doniecku: boją się wracać, żeby ich nie posadzili. Bo wielu posadzili, niektórych nie wiadomo nawet gdzie. Rodziny szukają, matki, ojcowie płaczą – i nic. Był człowiek – nie ma człowieka. A ci z zachodniej Ukrainy – dodawał – to też bywają bydlaki. Wiozłem ostatnio małżeństwo przez blokpost, facet się nie spodobał tym ze Lwowa, czy skąd oni tam byli, coś tam im powiedział niemiłego, to go na przeszukanie wzięli i go do majtek rozebrali, a tu mróz. Żona krzyczy: „Zostawcie go", a oni: „Bo jeszcze ciebie rozbierzemy!".

Cholera wie, czy ściemniał, czy nie.

*

Było zimno w Mariupolu. Zima i mróz, a nad miastem, jak panorama Megalopolis Śmierci, czerniła się Azowstal. Patrzyłem na te czarne, gigantyczne bryły, kominy, rusztowania wznoszące się wysoko, górujące nad krajobrazem jak, nie przesadzam, górski łańcuch czy skyline Nowego Jorku opanowanego przez jakąś ponurą rasę ze środka ziemi. Patrzyłem na tę straszną bajkę radzieckich robotów i nie mogłem uwierzyć w to, co widzę.

Pod tym wszystkim wiły się tory kolejowe, jezdnie ze zmrożonego, popękanego i połatanego asfaltu i wyglądało to zbyt apokaliptycznie, robiło zbyt duże wrażenie, by było tak po prostu przygnębiające.

Parę kilometrów dalej trwała wojna i milicjanci z drogówki, którzy nas zatrzymali, nie nosili tych swoich niezgrabnych kombinezonów, wyglądających jak kombinezony narciarskiej reprezentacji ZSRR, i śmiesznego połączenia uszanek i wschodnioeuropejskich skórzanych czapek z daszkiem, tylko wojskowe, polowe mundury amerykańskiego kroju. Na wysokości piersi, na kamizelkach kuloodpornych, wisiały im pistolety maszynowe. Hełmy mieli rozpięte pod brodami, paski zwisały jak amerykańskim żołnierzom w Wietnamie. Wyglądali *cool*. W końcu, kurwa, po latach, ukraińscy mundurowi wyglądali *cool*.

No, ale ci z Mariupola wyglądali po zachodniemu i jakoś nie budzili lęku. Zatrzymali naszą ładę kopiejkę ot tak, ręką, nie tą radziecką pałą. Wyglądali jak poważne wojsko, choć wiedzieliśmy, że to milicja, bo mieli to napisane na boku stojącego obok SUV-a. Takie SUV-y drogówce podobno rozdawali z prywatnej kolekcji Wiktora Janukowycza, kiedy jego rezydencję ogarnęły chłopaki z Majdanu.

Byli spod Iwano-Frankiwska, z zachodu, ich dom był tysiąc kilometrów na zachód, ale równie dobrze mógł być tysiąc kilometrów na wschód. U siebie, w obwodzie iwano-frankiwskim, byli zwykłymi krawężnikami i nosili te debilne mundury ukraińskiej drogówki. Tutaj przebrali ich za wojsko, dali karabiny, ale w głowach, pod hełmami, pod mundurami z maskowaniem, pod kamizelkami kuloodpornymi pozostali poradzieckimi krawężnikami, i chuj. Do rodzinnego obwodu, gdzie w spokoju i błogości wymuszali łapówki, mieli tysiąc kilometrów, do linii frontu – kilka. Do linii frontu, z całą jego tragedią i dramatem, ze złamanymi życiami i rozpierdolonymi zimą domami, było parę kilometrów, ale oni zatrzymali nas i jak gdyby nigdy nic zaczęli liczyć na łapówkę. Jak zawsze, jak u siebie. Instynkt to był jednak instynkt. Zresztą, może nie umieli inaczej.

Stara łada kopiejka, którą prowadził Witalij, z daleka wyglądała, jakby ledwo jeździła, dlatego ją wybrali. Wchodziły tylko trzy biegi, hamulec chwytał dopiero przy samej podłodze, sprzęgło latało, ale tego akurat nie sprawdzali. Pewnie im się nie chciało. Rozumiałem ich, mnie też by się nie chciało. Wyglądali na rozczarowanych faktem, że działają wszystkie światła i kierunkowskazy. Pod maską też było mniej więcej okej, więc zaczęli trzepać Witalijowi papiery, aż w końcu się czegoś tam dotrzepali. Kazali nam siedzieć w kopiejce i poszli do suv-a. Paliliśmy z Witalijem papierosy i marzliśmy, bo było zimno jak diabli. Witalij zerkał nerwowo w lusterko i żeby jakoś zabić czas, opowiadał, jak służył w wojsku w Chersoniu, akurat wtedy, gdy Rosjanie zajmowali Krym. Był czołgistą. Nie bardzo miał co opowiadać, bo, mówił, kazano im nic nie robić i zostać w bazie. Zaciągał się camelami w żółtym opakowaniu i dodawał ponuro, że teraz jego koledzy z niego polewają, że Krym oddał Ruskim. Nie to, mówił, żeby się specjalnie rwał do walki, ma żonę, dzieci i biznes w montowaniu klimatyzatorów, ale, kurwa, to z góry szły rozkazy, żeby siedzieć w bazach.

Wypaliliśmy chyba ze cztery papierosy, Witalij skończył opowiadać o służbie w czołgach w Chersoniu, coraz częściej zaczął zerkać w lusterka i kląć chujów z zachodniej Ukrainy, którzy trzymali jego papiery, ewidentnie domagając się łapówki. W końcu, po milionie lat czekania, z suv-a leniwie wylazł milicjant i uderzając papierami w dłoń jak na tandetnym filmie, podszedł noga za nogą po zmarzniętej na kość ziemi do łady kopiejki Witalija. Minę miał taką, jakby się w tych jego papierach doszukał zdrady stanu. Skinął dłonią. Witalij westchnął i poszedł za nim. Teraz sam paliłem papierosy i nerwowo zerkałem w lusterko. Pozostali gliniarze z Frankiwska, przebrani za żołnierzy, stali przy szosie i wypatrywali, kogo by tu złapać kolejnego. Wyszedłem z auta i podszedłem do nich. To były dzieci. Gówniarze z gładką skórą, z obgryzionymi paznokciami i skurwysyństwem w oczach, chowani na rosyjskich serialach. Na szosie, w cieniu Azowstali, podskakiwały auta. Jakieś łady samary, jakieś zazy, jakieś suv-y, terenówy, niektóre drogie, inne tylko udające drogie.

— Może tego — mówił młodszy do starszego, a starszy go opierdalał.

— Temu nic nie jest. Patrz: normalna maszyna. Co mu znajdziesz. O, tamten, patrz.

— Tamten też normalny — obraził się młodszy.

— Ale lepszy — odpowiedział starszy. Zamachał ręką. Facet za kierownicą zjechał, zapewne klnąc, na czym świat stoi. Znał reguły gry, wszyscy znali. Młodszy poszedł go obrabiać, a starszy z nudów wypytywał mnie o wszystko. Ile w Polsce zarabia policjant, czy biorą, czy nie biorą, jak się ogólnie żyje, jakich samochodów najwięcej jeździ, czy dużo ład jeszcze zostało.

Wrócił Witalij. Był wkurwiony i w milczeniu wsiadł do auta od strony pasażera. Trzasnął drzwiami.

Otworzyłem drzwi od strony kierowcy. Spojrzałem na niego pytająco.

– Tysiąc hrywien – powiedział bez wstępu. – Zrobili mnie na tysiąc hrywien.

Wzrokiem wskazał siedzenie od strony kierowcy.

– Siadaj – powiedział. – Powiedzieli, że nie mam jakiejś tam pieczątki i nie mogę prowadzić.

*

Osiedle Wostocznyj, leżące prawie przy granicy terytorium zajmowanego przez bojowników DRL, też próbowało żyć normalnie, mimo że kilka dni wcześniej ostrzelano je z wyrzutni rakietowej Grad, następcy Katiuszy. Grad to czterdzieści połączonych ze sobą pocisków rakietowych, odpalanych jednocześnie. Ze strony wystrzeliwującego atak grada wygląda bardzo efektownie: z rury wyrzutni w stronę horyzontu wytryskują jedna po drugiej długie po horyzont rozżarzone smugi, a po chwili cały ten horyzont się rozżarza i płonie. W sobotę 24 stycznia płonącym horyzontem było właśnie osiedle Wostocznyj w Mariupolu. Zginęło ponad trzydzieści osób.

Filmy z ataku można znaleźć w internecie. Najpierw nad blokowiskiem rozległ się ostry, przeszywający huk: ludzie na ulicy zamarli, samochody zatrzymały się. Później rozjarzyły się eksplozje, poszły czarne dymy. Ludzie rzucili się biegiem do domów, do schronów, samochody ruszyły z piskiem. Na jednym z filmów widać, jak pocisk grada uderza w auto albo gdzieś bardzo blisko niego: maszyna momentalnie jest wchłonięta przez żółty rozbłysk, a potem wszystko spowija ciężki dym.

Gdy niedługo później przybyliśmy na miejsce, na osiedlu Wostocznyj odbywało się już wielkie

remontowanie, sprzątanie, naprawianie i przywra-
canie normalności.

Dziury, które pociski grada wyrwały w ścianach bloków, były tymczasowo pozasłaniane kocami. Właściciele rozwalonych mieszkań wyrzucali gruz przez okna.
Kładziono nowe dachy, zmiatano odłamki, naprawiano
zerwane linie elektryczne, wstawiano szyby do okien.
Na parkingu przy ulicy Olimpijskiej zebrano popalone,
poczerniałe trupy samochodów. Po osiedlu kręcili się
ochotnicy z Azowstali: pomagali przy usuwaniu gruzu
i odłamków, potłuczonego szkła, które na całym Wostocznym chrzęściło pod nogami. Porządkowali osiedle. Patrzyli na wyrwy po pociskach, kręcili głowami
i powtarzali „suki, suki", z tym rosyjskim, przeciągłym,
syczącym „s".

Ludzie tu nerwowo reagowali na dziennikarzy.

– Myślicie, że to separatyści ostrzelali? – wrzesz-
czała do nas jakaś babuszka w sinym płaszczu. – To
ukropy! Do swoich strzelali, żeby było na Doniecką
Republikę Ludową! A wy – złapała mnie za kurtkę –
propagandysta! Ludzie, propagandysta!

– A zostawcie wy człowieka w spokoju! – krzyczała inna kobieta. – Jakie ukropy, wszystko przyleciało
z tamtej strony – wskazywała palcem na wschód – co,
tam ukropy stoją, czy separy?

*

Leje po gradach są zaskakująco niewielkie: ot, kilkadziesiąt na kilkadziesiąt centymetrów. Ale wokół
porozrzucane odłamki. Na Wostocznym posiekane
były nimi ściany, reklamy, szyldy, bilbordy. Dwa grady

spadły blisko szkoły. To był całe szczęście weekend, jakieś zajęcia odbywały się tylko w sali gimnastycznej. Drobne odłamki przedostały się przez gęstą siatkę w oknach, poraniły dzieci.

– Nasz woźny stał w szkolnym hallu – opowiadała jedna z nauczycielek – a po hallu odłamki hulały jak chciały. Cud, że nic mu się nie stało. Tylko woźny z szoku do tej pory wyjść nie może.

Grady uderzyły też w przedszkole. Jeden z pocisków wpadł do wnętrza budynku. Podeszliśmy tam. Robotnicy z Azowstali wyrzucali gruz przez rozwalone okno. Tu też wrzała dyskusja o tym, kto strzelał.

– Patrzcie na kąt nachylenia – tłumaczył jeden z robotników. – Poza tym przecież to przez okno wpadło, a okno od wschodniej strony, czyli nie mogło inaczej tu wpaść niż od wschodu, a na wschodzie Ukraińcy nie mieliby już nawet gdzie ustawić tego grada, przecież sami wiecie, że zaraz za osiedlem się zaczyna DRL, ludzie, myślcie!

– A ty co, specjalista balistyk? – oburzył się inny. – Gruz wyrzucaj, a nie dedukuj, Sherlock Holmes pieprzony!

Ślady po ostrzale mieszały się na osiedlu Wostocznyj ze śladami po huraganie, który jakiś czas temu przeszedł nad miastem. Zrywał dachy, łamał drzewa.

– Najpierw walnął w nas huragan, a potem grad – uśmiechała się smutno pani Luba. Mieszka na parterze, grad wybuchł jej niedaleko okna, powypadały szyby. Teraz jej wnuczek przybija do framugi grubą folię.

– Ktoś wam pomaga? – spytałem.

– Trochę pomocy jest, pomagają władze miasta razem z Azowstalą, organizacje humanitarne – odpowiedziała pani Luba. – Wolontariusze. Ale wiecie – pokiwała głową – niech tylko spokój będzie, to my już żadnej pomocy nie będziemy potrzebować. Sami sobie poradzimy, wszystko odbudujemy.

– Chyba wy sobie, Lubo Aleksandrowna, poradzicie – powiedziała jej sąsiadka, która stała obok i przysłuchiwała się naszej rozmowie. – U was syn, wnuki. A ja? Wdowa jestem! Kto mnie ma pomóc?

*

Po mieście snują się ciemnozielone wojskowe ciężarówki z wilczym hakiem na drzwiach. Batalion Azow. To między innymi azowcy latem wyparli separatystów z miasta. Wilczy hak to symbol skrajnej prawicy, a sam batalion Azow związany był z organizacją Patriota Ukrainy, łączoną z kolei z neonazizmem. Ale wilczy hak – wilczym hakiem: niektórzy bojownicy noszą, ot tak, symbole ss, swastyki.

– Jaki ukraiński nacjonalizm – wypiera się jeden z azowskich oficerów, brodaty, w kamizelce kuloodpornej, z karabinem – jeśli u nas połowa członków to ludzie ze wschodniej Ukrainy, często nawet po ukraińsku nie mówią. Ja sam spod Ługańska, tam teraz Ługańska Republika Ludowa, kurwa, wywiozłem dzieci i żonę z miasta i poszedłem walczyć. Chcę swój dom odzyskać.

– A jak wyglądają wasze relacje z lokalnymi? – spytałem.

– No zobacz – odpowiedział azowiec. – Widać nas z ulicy, a nikt do nas nie strzela, nikt nie wyzywa. Dobrze jest.

Kręcę się po jednostce, gadam z żołnierzami. Młode chłopaki, faktycznie: wielu ze wschodu. Rozmawiają po rosyjsku.

– Co was, tak naprawdę – pytałem – odróżnia od separatystów. Oglądacie te same filmy, słuchacie tej samej muzyki...

– No, tak – odpowiadali. – Prosto: oni zdrajcy, separatyści, do swoich strzelają.

*

W Berdiańsku na ścianie jednego z budynków wisiał plakat, na którym Berdiańsk był środkiem świata. To była reklama jakiegoś sklepu z winami, a mapę stylizowano na piracką. Wielka czerwona kropa i wielki napis „Berdiańsk", a wokół te wszystkie Londyniątka, Paryżątka, Moskwię jakieś, Kijówek, Kairek, Tokijko. Berdiańsk nad Morzem Azowskim. Środek świata. Tu, na tych stepach nadmorskich, było państwo Chazarów, tajemniczego tureckiego ludu, który wyznawał judaizm, i są też tacy badacze, najczęściej uznawani za tanich sensatów, którzy twierdzą, że to stąd, a nie z Izraela, do Europy przybyli Żydzi aszkenazyjscy. Tu była ojczyzna Bułgarów i to stąd Bułgarzy wyszli na Bałkany. Nie wspominając już o tym, że to tu podobno była kolebka Indoeuropejczyków, bo każdy o tym trąbi. Berdiańsk, środek świata, stąd na Europę ruszyli wszyscy: Grecy, Italikowie, Celtowie, Germanie, Słowianie. Wszyscy.

*

Kręciłem się po mieście. Podobało mi się. Było ładne i brzydkie jednocześnie. Jak to poradzieckie miasta. Trzeba było się wysilić, żeby dobrze się tu poczuć. To nie był architektoniczno-urbanistyczny wygładzony pop. To był punk z elementami ruskiej popsy. Przy głównej ulicy stał budynek mający zapewne udawać grecką świątynię. Wyglądało to tak, jakby ktoś obrabował jakiś supermarket budowlany ze wszystkich gipsowych badziewi i poustawiał je tutaj. Więc były tam jakieś płaskorzeźby, jakieś tympanony, kariatydy, kolumnady, atlasy, a wokół walał się rozwłóczony gruz i poradziecki miks smutku, melancholii i agresji.

*

Ulica prowadziła nad Morze Azowskie. Pierwszy raz w życiu byłem nad Morzem Azowskim. Patrząc na mapę, trudno mi było uwierzyć w tę jego morskość. Na mapie Morze Azowskie wygląda jak jeziorko unoszące się nad Morzem Czarnym. Tak je kiedyś zresztą nazywano: Jezioro Meockie. Morze Czarne zresztą samo kiedyś było jeziorem, dopóki nie doszło do gigantycznego kataklizmu: Morze Śródziemne, zasilane przez topiące się lodowce w Ameryce Północnej, przerwało istm oddzielający je od późniejszego Morza Czarnego. Woda wlewała się do Morza Czarnego przez kilkadziesiąt lat wodospadem o sile kilkuset Niagar, zalewając przybrzeżne tereny. To właśnie był, najpewniej, biblijny potop. Morze Azowskie wtedy nie istniało. Na jego dnie nadal leżą pozostałości po dawnych osadach. Ale któregoś dnia przyszła wielka woda i zmiotła wszystko z powierzchni ziemi.

*

Teraz morze dokonuje już tylko widmowej ekspansji. Zimowymi wieczorami znad Morza Azowskiego wstają zimne mgły i ciągną na stepy. Na Berdiańsk, na Mariupol, i dalej, na Dzikie Pola, na których rozłożył się Donbas ze swoimi miasteczkami, hałdami i kopalniami. Jechałem przez tę mgłę szosą biegnącą wzdłuż morza, pomiędzy Mariupolem a Berdiańskiem. Była noc i mgła wypełniła ją sobą jak siwy upiór. Nadeszła nagle, po prostu. Przytoczyła się znad morza jak armia majaków i duchów. Jechałem przez nią i tylko co jakiś czas pojawiały się posterunki wojskowe i milicyjne blokposty.

*

Żołnierze też wyglądali jak upiory. Jak zmarznięte zombie. Byli szarzy jak ziemniaki wykopane na przednówku. Pytali o papierosy. Nienatarczywie, po prostu. „Chłopaki, a macie może jakieś fajki?" Dawaliśmy im, odbieraliśmy dokumenty, zamykaliśmy szybę, trzęsąc się z zimna – i jechaliśmy dalej. Nad tym wszystkim wisiały ukraińskie flagi, niebiesko-żółte. Jechaliśmy dalej, w ciemność, w zimną, azowską mgłę.

Pod przydrożnym sklepem, na zamarzniętym klepisku, stała wojskowa ciężarówka. Żołnierze wyglądali, jakby dopiero tu przyjechali. Mówili dziwnie cicho, ich ukraiński brzmiał twardo, pochodzili z zachodu kraju. Robili wrażenie nieco wystraszonych. Ich niepokój jakoś mi się udzielał. Spytałem, czy jadą na front. Powiedzieli, że nie wiedzą. Wyciągnięto ich z domów, gdzieś z galicyjskich wsi pod Iwano-Frankiwskiem, gdzieś spod Lwowa, Mościsk i Drohobycza, i rzucono tu, na Dzikie Pola, ponad tysiąc dwieście kilometrów na wschód od domu. Donbas to była ukraińska Syberia. Niby ta sama Poradziecja, ale jednak obcy świat. Wschodni front. Tyle samo, co na Donbas, jest ze Lwowa do Kopenhagi, Triestu czy Wenecji. A stąd, z Donbasu, jest o wiele bliżej do Kazachstanu niż do Lwowa. Więc rozglądali się dookoła po tej ciemności spowijającej step, prastary, scytyjski, chazarski, praindoeuropejski, pełen upiorów sprzed początku historii, i pluli ponuro pod nogi. Nie bardzo mieli ochotę rozmawiać. Dym z ich papierosów mieszał się z tą zimną mgłą, która wzięła w posiadanie ten kraj jak niema, upiorna orda. Kręcili się pomiędzy ciężarówką a sklepem, kopali zamarznięte grudy ziemi, a włączone reflektory oświetlały krawędź stepu, który zaczynał się tuż za poboczem i ciągnął się potem długą, niezłamaną linią aż po Ocean Spokojny.

Bo to była krawędź nie byle jakiego stepu, ale samego Wielkiego Stepu. A z nim, jak dobrze wie pół Europy i pół Azji, żartów nie ma. No i oni też wiedzieli. W końcu byli z Galicji, z miasteczek na prawie magdeburskim, z ryneczkami, katedrami i wąskimi uliczkami. I tutaj, na tym wygwizdowie na pół świata, czuli, eufemistycznie mówiąc, niepokój. Ja też go, eufemistycznie mówiąc, czułem. Tak, baliśmy się, ja i oni, patrzyliśmy na siebie i wiedzieliśmy, że to widać. Pokopywaliśmy luzacko kamienie, jaraliśmy fajki z minami takimi, że niby nic nas nie rusza, ale widać było, że to ściema. To wszystko było widać.

Przed ostatnim blokpostem przed Berdiańskiem stała kolejka, więc objechaliśmy go bocznymi dróżkami, o których żołnierze chyba zapomnieli. Można było najechać Berdiańsk bocznymi drogami i nikt by się nie pokapował. Później rzadkie światła, czasem kolorowe, bankomaty, z których można było wybrać na raz tylko po kilkaset hrywien, nieporządny rytm ciemnego miasta: samochodów poradzieckich i przeganianych tu z Zachodu albo z Japonii, tak jak dawniej przeganiało się zdobyczne bydło, neonów tu i tam, raz pokracznych, raz nie, ludzi w kurtkach podopinanych pod sam nos, w ciemnych czapkach, kolejek w marketach i znudzonych kasjerek, które były już zmęczone i chciały do domu, ludzi stojących na przystankach, łapiących marszrutki do swoich osiedli, pachnących snem, ciepłem i przerażeniem.

*

Hotel był ciemnoburą socjalistyczną bryłą, która stała w centrum miasta jak przedwieczny, tajemniczy czarny monolit z Lovecrafta. Recepcja i główny hall wyglądały, jakby prowadzono w nich jakiś remont, jakby nie zdążono jeszcze nadać im kształtu, ale okazało się, że to już wszystko, że tak ma być. Było skończone i tak miało zostać. Czułem się, jakby ktoś powiedział początek zdania i przerwał nagle, w pół słowa, nie dokończył, odwrócił się i odszedł. W ogóle w hotelu było zimno, ciemnawo i pusto. Siedzieli niby jacyś faceci w skórzanych fotelach stojących we foyer, niby omawiali coś przyciszonym głosem z recepcjonistą, ale hotel, jak czarna dziura, wszystko wsysał i wchłaniał. Wydawało mi się, że jestem jedynym gościem.

Wziąłem klucz i pojechałem windą na górę. Z okna widziałem panoramę ciemnego miasta, tu i tam tylko rozświetloną bladymi plamami światła, przez które co jakiś czas przeciągali, nerwowo jakby, zmarznięci ludzie.

Ja też marzłem. Klimatyzacja nie działała, piecyk, który dostałem do pokoju, ledwie zipał. Zakutałem się w kołdrę i tak długo oglądałem w telewizji doniesienia z frontu, aż zasnąłem.

*

No i stałem rano, trzęsąc się z zimna, nad Morzem Azowskim, ciemnosinym, pod jasnosinym niebem. Kąpał się w nim staruszek mors, porośnięty gęsto białym włosem. Przypominał trochę prawdziwego morsa albinosa. Tym bardziej że pod nosem miał długie białe wąsy. Prychał, plaskał, chlapał, brodził, robił jakieś dziwaczne wymachy rękami, a potem poleciał truchtem do ręcznika. Walczyłem z idiotyczną myślą, czyby mu tego ręcznika nie zabrać i nie uciec. Oparcia ławek miały obezwładniająco debilne i pokraczne kształty: jakieś krokodylki, kotki, wszystko było nieforemne i wyglądało, jakby postawiono to tu dla żartów. Żeby podkreślić nieumiejętność i niemoc.

Był mróz i luty. Było pięknie, mimo że było brzydko. Paskudną kostkę brukową, którą wyłożono nabrzeże, pokrywał szron.

*

Podpułkownik Mykoła Ołeksijowycz Bałaszow, szef kompanii specjalnego przeznaczenia Berda z siedzibą w Berdiańsku, mówił, że duch bojowy to może i w jego kompanii jest, ba, nawet jest i w mieszkańcach Berdiańska, ale czołgów nie ma. I w ogóle z ciężkim sprzętem kiepsko. Są dwie linie obrony; mieli robić trzecią – ale coś nie robią.

Rota podpułkownika Bałaszowa zajęła stare budynki po jakimś urzędzie, Mykoła Ołeksijowycz nie wiedział po jakim. Poustawiał sobie tylko na półkach symbole ukraińskości – wielki tom *Historii Ukrainy*, ikonę Matki Boskiej i wyrzeźbioną w drewnie mapę Ukrainy z emblematem swojej kompanii, kazał wymalować na żelaznych wrotach Kozaka z karabinem i napis „na ojczystej ziemi panować nie damy nikomu" – i wziął się do roboty.

– Blokposty – mówił – obstawiamy. Wyłapujemy dywersantów. Prowokatorów. Listę – mówił – mamy separatystów. W samym zeszłym tygodniu kilku złapaliśmy. Z mediami współpracujemy – wyliczał – informujemy...

W gabinecie siedział w kurtce, bo z ogrzewaniem kiepsko. Ja też nie zdejmowałem. Popijaliśmy kawę. Zagadnąłem Bałaszowa o ukraiński *identity kit* stojący na półce.

– Bo ja – powiedział Bałaszow – Ukrainiec. Uważam się za Ukraińca. A etnicznie Rosjanin. Urodzony w Tbilisi, żeby było śmieszniej. Służyłem w radzieckiej armii w Gruzji, potem się przeniosłem. Raz tu, raz tam, aż po odejściu na emeryturę osiadłem w Berdiańsku, nad morzem, spokojnie tu. No i ćwierć wieku tu już Ukraina, to i ja Ukrainiec. Swoją ziemię będę chronić.

*

Berdiańsk, faktycznie, spokojny. Morze bije w kamienistą plażę. W morzu kąpie się jakiś gruby, wąsaty mors. Po kąpieli truchtem biegnie do ręcznika, kurtki i butów pozostawionych na schodach schodzących do morza. Jakiś emeryt wykonuje nad morzem jakąś dziwną gimnastykę: napręża się, rozrzuca szeroko ręce, bierze głęboki wdech i zastyga w takiej pozycji. Po czym powtarza ruchy. Po nabrzeżu spacerują faceci w skórach i rozmawiają o promocjach w sieciach komórkowych i cenach aut. Chodzą panie i rozmawiają o tym, że co to za kraj, gdzie władzy nie ma, ale że w DRL jeszcze gorzej, że może na Krymie jako tako, ale też nie bardzo, bo podniosły się, owszem, pensje, ale ceny wzrosły. A przecież nie wszyscy pracują w budżetówce, nie wszyscy na emeryturze. Zagadywałem ludzi, rozmawiałem, pytałem o to, czy się wojny nie boją. Boją się, mówili, pewnie, że się boją. Ale wszyscy mieli nadzieję, że front obejdzie Berdiańsk bokiem. My z boczku, na cypelku, mówili, po co tu do nas zachodzić. Jak będzie tu korytarz, odpowiadałem, to zajdą. Będzie, co ma być, odpowiadali i szli dalej.

*

W pociągu siedziałem z uchodźcami z Mariupola. Wyglądało to jak wyjazd na zimowe ferie: walizki, ciepłe skarpety, swetry, dzieci bawią się na korytarzu. Rodzina, która jechała w moim przedziale, wybierała się pod Winnicę. Mały, kilkuletni synek Andriusza, jego matka i babcia. Matka co chwila ochrzaniała babkę, a babka — matkę, a potem obie wzdychały i rozmawiały ze sobą, jakby nic się nie stało. Ojciec Andriuszy, mówiły, na blokpoście w Mariupolu został.

– A nam – mówiła babka – strach. Co parę dni słychać wybuchy. A niech pójdzie front? Strach pomyśleć. Ja już raz walki w mieście przeżyłam, dziękuję bardzo.

– Ostatnio byłam pod Winnicą jako dziecko – mówiła matka Andriuszy. – To daleka rodzina. Nikt tam tak naprawdę na nas nie czeka.

A babka dodawała:

– Może to się szybko skończy, może posiedzimy tam tydzień–dwa i wrócimy.

– Gdzie ci się szybko skończy, ty pomyśl, jak coś mówisz – karciła babkę matka i obie wzdychały.

*

Leżałem na górnej pryczy i gdy wyjrzałem przez okno – zobaczyłem Dniepr. Był gigantyczny, był jak morze. Błyszczał i połyskiwał, mienił się wszystkimi kolorami. Gdyby naraz przemówił – wcale bym się nie zdziwił. Zobaczywszy go, znów poczułem się, jakbym dotknął czegoś ukrytego, sensu, narracji. Czegoś, czego nie widać, a przecież nie tylko jest na widoku, ale pręży się, napina jak stalowe ramię.

Patrząc na Dniepr, znów miałem chwilowe złudzenie boskiej obecności, a potem pojawiły się zabudowania z białej cegły, kryte szarym eternitem, i Bóg, jak zawsze, zniknął.

Kijów

W restauracji jednego z sieciowych hoteli kręcili się wokół śniadania brytyjscy oficerowie w piaskowych mundurach. Ponakładali sobie jaj sadzonych i opiekanych kiełbasek, nalali kawy i soku pomarańczowego. Dopiero się zbierali. Wymieniali uprzejmości i uwagi na temat pogody. Było wcześnie, ja niewyspany, ale oni rześcy. Jednak wojsko to wojsko, pobudka o poranku, sprawność, zdrowe ciało, zdrowy duch, nie taka degeneracja fizyczna i moralna jak moja. Wszyscy usiedli przy jednym długim stole, na którego końcu siedział jakiś cywil. Trudno powiedzieć, czy z ambasady, czy z jakiegoś NGO. Cywil miał w dłoniach wydrukowane kartki wsadzone w foliową koszulkę. Takie same karteczki w koszulkach leżały przy każdym nakryciu. W telewizji leciały rosyjskie przeboje. „*Santa Luczija, Santa Luuczija, Santa Luuczija, Santa...* – śpiewała jakaś rosyjska wersja Lady Gagi. – *Diełaj, cztob ludi nie obiżali biegnogo muzykanta*".

Cywil przez chwilę patrzył na wokalistkę na ekranie. Miała wargi umalowane na niebiesko. W końcu oderwał od niej wzrok i uśmiechnął się do oficerów. Oficerowie odśmiechnęli się do niego.

Cywil rzucił na dzień dobry parę suchych, bardzo angielskich żartów. Oficerowie udali, że się śmieją. Sztywne i odrealnione kelnerki, które kręciły się wokół oficerów – też. Zresztą ku zaskoczeniu oficerów i cywila. Wojskowi i cywil łyknęli trochę soków, popili kawy, coś tam skubnęli z talerzyków – i cywil zaczął wykład. Opowiadał im o sytuacji na Ukrainie, na froncie wojny z separatystami – i ogólnie, w kraju. Opowiadał, jak doszło do tego, że muszą siedzieć dzisiaj tu, w Kijowie, a przecież, zachichotał, są zapewne ciekawsze rzeczy do roboty (tu coś go tknęło i zerknął na kelnerki, czy się nie obraziły – ale kelnerki nadal się uśmiechały, w sztywny i odrealniony sposób). No więc, mówił cywil, cała historia stąd, że najpierw prezydent Janukowycz nie podpisał traktatu stowarzyszeniowego z Unią Europejską (*Ya-nu-ko-vych* – zamruczeli oficerowie, przeglądając zadrukowane karteczki), potem ludzie zebrali się na głównym placu Kijowa, Majdanie Niepodległości (*Mai-dan-Ne-ze-za-le-zhn-oh-my-god- -zhn-os-tee*). Opozycja zjednoczyła się pod przywództwem trzech liderów, Witalija Kliczki (*oh, that boxer*), Arsenija Jaceniuka (*Ahr-say-near-you-must-be-kid- ding-me-Ya-tsey-nyak*) i Ołeha Tiahnyboka (*Oh-leg- -tya-khhh-nee-bok*)...

Cywil czytał, a oficerowie powtarzali za nim kolejne nazwiska. W gruncie rzeczy mogli powtarzać nazwiska mongolskich chanów Złotej Ordy. Było im wszystko jedno, czy siedzą tutaj, w tej dzikiej Rurytanii Wschodniej, czy gdzieś w Sudanie Południowym. Któremu też zresztą mylnie się wydawało, a może i nadal się wydaje, że jest dla świata w jakikolwiek sposób ważny.

Zjadłem śniadanie i wyszedłem przed hotel. Kelnerki stały tam i paliły papierosy, śmiejąc się z oficerów i mówiąc o nich per „pidorasy". *„Ya-tse-nyuk"* – parodiowała ich jedna, czarnowłosa, wyglądająca jak lalka pociągnięta politurą, a druga, również pociągnięta politurą, zaśmiewała się z tego do łez. Zobaczyły mnie i znów przybrały oficjalną formę, znów zesztywniały i się odrealniły na chwilę, uśmiechając się zimno i sztucznie jak stewardesy w Lufthansie, po czym zaczęły z powrotem chichotać.

*

Podczas Majdanu w knajpie Baraban niedaleko Chreszczatyku siedzieli anglosascy korespondenci. Na początku próbowali podrywać kelnerkę, ale jej spojrzenia były jak plaskacze w pysk, więc szybko dali spokój. Później próbowali zrozumieć, czemu Ukraina tak bardzo nie chce być tą Rosją. W końcu stanęło na Kozakach, że Kozacy to jednak osobna, ukraińska sprawa.

– Ale Rosjanie też mają Kozaków – rzucił ktoś i znów siedzieli, bezradni.

Kozacy zresztą to była jedna z niewielu rzeczy, jaką o Ukrainie mieli szansę wiedzieć ludzie z Zachodu. Kozacy jakoś tam przedostali się do zachodniej świadomości. Przez jakiś czas żywot Kozaka wiódł, na przykład, Conan Cymerianin z książek Roberta Ervina Howarda. Choć oczywiście nie mógł być Kozakiem ukraińskim, bo żył w wymyślonej przez Howarda erze hyboryjskiej, ale rzeka, nad którą mieszkali w świecie Conana Kozacy, nazywała się Zaporoska. W 1962 roku powstał film na podstawie *Tarasa Bulby* Gogola. Tarasa

Bulbę gra tam Yul Brynner, który bardziej tam przypomina mongolskiego chana niż kozackiego wodza, ale kiedy wiedzie kozackie wojsko do boju, dzielnie krzyczy *„Zaporozhtsy!"* z bardzo uroczym akcentem. Kozacy są tam armią gigantów, niepowstrzymaną i niepokonaną, a sam Taras Bulba jedną ręką obala Polaka wraz z koniem. Nawet stepy przedstawione są z większą pompą niż te rzeczywiste, grają je bowiem argentyńskie pampasy, a w tle zębią się Andy. Tak, Kozacy Yula Brynnera są niepokonani, a jedyny sposób, w jaki Polacy, ich arcywrogowie, mogą im zaszkodzić, to podły podstęp: wykorzystać jako sojuszników, a potem ostrzelać z dział. Ciekawie zresztą pokazani są sami Polacy. To chyba jedyny zachodni film, w którym Polska robi za wyrafinowane *evil empire*, coś na kształt starożytnego Rzymu w filmach miecza i sandałów czy hitlerowskiej Rzeszy w filmach wojennych. Regułą jest, że ci źli z takiego imperium wyglądają jak obsesyjni koneserzy sztuki i subtelni intelektualiści, gotowi jednak w każdej chwili zarżnąć cię nożem i upitrasić twoje bebechy z borowikami. Ci hitlerowcy z zimnem w oczach, w cudownie skrojonych mundurach od Hugo Bossa, zdejmujący rękawiczkę palec po palcu, ci Rzymianie z pogardą na wargach, w szkarłatnych togach i klatkach piersiowych obitych brązowymi, misternie rzeźbionymi pancerzami. Wszystkich ich najczęściej grają zresztą Brytyjczycy, przez światową aklamację uznani za najbardziej wyrafinowany naród planety. No więc takim seksownym *evil empire* jest w tym *Tarasie Bulbie* z 1962 roku Polska. Polscy oficerowie i księża są demoniczni jak sam szatan, podstępni jak węże, a polska husaria przypomina szturmowców z *Gwiezdnych wojen*, rzymskich legionistów czy niemieckie zagony w Stahlhelmach. Gotowe źródło niezdrowej podjarki dla miłośników Polski zbrojnej i tych, którzy mają erekcję na widok atakującej husarii.

Ale sama Ukraina rzadko odbija się w oczach zachodniej popkultury, a nawet jeśli kręci się film, który dzieje się na Ukrainie, to na samą Ukrainę się z ekipą nie jedzie. Bo strach, bo wyrolują, bo cholera wie, co się może zdarzyć. W *Chernobyl Diaries*, horrorze z 2012 roku, przetłumaczonym na język polski jako *Reaktor strachu*, Kijów jest grany przez Belgrad i nikt się specjalnie nie fatyguje z zakrywaniem serbskich napisów, bo cyrylica to cyrylica. Z kolei we *Wszystko jest iluminacją* z 2005 roku Odessę gra Praga, Ukrainę – Republika Czeska, i w efekcie wszystko jest nie tak: bohaterowie jeżdżą typowym poradzieckim samochodem, czyli trabantem, których na Ukrainie chyba nigdy nie widziałem, ale który kojarzy się przeciętnemu człowiekowi Zachodu z przestrzenią pokomunistyczną. Przeciętny Ukrainiec wygląda w tym filmie i zachowuje się jak żul, czyli tak, jak sobie go wyobraża zachodni odbiorca, za to drogi są o wiele lepsze niż na Ukrainie, bo takich dróg, jakie tam faktycznie są, najprawdopodobniej nikt na Zachodzie nie jest sobie w stanie wyobrazić.

Za to Rosjanie chętnie jeżdżą na Ukrainę kręcić filmy i seriale. Przynajmniej tak było do niedawna. O wiele taniej, a rzeczywistość w zasadzie identyczna.

*

Szedłem pod Radę Najwyższą, bo znów zaczynały się tam zamieszki. Tym razem ludzie zbierali się przeciwko Poroszence, który uparł się, by nadać Donbasowi specjalny status w ramach Ukrainy. Im bliżej Rady, tym więcej było widać czarnych, błyszczących cielsk deputackich SUV-ów i limuzyn. Parkowały wszędzie, jak dawniej. Na chodnikach, na przejściach dla pieszych. Broniący parlamentu wojskowi nie byli już ubrani jak za Janukowycza, w toporne poradzieckie mundury Berkutu. Teraz to były jasne mundury amerykańskie, dodające im luzu i szyku. Nawet wojacy MSW nałożyli na głowy polowe furażerki i wyglądali jakoś tak bardziej zachodnio niż w tych swoich poradzieckich czapach lotniskowcach. Nowy sezon, nowe wrażenia. Żeby wszystko było jasne, niektórzy z nich trzymali ukraińskie flagi, a gdy tłum śpiewał hymn – część z nich ruszała ustami. Niektórzy nawet do hymnu kaski zdejmowali. Tylko tarcze mieli te same co Berkut.

Przyjechały samochody Automajdanu. Przepisami ruchu drogowego przejmowali się jeszcze mniej niż deputowani. Rejestracje mieli zaklejone paskami z napisem „PTN PNH". Jeden z nich, wielka terenówka, wjechał na plac przed Radę. Grzmiał z wielkich głośników, aż tłum podskakiwał, gdy zaczynały ryczeć. A ryki dotyczyły dwóch tematów. Pierwszy: „Poroszenko zdrajca", bo przeforsował w parlamencie zasady specjalnego statusu dla Donbasu, a w dodatku w niejasnych okolicznościach, bo przy zamkniętej sali i wyłączonej tablicy. Drugi: „lustracja" ludzi Janukowycza.

Zgromadzeni pod parlamentem trzymali transparenty Swobody i Prawego Sektora. Z głośników grzmiały groźby, co też lud zrobi parlamentarzystom, jeśli tylko spróbują nie zastosować się do jego zaleceń. Milicjanci, ubrani już wedle mody nowego sezonu, w znacznej części nastolatki o twarzach wystraszonych gimnazjalistów, patrzyli na to wszystko wielkimi oczami. Zaraz obok ciągnął się park Maryński, za Majdanu – matecznik tituszek. Teraz kręcili się po nim „prawoseki", niektórzy – jak za Majdanu – w kominiarkach, rozkręcający się i gotowi do klepania. Inni – w mundurach i przy flagach. Dwóch z nich, kozacko wąsatych i z osełedcami na głowach, spytałem, czy mogę sfotografować. Zgodzili się, zrobiłem zdjęcie, podziękowałem.

– Sława Ukrainie – krzyknął jeden z nich wyzywająco i czekał na odzew, patrząc mi w oczy.

– No, sława – odpowiedziałem. Przez chwilę zastanawiał się, czy taka odpowiedź mu wystarcza, w końcu odpuścił. Odwrócił się plecami i zaczął mruczeć coś do drugiego. Park był pełen milicyjnych autobusów. Po jego uliczkach, niby tylko dla pieszych, kręciła się czarna limuzyna z ciemnymi szybami. W środku siedzieli milicjanci. Zatrzymywali się przy każdej ławce, na której siedziały dziewczyny, i rechotali coś w ich stronę. Dziewczyny odrechotywały w wymuszony sposób.

*

Na samochód Automajdanu, ten wielki, z megafonem, wlazło dwóch brodatych popów: jeden młody, szczupły, drugi też niestary i chyba trochę pozujący na jurodiwego. Krzyczeli, że ani piędzi ziemi, że nie odstępować, że żadnych kompromisów, żadnego specjalnego statusu, naród musi być silny i pokazać na świecie, na co go stać. Że Jezus nie był tchórzem, tylko ze świątyni wywalił kupców, no i teraz trzeba tak samo Rosjan z Ukrainy. Ludzie słuchali ich, kiwając głowami, ale największe zainteresowanie wzbudzili popi, gdy nie mogli z tego samochodu zleźć i gramolili się w dół niezgrabnie, pociesznie szukając oparcia trzewiczkami i zadzierając sutanny. Tłum przyglądał się temu widowisku w zaciekawieniu. A chwilę potem widowisko stało się jeszcze ciekawsze: tłum złapał posła Żurawskiego, byłego regionała od Janukowycza, a dziś zwolennika partii Rozwój Gospodarczy – i zlinczował. Wrzucono go do przywleczonego przed parlament śmietnika. Żurawski, autor projektu niesławnej zimowej ustawy skierowanej przeciwko protestującym na Majdanie, leżał w kontenerze i kurczowo ściskał teczkę. Któryś z protestujących przytrzymywał mu ręką głowę w śmieciach, żeby nie wstał. Wystraszony Żurawski próbował coś mówić, ale ludzie stali po prostu nad nim i wrzeszczeli. Suka, bladź, pidoras. Jurodiwy pop też się tam kręcił. W końcu zlitowali się nad Żurawskim milicjanci w amerykańskich mundurach i posła wyciągnęli. Były janukowyczowiec wyglądał, jakby się miał popłakać. W takiej atmosferze przebiegało głosowanie nad lustracją. Kawałek dalej, w parczku, stała sobie kapliczka. Modliły się tam kobiety. Podeszła do mnie jakaś pani z ulotkami.

– Jezusa ma pan w sercu? – spytała. – Trzeba mieć. Bo Jezus pana kocha, wie pan?

– A to jest manifestacja w sprawie Jezusa? – zapytałem.

– Wszystko jest w sprawie Jezusa – odpowiedziała.

*

Później Prawy Sektor próbował podpalić oponę. Wyszli chyba z wprawy, bo trwało to z dziesięć minut. Stało ich tam nad oponą kilkunastu, wyglądali jak podwórkowi mędrcy nad otwartą maską auta. Pchali do środka papier, oblewali podpałką. Nic, nic i nic, aż w końcu się udało i zapłonął ogień. Zaczęło się ustawianie przed oponą, pozowanie do zdjęć – w ukraińskiej fladze, z flagą Sektora. Automajdan zaczął blokować okoliczne ulice. Kilku deputowanych, wystraszonych nie na żarty, znalazło się w potrzasku. Pewnie już wiedzieli, co się stało z Żurawskim. Siedzieli w samochodach i nie mogli pojechać ani do przodu, ani do tyłu. Zatrzasnęli drzwi i strzelali wokół oczami, wystraszeni. Tymczasem przed parlamentem udało się podpalić poważniejszą liczbę opon. Czarny dym poszedł ku niebu jak za Majdanu. Buchnął ogień, topiąc plastikowe osłony latarni. Ludzie wykrzykiwali „zdrajca" i „lustracja". W tym samym czasie tłum zaatakował parlament od tyłu. Padł parkan między parkiem a Radą, ludzie, niektórzy z kamieniami w rękach, ruszyli do szturmu. Powstrzymali ich działacze Sektora. Bojówkarze jeden po drugim wracali pod główne wejście.

A tam już było spokojnie. Lustrację przegłosowano, protestujący odśpiewali hymn Ukrainy i zaczęli się rozchodzić po domach. Opony dogasały. Przyjechali strażacy i zaczęli polewać je wodą. Po ulicach zaczęły płynąć strumienie czarnego, paskudnego szlamu.

To już nie był demokratyczny, proeuropejski Majdan. To było histeryczne, wrzaskliwe i głupie, hipernacjonalistyczne.

– Dobrze, że przegłosowali tę lustrację – mówił mi kolega, ukraiński dziennikarz, który też poszedł pod Radę. – Nie wiem, co by się stało, gdyby tego nie zrobili.

– Obudziły się w narodzie ciemne siły – tłumaczyli mi kijowscy znajomi. – Najpierw Janukowycz, potem wojna. To teraz musi tak wyglądać. Ludzie giną. Czego ty się spodziewasz. Zawsze tak jest.

– No wiem – mówiłem, żeby cokolwiek powiedzieć. – No wiem.

*

Wiem, że Prawy Sektor ma niewielkie poparcie społeczne, wiem, że wielu Ukraińców twierdzi, że „nacjonalizm" po ukraińsku po prostu znaczy „patriotyzm" i portrety Bandery na flagach i wpinkach to po prostu narodowy mainstream, ale gdy czytam „Dekalog ukraińskiego nacjonalisty", to mam zawsze ciarki na plecach. Ciarki mam też zawsze, gdy słyszę, jak we Lwowie, co się czasem zdarza, mówią sobie na powitanie „śmierć Moskalom". I wtedy, gdy ukraińscy intelektualiści, w tym ci, których szanuję i poważam, powtarzają, że „nie pora" na walkę z nacjonalizmem, wyciąganie z szafy szkieletu Wołynia, nabieranie dystansu do ideologii OUN i uczciwe rozliczanie działań UPA. Bo i ideologia OUN, i działania UPA nader często bywały paskudne. Zawsze „nie pora" i zawsze takie rozliczenie „służy wrogom". A to Janukowyczowi, a to Putinowi. Wydaje mi się, że jest dokładnie odwrotnie. Ale koniec końców to ich sprawa.

*

W bardzo przyjemnej knajpie Kupidon, niedaleko Chreszczatyku, spotkałem jej bardzo stałego bywalca Artioma Skoropadskiego, rzecznika Prawego Sektora. Żeby było weselej, Artiom jest Rosjaninem. Ma w Kupidonie, knajpie środowisk raczej artystyczno- -intelektualnych niż nacjonalistycznych, opinię miłego chłopaka i przyjemnego kompana. Skoropadski zresztą wyglądał na miłego i spokojnego chłopaka, tyle że zmęczonego. Bardzo zmęczonego. Zaciągnąłem go na papierosa.

– Artiom – powiedziałem – wiesz, co się o was mówi w Polsce.

– Wiem – odpowiedział i jeszcze bardziej posmutniał.

– To jak – zapytałem – według was mają wyglądać stosunki polsko-ukraińskie?

Zmęczony Artiom prawie jęknął i wyrecytował formułkę, którą recytował wcześniej chyba wszystkim innym polskim dziennikarzom.

– Musimy je budować na zasadzie partnerskich relacji pomiędzy dwoma niepodległymi, dużymi państwami...

– A czy macie wobec Polski jakieś roszczenia terytorialne? – męczyłem go. Skoropadski popatrzył na mnie boleściwym wzrokiem typu „ja zawsze jestem w pracy, nawet w knajpie, doceń to". Doceniałem i było mi go trochę żal.

– Trudno w xxi wieku mówić o jakichś roszczeniach terytorialnych – wyklepał. – Musimy budować partnerskie relacje...

Na fajkę z Kupidona wyszła koleżanka. Poklepała Artioma po czubku głowy.

– Cześć, Artiom.

Artiom zwrócił w jej stronę swe zmęczone oczy.

*

Lubię Kijów. Lubię to miasto, które ma w sobie coś, co ma bardzo mało polskich miast: oryginalność. Kijów jest osobną jakością. Tak, Kijów jest zbyt daleko od Europy, żeby do niej nachalnie wyciągać ręce, i zbyt daleko odjechał od Moskwy, żeby ślepo się w nią gapić. Kijów tworzy nową jakość życia w miejscu, które nie istnieje dla Europy, ba, które na europejskich mapach się często nie mieści, a którego nie jest w stanie pojąć Moskwa. Kijów to metropolia między światami, miasto na asteroidzie, które pędzi przez czarną pustkę przy głośnej muzyce i z fasonem. I ten fason mi się w Kijowie podoba. Kijów tworzy nową tożsamość, i kto wie, czy nie będzie to jedna z najbardziej oryginalnych i ciekawych tożsamości w Europie. Bo Kijów jest pewny siebie i Kijów siebie lubi. A ja lubię Kijów.

Południe

Jechałem w Odessie taksówką, a taksiarz był miejskim patriotą i gadułą. Paplając – podśpiewywał. A że to już niedługo będzie ciepło, tralala, i że się kąpać będzie można w morzu, on sam to się nie kąpie, tralalala, ale turystów to się najeżdża, oj, tralalala, oj, będą sobie używać, że hej.

Miał kędzierzawe, siwiejące włosy, czarne okulary, był lekko pomarszczony i wyglądał na jakiegoś Włocha czy Greka w alternatywnej wersji historii, w której Grecja czy Włochy są krajami postkomunistycznymi. Odessa za oknami też tak wyglądała. Jeździł wołgą, która skrzypiała jak stara szafka na buty. Miał jakiś obrazek ze Świętym Mikołajem przylepiony do deski rozdzielczej, kocowate pokrowce na siedzenia, jakieś koraliki tu i tam, piórka mu jakieś wisiały z lusterka, szamanizm poradziecki, jakieś zapachowe drzewka, od których jechało morską bryzą. W końcu Odessa.

Znacie, pytał mnie, historię Odessy? Opowiem wam historię Odessy, zdecydował, tralala. Znam, odpowiedziałem, ale niespecjalnie go to interesowało. No więc, mówił, było tak, że po wojnie z Turkami hiszpański kawaler de Ribas poleciał do cesarzowej Katarzyny z projektem, żeby założyć wielki port nad Morzem Czarnym, i ona się zgodziła. Odessa rozkwitła, a potem, jak Katarzyna umarła, to jej synalek Paweł, który nienawidził wszystkiego, co robiła matka, kazał odciąć Odessie pieniądze. No to wtedy Odessa...

– ...wysłała mu do Moskwy w środku zimy pomarańcze i on zrozumiał – odpowiedziałem. – Wszyscy mi to w Odessie opowiadają.

Kierowca się trochę obraził. Przez jakiś czas jechaliśmy w milczeniu. Dojechaliśmy na róg Polskiej i Bunina. Wysiadałem, a kierowca powiedział:

– Ale o tym to na pewno nie słyszeliście. Tam, kawałek dalej, jest pomnik Szewczenki. Dawniej to był pomnik Stalina, ale zamiast go obalić, to obcięli go w połowie. Górę Stalina wywalili, a w to miejsce wstawili Szewczenkę.

I teraz w Odessie śpiewa się taką piosenkę:

Diti moje diti
Szto-że wy zrobyły
Na gruzinsku żopu
Chachła posadyły.

Rechotałem głośno, wychodząc z taksówki. Rechotałem całą drogę do knajpy. I dopiero mi w knajpie powiedzieli, że taksówkarz zrobił mnie w wała i że żadnego pomnika Stalina nigdy w Odessie nie było.

*

Józef Ignacy Kraszewski tak wspominał Odessę we *Wspomnieniach Odessy, Jedyssanu i Budziaku: dzienniku przejażdżki w roku 1843, od 22 czerwca do 11 września*:

„Siódmą już kąpiel brałem w morzu, zawsze mi po nich dosyć słabo. Morze było czyste, spokojne, piękne, a zimne, jak prawie wszystko, co jest bardzo, a bardzo pięknem, na przykład – kobiety. Na dnie morza widać było piasek biały, zieleniejący nieco w oczach od koloru wody, i całe smętarze połamanych drobnych różnofarbnych muszelek; tego biednego ludu morza, który wody wyrzucają na ląd, na zabawę starym i dzieciom".

W obecnej Odessie muszelki, owszem, były: mielone, zatopione w betonie i asfalcie, zamiast kamyczków. Były wszędzie. Ale na dnie morza nie było widać białego piasku. Nic nie było widać. Głównie jednak muł, czasem kiepy papierosów. Nad plażą narastało miasto: ciężkie, industrialne portowe urządzenia. Gdyby robić komiks w stylu steampunka, w którym estetykę wiktoriańskiej Anglii miałaby zastąpić estetyka radziecka, to byłby to idealny obrazek. Tym bardziej że pod tą ciężką industrią wypoczywał na plaży tłum wyglądający bardzo radziecko. Zawsze mi się to w Radziecjanach i Poradziecjanach podobało: że byli wyzwoleni z okowów wyglądalności. Nie mieli obsesyjnie zadbanych ciał. Zaniedbane mieli. Nie wyglądało to pięknie, ale było wolne od histerycznej cielesności. Coś tam im wystawało, coś się wylewało. Niektórzy nawet nie mieli fachowych kąpielówek czy kostiumów. Tu jakieś majtki, tam – zwykły stanik. Jakiś pomarszczony staruszek ze stopami posmarowanymi z jakiegoś powodu czymś zielonym stał na jednej nodze. Nie byłem pewien, czy uprawia jogę, czy oddaje cześć jakiemuś bóstwu, stojąc tak na jednej nodze i ze stopami pomalowanymi na zielono. Ale między nimi, starszymi już ludźmi, biegało młode. To młode było wysportowane na kamień.

Przyplażowe budy opanowali Kaukazczycy. Kupiliśmy od nich kawę i lula kebab, który zjedliśmy na śniadanie.

*

To było na plaży podmiejskiej, a na miejską zjeżdża się w nocy na dupie, ze skarpy, będąc objuczonym butelkami ze sklepu Robin Bobin. Butelkami i croissantami z parówką. Trzeba uważać, bo na plaży już jest sporo potłuczonych butelek, więc lepiej się na nic nie nadziać. W morze wypuszczone są betonowe mola, na których śpiewa się piosenki i pije piwo, wino i wódkę. Głównie turyści śpiewają, lokalnym się nie chce. Lokalni jeżdżą do Karolino-Buhas. Tam jest czysto i ładnie.

A potem wracają i snują się ulicami, które są ocienione platanami i których bruk zmienia się co dwa kroki, bo właściciel każdego interesu na parterze kamienicy położył przed drzwiami swoją kostkę.

Kraszewski tak opisywał ludność miasta:

„Wszystkich tu narodów próbki zobaczysz, począwszy od brudnego Turka, aż do Włocha z długim, czarnym włosem, do Greka w krymce ponsowej, do Karaima w tatarskim swym stroju przechadzającego się po ulicy i do Europejczyka, któremu skroił sukienki wedle wzoru od Humana z Paryża – P. Lenclé lub Tembuté, najmodniejsi krawcy w Odessie [...].

Tam widzisz Rusina z długą brodą ciemną i w szarafanie przedpiotrowych czasów z przyciętemi włosami,

dalej Greka Albańczyka w spódniczce białej, granato-
wej kurtce z wylotami, czarnych pończochach i trzewikach, pąsowej czapeczce z ogromnym sinym na ramię
spadającym kutasem jedwabnym; – to znów Turka ob-
szarpanego w brudnym zawoju, gawroniącego na kobiety na ulicach, to Karaimki w tureckich szarawarach,
spencerach, pasach, czapeczkach i dziewczęta z włosami posplatanemi w drobne koski wyglądające z pod
czapeczki (u zamężnych przykryte); – to znów Żydów-
ki i Żydów w pół tylko przestrojonych po europejsku,
w jarmułkach jednak i czółkach zmodyfikowanych tylko na jakiś stroik nie rażący excentrycznością – to Buł-
garki w czarnych spódnicach, granatowych świtach, to
Niemców w kurtkach, trzewikach i kapeluszach, z por-
celanowemi fajkami".

Dziś – nic z tego. Potomkowie ich wszystkich przyjęli
podobny uniform: strój poradzieckiego śródziemno-
morza. Swoją drogą, ten opisywany przez Kraszew-
skiego brodaty „Rusin w szarafanie przedpiotrowych
czasów" był dla niego w Odessie tak egzotyczny jak
„brudny Turek" czy „Albańczyk w spódniczce białej".
Ale biorąc pod uwagę, że ów „szarafan" jest „przed-
piotrowy", Kraszewski miał tego Rusina nie tyle za
Ukraińca, ile za Małorusina, odmianę Rosjanina. Słowem – lokalnego wieśniaka. Nie należy raczej mieć
wątpliwości, że zarówno siebie, Polaka, jak i miejskiego Rosjanina zawarł w „Europejczyku", któremu „kroją
sukienki" najlepsi odescy krawcy. Niemca, Francuza
i Brytyjczyka, rzecz jasna, też by do tej wspólnoty zali-
czył. Ale już wtedy narzekał Kraszewski na zachodnią
uniformizację, coś w stylu wczesnej wersji globalizacji:

„Widziałem wielu Greków, którzy woleli z tandety wzięte surduty i fraki niż swój malowniczy strój własny; których już tylko czerwona z kutasem czapka odznaczała [...]. Szkoda, prawdziwie szkoda, że nasz niepojęcie prozaiczny strój tak się wszystkim niezmiernie pożądanym i naśladowanie godnym zdaje. Za lat pięćdziesiąt, sto, znikną narodowe stroje; a mówcie, co chcecie, z niemi wiele narodowości cech, niewidzialną nicią do nich przywiązanych. Szkoda narodowych ubiorów, bo ten, co je zastępuje, tak sucho i pospolicie brzydki. – W Odessie jednak jeszcze długo zapewne pozostanie ta rozmaitość ubiorów, co ją od innych miast odróżniać będzie".

Miał rację – zniknęły narodowe stroje, nie da się już rozpoznać narodowości po stroju. Jeśli jednak chce się, jest to dłubanina w nieoczywistych detalach, szukanie ostatnich elementów lokalnej specyfiki.

Amerykanin założy masywne sportowe buty do krótkich spodni, a na głowę – bejsbolówkę. Takie same spodnie, buty i bejsbolówkę może założyć oczywiście każdy inny, ale Amerykanin założy to w takiej kombinacji, której nie będzie można pomylić z nikim innym. Niemiec tak się nie ubierze. Typowy Niemiec założy nieco (nieco!) hipsterską marynarkę i nieprzesadnie hipsterskie dżinsy i buty. Typowy Brytyjczyk przyjdzie w jasnych spodniach dresowych i białych butach do biegania. Będzie miał na sobie koszulkę polo z postawionym kołnierzem. Włoch założy mokasyny na gołe stopy i jasne dżinsy. I tak dalej. Obcokrajowców w Odessie można spotkać na przykład na Deribasowskiej. Jest tam parę knajp, do których chodzą. Kiedyś spotkałem tam Anglika, który zainwestował w Odessie w jakiś biznes, przyjechał pożyć trochę w mieście, którego nazwa zawsze go wabiła i mamiła jako coś egzotycznego, drżącego w powietrzu jak miraż, i teraz sam się trząsł, czy Rosjanie nie wejdą, a lokalni go straszyli z ponurymi minami: wejdą, wejdą na pewno. Anglik pił ponuro swoje piwo i patrzył w ponurą przyszłość.

Albo spotkałem Rosjanina, który od kilku lat pracował w Niemczech. Robił wszystko, by mieć nonszalancki niemiecki wygląd i nonszalancki niemiecki punkt widzenia na ukraiński konflikt. Ale brzmiał dziwnie. Nie lubił Putina i nie podobało mu się rosyjskie pobrzękiwanie szabelką, ale upijał piwa, wzdychał i mówił z nienaturalnie głębokim żalem:

– Ech, rozjadą was wszystkich Rosjanie, rozjadą... ech, ten Putin, ech, rozjedzie on was, niestety, rozjedzie... Ech, to będzie koniec starej Europy, ech, koniec...

Spotkałem też francuskich wędrownych artystów ulicznych, którzy sprawiali wrażenie, jakby nie do końca wiedzieli, dokąd trafili. Opowiadali coś o końcu świata, o „oriencie" i o tym, że dalej „są już tylko Gruzja, Irak i Chiny".

*

Kraszewski pisał też tak:

„Jedną z właściwości Odessy (jeśli to właściwością nazwać można) są rozsypane po rogach ulic i dość gęsto także po ulicach samych co kilka kroków szynczki, tutaj nazwane wedle jednostającego wyrażenia szyldów – Cantina con diversi vini (napisy najczęściej tu włoskie, tak i po rogach ulic znajdziesz Strada Richelieu, Via, etc.)".

Kraszewski bardzo lubił odeskie knajpy.

„Widok wnętrza sklepionego lochu zachwyciłby Hoffmana, godnie mogąc służyć za tło nie do jednej jego powieści, poczynającej się od wazy pończu lub butelki wina. Piwnice te nisko zaokrąglone, dokoła otaczają ogromne pipy, oxefty, beczki, beczułki z winem, romem, wódką, poustawiane pod ścianami [...].W pierwszej izbie główna ściana za komtuarem otoczonym balaskami, ostawiona przyjemnie flaszami wódki i jamajskiego romu. Tu siedzi jegomość, który dyryguje z wysokości szczegółową przedażą. Sam gospodarz nieco dalej przy beczkach, czoło z potu pracowitego ociera. A co za nieoszacowane grupy, oświecone kilką świeczkami z długiemi knoty, wśród cieniów tam i sam porozrzucane, w kapeluszach, w czapkach na bakier, popodpierane nad stoliczkami, ukazują się w głębi mroku. Wszyscy palą fajki lub cygara, niektórzy grają, zapach wina, romu, wódki przepełnia powietrze, rozmowy ożywione naturalnie trunkiem, w tylu i tak rozmaitych językach, postaci tak różne i często tak przy swej trywjalności dobitne i malownicze. Ciekawy to doprawdy widok i ma w sobie coś tak hoffmanowskiego, że kto czytał powieści biednego niemieckiego poety, przypomni sobie mimowolnie owe szynkownie niemieckie, będące często teatrem pierwszych ich scen".

Nie jestem pewien, czy istnieje obecnie coś takiego jak typowa odeska knajpa. Raczej, jak wszędzie w Europie Wschodniej, w tym wypadku wliczając w nią Polskę – wszędzie kopiowanie. Udawanie. Jedna knajpa na modłę francuską, inna – brytyjską, jeszcze inna – niemiecką. Na modłę ogólnohipsterską, gruzińską, grecką. Nawet czeska knajpa jest, z wielkim Szwejkiem z gipsu czy jakiejś zastygłej pianki. Niepodobnym. Jeśli Odessa to śródziemnomorze, to przeradziecczone. Nie ma tu tego naturalnego dla Bałkanów czy Italii siedzenia przy kawie, godzinami, w tradycyjnych lokalach, na słońcu. Jeśli już – to na ławkach, w parkach. Przy stołach do szachów. Na krzesłach wyniesionych przed domy. Na podwórzach, często zabudowanych czym się da, wbrew nie tylko sztuce budowlanej, ale i prawom fizyki, w których wynajmuje się turystom kwatery.

*

Chodziłem kilka razy na Mołdawankę, choć trochę był strach. Lokalni tam nie chodzą, twierdząc, że nie ma po co, i pewnie mają rację. Śladu już, mówią, nie zostało po starej Mołdawance, tej z Izaaka Babla, żydowsko--gangsterskiej, z mitów o Miszce Japończyku, bandycie z fasonem, który jeszcze za życia przeszedł do legendy, opanował prawie całą Odessę, a gdy przyszła komunistyczna rewolucja, przyłączył się do Armii Czerwonej, stworzył ze swoich ludzi oddział, który walczył między innymi z Petlurą, kiedy zaś chciał sobie dać spokój z wojowaniem i wrócić do Odessy, czerwoni komisarze zabili go i zakopali w płytkim piasku. Jego żołnierze rozpierzchli się i powrócili nad Morze Czarne. Jak głosi legenda, po stronie bolszewików walczyli w cylindrach. Ciekawy byłem, czy przyczepiali sobie do nich czerwone gwiazdy.

No, ale tej Mołdawanki już dawno nie ma. Jej klimat stał się w Odessie mitem, tak samo jak w Warszawie mitem stał się klimat cwaniackiej stolicy z Felkiem Zdankiewiczem i *Komu dzwonią*, a we Lwowie legendy o baciarach. Dla wielu lokalnych tęchnie to jednak od pretensjonalności.

– Mołdawanka? – mówiono mi. – Teraz to już po prostu brudne przedmieście pełne szumowin. Nic już tam nie przypomina dawnych czasów, kiedy bandyci mieli styl, wdzięk i zasady.

Nie miałem co prawda wątpliwości, że wtedy, na początku wieku, Mołdawanka to też nie było nic innego, tylko brudne przedmieście pełne szumowin, ale nie miałem też wątpliwości, że obecna Mołdawanka nie przejdzie raczej do legendy. Odessa była coraz mniej wyjątkowa, a lokalne dresy wyglądały tak samo jak dresy gdziekolwiek indziej, od Kiszyniowa po Pietropawłowsk Kamczacki. Chodziłem między niskimi budynkami, które wcale nie były bardziej brudne niż gdziekolwiek indziej, ale im głębiej się zapuszczałem, tym częściej miałem na plecach ciarki. Bo po bramach naprawdę stały bandy gówniarzy, gopników i jeśli zachciałoby im się mnie skroić, czyli urządzić coś, co w Poradziecji nazywa się wesoło *gop-stop*, to nie bardzo miałbym jakiekolwiek szanse. Szedłem więc trochę z duszą na ramieniu, starając się patrzeć przed siebie i stawiać pewne kroki.

Na Rynku Starokonnym, jednym ze starych centrów dzielnicy, mieścił się teraz wielki bazar otoczony pretensjonalnym, paskudnym płotem. To było całe miasteczko, w którym można było kupić narzędzia do warsztatu, artykuły budowlane, urządzenia elektryczne. Co kto chciał. Ale przeszedłem przez to wszystko szybko. Nie przepadam za bazarami. Bazary są rozczarowujące. To miraże. Z zewnątrz wyglądają jak obietnica skarbów, niesamowitości i tajemnic, a kończy się jak zawsze na nudnych i trywialnych przyrządach do funkcjonowania.

Ale lubiłem Mołdawankę, bo miała w sobie coś ze spokoju tej południowej Radziecji, która w upalne dni potrafi być bardzo kojąca. Ludzie poruszali się niespiesznie, a szerokie połcie asfaltu były nagrzane jak piaski pustyni. Nad asfaltem falowało rozgrzane powietrze. Kiedyś widziałem tu, właśnie w takim falującym powietrzu, jak dwóch dziesięciolatków dojeżdża do innego dziesięciolatka, wystraszonego i zapłakanego, i przeszukuje mu plecak. Przegoniłem ich. Ten zapłakany zwiał w stronę centrum, a dwóch przeszukujących, trzymając się na dystans kilku metrów, lazło za mną i bluzgało pięknym matem. Przechodzący ludzie uśmiechali się i było mi trochę głupio. Nie bardzo wiedziałem, co robić, więc wsiadłem w tramwaj, modląc się, by gówniarze nie wsiedli za mną, ale na szczęście im się nie chciało. Patrzyłem przez okno, jak ustawiają się pod jakąś ceglaną ścianą i strzelają oczami, kogo by tu skroić. Przegoniły mnie z dzielnicy, wyszczekały mnie ze swojego terytorium jak młode kundle i wróciły do zakłóconego przeze mnie polowania na drobnicę.

*

Nigdy do końca nie wiedziałem, czy bardziej lubię Odessę, czy nie lubię. Nadal nie wiem. Wiele rzeczy mnie w niej drażni. Na przykład to, że w upalne dni, gdy nogi już miękną od łażenia ciągle po tych samych, niekończących się ulicach, nie ma gdzie przysiąść. Nie ma tu ławek, a kawiarnie są głównie niedaleko morza. Jednostajny rytm ulic krzyżujących się pod kątem prostym wprawia w stupor. Odessa nie jest szczególnie przyjazna człowiekowi.

Właściwie cała przestrzeń publiczna w Odessie ogranicza się do bycia skansenem samej siebie. Do wychwalania własnej przeszłości, która jest przeszłością porzuconą. Której nikt nie kultywuje, ale o której każdy pieprzy i będzie się godzinami rozwodził, jeśli spytać. Niedaleko opery wszystko jest odremontowane i nienaturalnie odpieprzone i miasto wygląda tu jak przesadnie wymalowana portowa lafirynda. W pozostałych miejscach natomiast – jak lafirynda zapuszczona. A luksusowe sklepy, poutykane tu i tam, tylko podkreślają to przesadne wymalowanie i zapuszczenie. Drażni mnie też ta pustka wokół niej. Irytuje mnie, że nie ma wokół niej miasteczek, wioseczek, po których chciałoby się snuć, podróżować, jeździć marszrutkami. Owszem, to wszystko jest, ale tak monotonne i przywalone tą poradziecką białą cegłą, i przyprószone szyldami, że płakać się chce. Można tylko siedzieć w starym mieście i pić z rozpaczy.

Jest takie miejsce w parku Szewczenki w Odessie, gdzie widać całą tę postapokalipsę jak na dłoni. Z jednej strony – stoi stadion Czornomorcia, który obudowano jakimś różowym fajansem w kształcie ciągu kamienic, co miało zapewne symbolizować starą zabudowę Odessy. Kawałek dalej, pośród zasikanych, dzikich zarośli, stoją ruiny stadionu. Wygląda to jak ruiny stadionu greckiego, ale to stadion radziecki. Siedzą w nim i piją żule, gopniki kucają. A ponad tym wszystkim, jak wieża Babel zaprojektowana w szalonych latach dziewięćdziesiątych, wznosi się pałac nowego, poradzieckiego mieszczaństwa: najpaskudniejszy apartamentowiec w promieniu kilkuset kilometrów, a przecież w promieniu kilkuset kilometrów można znaleźć wiele różnych innych dziwów.

*

Ale jednocześnie Odessa mnie kręci. Nie do końca rozumiem dlaczego. Zawsze jednak czuję podniecenie, gdy tu przyjeżdżam, gdy pociąg wtacza się na stację ozdobioną medalem dla miasta bohatera ZSRR. Czegoś tu szukam i nigdy nie znajduję, ale to może nawet lepiej, bo to coś dzięki temu nie przestaje się unosić w powietrzu. Bo gdybym, nie daj Boże, zrozumiał, czego szukam, i, nie daj Boże, to znalazł, mogłoby to przypominać kiepskie wyjaśnienie dobrego horroru, które potrafi spaprać całą historię.

Uwielbiam słuchać odeskiego języka rosyjskiego. Uwielbiam słuchać odesytów, którzy twierdzą, że są ludźmi rosyjskiej kultury, ale innymi od Rosjan i Ukraińców. Zresztą, odpoczywam trochę w Odessie od Ukrainy i ukraińskości, często przecież granej na najwyższym, wibrującym narodowym tonie, często histerycznej i męczącej w dużych ilościach. Lubię odeską blazę w tym względzie. Odesyci, jasne, potrafią być histeryczni i płaczliwi, jeśli chodzi o ich własne miasto, ale nie jestem pewien, czy ten kult własnego miasta to właśnie nie jest to, czego szukam. Bo kult miasta to jednak co innego niż kult państwa. Nudzi mnie, gdy po raz milionowy opowiadają o tym, jak to tych marnych dwieście lat temu zakładano ten ich besarabski Nowy Orlean, ale lubię, gdy opowiadają o tym, że Odessa by im właściwie wystarczyła za ojczyznę, o tym, że głupio im się do tego przyznawać, ale najchętniej toby powołali sobie swoją niezależną odeską republikę, niezależną i od Moskwy, i od Kijowa, ale tak się nie da, więc jedni wolą chować się za Kijów, a inni – za Moskwę. Ale to jest zawsze chowanie się za kogoś. Gdyby przyszedł Londyn czy Paryż, to kto wie, czyby się nie schowali i za niego. Pewnie by się nie przyznali, ale cholera wie, jak by zagłosowali w tajnym głosowaniu. Lubię, gdy przyznają, że właściwie to nigdy nie wyjeżdżają z Odessy, bo nie ma po co. Nawet do Besarabii. Może raz każdy z nich był w Akermanie, o Izmaile nie wspominając. Tylko do Karolino-Buhaz czasem skoczą. Są rozbrajający. Odessa to wyspa. Z jednej strony morze, z drugiej – stepy, a w środku – mały, kompaktowy świat.

*

O rany, jak oni się między sobą drą. Nie cierpią się, a potem wszyscy się spotykają na urodzinach któregoś z nich. Na przykład – w centrum handlowym pomiędzy targowiskiem a torowiskiem. To mi zawsze imponowało – dookoła pełno zabytków, o których śni cała Poradziecja i pół Europy, wszystkie te ulice miasta mitu, a oni, rodowici odesyci, umawiają się na imprezę w plastikowym centrum handlowym koło dworca.

*

Pod okopconym domem Związków Zawodowych, gdzie 2 maja 2014 roku doszło do strasznej śmierci czterdziestu ośmiu osób, w większości prorosyjskich protestujących, zbiera się coraz mniej ludzi. Właściwie to już nikt się nie zbiera. Śmierci tych nikt nie jest w stanie albo nie chce wyjaśnić i sprawa powoli przysycha. Ci, którzy popierają Kijów, mówią o prowokacji promoskiewskich służb, ci, którzy są za Moskwą – mówią o zbrodni Prawego Sektora i ogólnie prawicowców. Ale gadanina ta jest już monotonna i jedyne, co mogą zrobić komentatorzy, którzy nie chcą powielać plotek ani klepać wyświechtanych teorii, to próbować ukuwać efekciarskie slogany typu: „Każdy, kto w Odessie próbował coś ugrać, to przegrał" albo: „Tragedia ta przypomniała, że wszystkim nam tak naprawdę chodziło o dobro tego samego miasta". Powoli rozpływa się pamięć o zabitych. Na początku ludzi przychodzących tu było sporo, pod budynkiem poustawiano zdjęcia ofiar, a na niskich, pokurczonych drzewkach pod domem Związków wisiało sporo gieorgijewskich wstążeczek – symbolu „rosyjskiej wiosny", jak Moskwa nazywa inspirowane przez siebie prorosyjskie tumulty na Ukrainie. Teraz gieorgijewki ściągnięto, a blaszany parkan wokół budynku pomalowano na żółto-niebiesko. Zdjęcia dalej wiszą, ale protestuj tu przeciw Ukrainie pod wielką, ciągnącą się na ponad sto metrów ukraińską flagą. I nikogo już prawie nie ma. Stoją na wszelki wypadek milicjanci i się nudzą.

A niedaleko domu Związków nowy gubernator obwodu, dawny prezydent Gruzji Micheil Saakaszwili, wznosi nowy budynek, taki sam, jakich nabudował u siebie w państwie. To Dom Sprawiedliwości, coś w rodzaju centralnego urzędu obwodu, w którym można załatwić wszystkie urzędowe sprawy szybko, sprawnie i bez dawania w łapę. Ten budynek to symbol ukraińskich zmian wprowadzanych na kształt gruziński. Poradziecka wersja skutecznego państwa, która, faktycznie, w Gruzji zadziałała, i Ukraińcy mają nadzieję, że uda się i u nich. W Gruzji reformy Saakaszwilego zadziałały jednak lepiej niż sam Saakaszwili, który co prawda wyrwał kraj z poradzieckiego błota i korupcji i wstawił na zupełnie nowy poziom, ale nie oparł się pokusie autokratycznej władzy. Z kraju go wygoniono i zabezpieczono się przed jego powrotem, stawiając mu prokuratorskie zarzuty. Ale Ukraina jest zdesperowana i trudno się tej desperacji dziwić. Ukraina chce pogrzebania Poradziecji raz na zawsze i przebicia jej kołkiem, i wszystko jej jedno, kto ten kołek trzyma w ręku.

*

Pociąg na północ, do Lwowa, odjeżdża z odeskiego dworca wieczorem. W drugą stronę – też. To jest teleportacja. Lubię to w ukraińskich pociągach. Podróż zazwyczaj trwa dokładnie noc, prycze w przedziałach są wygodne. Wszystko działa i jest czyste. Jest dyskretne światło nad pryczami i można czytać do woli, nie narażając się na burczenie współpasażerów, że chcą spać.

Jechałem do Lwowa z Odessy z Wową, chłopaczkiem, który miał dwadzieścia parę lat i nigdy nie wyjeżdżał z miasta. Nigdy, nigdzie. Czuł się Ukraińcem, choć ukraiński znał teoretycznie. Nigdy poza szkołą nie używał. Pierwszy raz w życiu miał zobaczyć inne miasto niż Odessa, inną rzeczywistość. Fascynowało mnie to. Do późna wypytywałem go o to, jak wyobraża sobie to czy inne znane mi miasto, a on opowiadał. Porównywałem z tym, co znałem. Warszawę i Kraków na przykład wyobrażał sobie mało oryginalnie, ale, widać, intuicyjnie, jako coś pomiędzy Moskwą a Berlinem. Lwowa nie mógł sobie wyobrazić. Słyszał, że podobno piękny. Mówił z uśmiechem, że podobno ładniejszy od Odessy, ale że on w to nie wierzy.

Nie mogłem się doczekać, aż dojedziemy do Lwowa. Zaproponowałem, że go oprowadzę z grubsza po centrum. Nienawidzę oprowadzać ludzi po miastach, ale nie mogłem się powstrzymać – musiałem zobaczyć, jak ktoś, kto nigdy nie opuszczał rodzinnego miasta, zareaguje na coś absolutnie nieznanego. Na austriacką architekturę śródmieścia, na kamienice starego miasta. Tak inne od Odessy, która zawsze mi się wydawała produktem dawnej wersji globalizacji, podobnym do stawianych przez „Wielką Europę" miast w tropikach albo subtropikach, do Nowego Orleanu, Batumi czy Hawany.

Wyszliśmy z dworca, a ja czekałem na jego reakcję. Rozglądał się po przydworcowym parkingu, pokruszonej patelni rozgrzanej słońcem, i nic nie mówił. Co miał mówić: marszrutki, taksówki, bielone krawężniki, budy z piwem i żarciem. Ukraińska, poradziecka uniformizacja. Wsiedliśmy do tramwaju, też nic nie mówił. Wjechaliśmy w Gródecką – też nic. W Bandery – też nic, rozglądał się tylko.

– No jak? – nie wytrzymałem w końcu.

– No – powiedział – trochę jak u nas.

Nie odzywałem się, aż w końcu wysiedliśmy niedaleko starego miasta. Zaprowadziłem go na rynek.

– No i co? – spytałem.

– No ładnie – powiedział, rozglądając się.

– No ale jak? – niecierpliwiłem się. – Powiedz coś więcej.

– No – odpowiedział, nie rozumiejąc, o co mi chodzi – no ładnie, no… trochę inaczej niż w Odessie, ale nie bardzo…

Zachód i wschód

Z Donbasu do Lwowa jeździł poeta Ołeksij Czupa. Młody, rocznik 1986, niewysoki, blondyn w rosyjskim trochę typie urody. Gdy go pierwszy raz zobaczyłem, to pomyślałem sobie, że niechbym go na końcu świata spotkał, to od razu bym pomyślał, że Ruski. A tu się okazuje – nie-Ruski.

Urodził się i wychował w Makiejewce, górniczo--przemysłowym mieście niedaleko Donieca, ale rodzina wyemigrowała tam dawno, dawno temu z Hałyczyny. Skończył filologię, ale pracował w makiejewskiej fabryce koksochemicznej, a wieczorami robił w Doniecku slamy. Mówi, że nudne jak cholera, bo niewiele się w tym Doniecku działo.

Był trochę inny od reszty donieczczan, bo interesowała go Ukraina. Uczestniczył już w pierwszym Majdanie, tam podłapał ukraińskie klimaty: Kuźma Skriabin, Jurij Andruchowycz, Serhij Żadan. Bo Donieck był trochę jak Odessa: żył sam dla siebie i we własnym sosie. A Czupa, na przykład, lubił jeździć do Lwowa, co dla przeciętnego donieczczanina jest niezrozumiałe. Bo wiadomo, donieczczanin wie, że Lwów ładny, ale nie jest w stanie pojąć, jak można spędzić dobę w pociągu, żeby zobaczyć jakieś miasto na drugim końcu kraju. To już do Kazachstanu bliżej. A jeszcze ci banderowcy...

*

Dla Czupy Lwów to był inny świat. Zabierał swoich donieckich znajomych, już na dworcu kupowali wódkę albo piwo – i szli w miasto. Donieczanie rozglądali się dookoła i mieli szczęki w okolicach kolan. Pierwszy raz w życiu widzieli miasto, które nie ma rosyjsko-radzieckiego kształtu. Patrzyli na fasady kamienic i kręcili głowami z niedowierzania. Kręcili się uliczkami i wzdychali. Czupa miał już swoje upatrzone miejsca: zapomniane podwórka, rozpierdolone bramy, opuszczone i zaniedbane klatki schodowe. Wyłazili na dachy przez walące się strychy i gapili się na miasto, popijając. A potem wracali nocnym do Doniecka; jechali całą noc, cały dzień i byli w domu dopiero kolejnej późnej nocy. Słowem – Czupa woził kolegów, żeby choć przez jeden dzień pooglądali sobie inną, dziwną rzeczywistość.

*

Potem Czupa napisał książkę o Warszawie, choć nigdy w niej nie był, i w ogóle nauczył się polskiego. Warszawę poznawał, łażąc po niej w Google Maps.

Później Czupa napisał książkę o alternatywnej historii Donbasu i stał się znany na całej Ukrainie, ale zaraz trzeba było pakować manatki i zwiewać, bo przyjechali dobrowolcy z Rosji twierdzący, że będą bronić Donbasu przed nacjonalistami z Kijowa. A Czupa był już w Donbasie i tak odszczepieńcem, bo powiedzieć w Doniecku czy Makiejewce, że popierało się Majdan,

to tak, jakby pod krzyżem przed Pałacem Prezydenc-
kim wychwalać Tuska albo modlić się w siedzibie Ruchu Palikota.

– Stosunek Donbasu do reszty Ukrainy był specyficzny – mówił mi potem Czupa we Lwowie, dokąd
wtedy uciekł. – Przypominał mniej więcej stosunek
męża, który uważa się za ciężko pracującego i reali-
stycznego do bólu, do żony, która według niego jest
histeryczką i lekką ręką puszcza jego ciężko zarobione
grosze. Gdy zrobiło się tak, że albo jesteś z nami, albo
przeciwko nam – opowiadał – to dałem sobie spokój
z Donbasem. Ja, ze swoją ukraińskością, poglądami,
byłem w Donbasie mniejszością. Nikogo na „właści-
wą drogę" nawracać nie chciałem. Sytuacja stała się
dla mnie nieznośna, to zabrałem swoje rzeczy i wyjechałem. DRL to miejsce, w którym nie chciałem żyć
ani minuty. Nie było łatwo wyjechać z tej całej DRL –
opowiadał Czupa. – Pociągi przestały kursować, rej-
sowe autobusy też, poza tym strach, że się będą na
blokpostach czepiać, że co to, że czemu wyjeżdżam,
zamiast iść bronić „ojczyzny". A jaka to moja ojczyzna – mówił. – Wyjechałem jedyną trasą, która wtedy
była spokojna. Wsiadłem w Makiejewce o piątej rano
do marszrutki na Berdiańsk. Nic się nie działo. Prze-
jechałem przez trzy blokposty DRL, trzy ukraińskie.
Nawet toreb nie sprawdzali, tylko raz paszport. Ale
bałem się. Na wszelki wypadek powyrzucałem z telefonu wszystkie fotografie i esemesy. Wszystkie kontakty przepisałem łacinką, bo były po ukraińsku, a oni
sprawdzają telefony. Na granicy DRL wszedł bojownik
w mundurze, ja cały w strachu, dałem mu paszport,

a przecież on by mógł z nim wszystko zrobić, ale ledwie zerknął: puścił mnie. We Lwowie, jak dojechałem, ziemię całowałem, do nowej pracy na kacu przyszedłem.

Czupa mieszkał potem przez jakiś czas w Warszawie, którą wcześniej opisywał, nie widząc jej. Spytałem, czym go zaskoczyła. Czego się spodziewał, a co zobaczył. Wzruszył ramionami:

– Niczym mnie nie zaskoczyła – powiedział. – Była dokładnie taka, jak myślałem. Tylko że myślałem, że na rynku się naprawdę życie toczy, a to tylko taki placyk dla turystów.

Czupa w Polsce tłumaczył Hłaskę na ukraiński. Twierdzi, że jego opisy powojennej Polski to dokładnie to samo, co się dzieje teraz na Ukrainie.

– I będzie się – mówił – działo. I te połamane, zmienione charaktery... To na Ukrainie przecież aktualny temat. Ten wojenno-powojenny świat.

*

Któregoś dnia byłem we Lwowie z Wołodymyrem z Donbasu, rosyjskojęzycznym pisarzem, który widział nadciągających bojowników z cerkiewnej wieży. Dawnym Władimirem. Był też Czupa.

Obaj z Donbasu, obaj pisarze – ale się nie znali. Usłyszeli o sobie wzajemnie dopiero po ucieczce z Donbasu, poznali – dopiero we Lwowie. Staliśmy pod knajpą Dzyga na ulicy Ormiańskiej, w zaułku, który wydaje się najbardziej lwowski z możliwych zaułków, i lało. Wołodymyr twierdził smutno, że zawsze, jak przyjeżdża do Lwowa, to leje, a ja myślałem po cichu, że może mieć rację, bo byłem we Lwowie niezliczoną ilość razy i nie kojarzyłem, by kiedykolwiek padało. Stali więc we Lwowie, chowali się przed deszczem i rozmawiali o Donbasie. Prawie w niczym się nie zgadzali. Czupa twierdził, że Donbas trzeba otoczyć kordonem, odciąć, odizolować i niech robi, co chce. Jego prawo – jego sprawa. Wołodymyr się na takie słowa denerwował. Twierdził, że odwrotnie, że lud Donbasu czeka tylko na wyciągniętą rękę ze strony Kijowa, że trzeba mu pomóc, przytulić, że uda się odzyskać. Że nie można ostrzeliwać, że trzeba delikatnie. Że może jeszcze jest szansa, że może jeszcze nie jest za późno...

Czupa słuchał uprzejmie, kiwał głową z grzeczności.

Wołodymyr, myślałem, po prostu nie miał dokąd wracać.

*

– Boże, jak my ich nie lubimy – mówiła mi pani Maria, u której się często we Lwowie zatrzymuję na kwaterze. Dowiaduję się od niej wszystkich miejskich plotek, bo pani Maria wisi na telefonie od rana do nocy. A do tego zna wszystkie newsy, bo telewizor chodzi od rana do nocy i jeszcze jej tablet dzieci kupiły ostatnio, więc po portalach też pani Maria, staruszka, wiadomości sprawdza.

– A co z nimi nie tak? – pytam pani Marii. – Z tymi uchodźcami?

I Maria opowiada, co się mówi na mieście. Że obrażeni na cały zachód Ukrainy, że to niby przez nich im domy bomby rozwalają, że roszczeniowi. Że wypominają: „To nas tam wasi, z zachodu, bombardują,

to tam na wschodzie wojna, wy nam teraz powinni-
ście pomagać, a wy tu co – piwo pijecie w spokoju?".
Bo Lwów, faktycznie, cały w knajpianych ogródkach.
A w nich aż kipi od ludzi: ten kawę kupuje, ta drinka,
co chwila się nowa knajpa otwiera, a w każdej nie ma
gdzie usiąść i kelnerzy zmachani jak po maratonie.

– Koleżanka mi mówiła – opowiadała pani Maria –
że jej koleżanka mówiła, że inna jej koleżanka widziała, że przyszli raz grupą do jakiejś restauracji w rynku,
zamówili chyba wszystko z karty, zjedli, wstali i wyszli, nie zapłacili. Twierdzą – mówi pani Maria – że
im się należy. Poza tym – krzywi się – u nich kultura
inna. Klną, piją, palą. O, ja już ich znam, tych donieckich. Nic dobrego. Sama patologia. Trzeba im oddać
ten cały Donieck, odgrodzić się od nich murem, żeby
spokój był! Do Rosji niech jadą, jak im się nie podoba! – pałała świętym gniewem pani Maria.

– Do Rosji! – mówił mi jeden lwowski kolega. I drugi
też mówił, i trzeci, i czwarty.

– Do Rosji! – krzyczał taksówkarz, sam etniczny
Rosjanin, ale, jak twierdził, zasymilowany. – Opowiadał mi kolega z postoju, że jego kolega widział, jak
donieccy pobili kiedyś...

*

Lwów był rozgorączkowany i o obiektywny osąd sytuacji tu trudno.

– Rosjanie to też ludzie – mówił przy stoliku pewien
wrocławski poeta lwowskiemu aktywiście, który brał
udział w zimowej rewolucji. – Propaganda na nich
działa, ale to nie psychopaci.

– Jak to nie psychopaci! – zaperzył się aktywista. – Chcą nas wszystkich pozabijać! Nie dają nam prawa żyć, jak chcemy!

*

– Wiesz – mówił mi Włodko Kostyrko – ich tu non stop szlag trafia. Chodzą po ulicy, widzą te znienawidzone banderowskie flagi, widzą to lwowskie dolce vita, cholera ich bierze. Ja się nie dziwię. Przecież to dwa różne światy.

*

W Galicji już dawno, jeszcze przed wojną, przed Majdanem, mówiło się, że dobrze by było wyrzucić Donbas i Krym z Ukrainy. Teraz słowo staje się ciałem. Na ścianach nadal sporo tu antywojennych napisów, ale pojawiają się też nowe. Niektóre śmieszne, inne zabawne, jeszcze inne – niepokojące. A niektóre to takie, jakby ktoś z zaskoczenia w mordę dał. „Lemberg Macht Frei" – głosił na przykład jeden z nich. Szedłem ulicą i jakoś lepiej do mnie docierało, czemu ci ze wschodu czują się nieswojo.

Zachód

To było dawno temu i pamiętam jak przez sen, ale autobus do Kamieńca Podolskiego snuł się korytarzem asfaltu wyciętym wśród rozbuchanej zieleni. Okna były brudne, firanki też, a obicia foteli – ciemnobrązowe. Albo ciemnopomarańczowe. Słońce grzało jak diabli, a wewnątrz autobusu rozkosznie pachniało jakimiś smarami. I tak wszyscy jechaliśmy, półśnięci od gorąca jak ryby w nagrzanym słońcem akwarium.

Jechaliśmy przez Podole, w powietrzu wisiała jakaś zastygła radziecka melodia z lat pięćdziesiątych albo sześćdziesiątych, bzyczała w tym bezruchu wnętrza autobusu, bzyczała też od czasu do czasu jakaś mucha, ale leniwie, jak w smole, aż w końcu autobus podskoczył, jęknął, stęknął, zarzęził – i rozkraczył się na jezdni jak martwe zwierzę. Mucha bzyknęła pytająco.

Pasażerowie ocknęli się z półletargu.

*

Kierowca stał przy otwartej masce, z silnika buchało gorąco i odkształcało trochę rzeczywistość. Szofer mówił, że nie wiadomo, co z tego będzie, i że on sam tego nie da rady naprawić. Trzeba czekać na pomoc, ale on nie ma zielonego pojęcia, jak długo. Kilku facetów stanęło obok niego i z mądrymi minami zaczęli wpatrywać się w gorący silnik, ale tylko *pro forma*, żeby nie wyglądało na to, że poddali się zbyt szybko, bo chwilę później zaczęli robić to samo co pozostali pasażerowie: organizować sobie dalszy transport.

Staliśmy na poboczu i patrzyliśmy, jak sprawnie to idzie. Pasażerowie wyciągnęli swoje toboły z bebechów autobusu i rozbiegli się po poboczu w grupkach po kilka osób. Samochody zatrzymywały się przy machających dłoniach. Pasażerowie rozkraczonego autobusu zaglądali do środka aut, zamieniali po kilka słów z kierowcami, wyciągali portfele, zrzucali się po kilka banknotów, migali w dłoniach ukraińscy bohaterowie narodowi, Jarosław Mądry, Bohdan Zenobi Chmielnicki, wsiadali i jechali dalej. Po jakimś czasie na poboczu pozostał tylko kierowca, który usiadł na ziemi, opierając się plecami o koło, w cieniu rzucanym przez autobus, i zapalił papierosa. Przymknął oczy i odchylił głowę do tyłu, wspierając ją o rozgrzaną karoserię.

A po chwili otworzył oczy i popatrzył na nas. Stojący tak niezdecydowani na tym pylistym poboczu w kurzu po kostki, z wielkimi plecakami, musieliśmy mu się wydać okazami wyfiukanych obcokrajowców, którzy nie są w stanie pojąć prostej poradzieckiej rzeczywistości.

– No, co tak stoicie? – zapytał, machając rękami w ogólnoświatowym geście „sio!". – Nie pojęliście, czy co? Nigdzie nie jedziemy! Silnik *kaputt*! – Machnął rękami jeszcze energiczniej. – *Is dead!* Autobus *halt*! Radźcie sobie! *Auf Wiedersehen!*

*

Kamieniec Podolski się zmienił.

Kiedyś kamienieckie stare miasto było jednym z najbardziej niesamowitych miejsc na świecie.

Stało na śródlądowej wyspie, na kawałku lądu oddzielonego od podolskich trawiastych pagórków ściętymi prawie pionowo ścianami jaru Smotryczy. Nad jarem przerzucono most, ale sama rzeka nie była szeroka. Na dole, nad samym jej brzegiem, stały domy. Most biegł nad dachami, nad wioską. Samo miasto z daleka wyglądało na zwarte i krzepkie: kamienice, spadziste dachy, wieże, ale to było złudzenie. Kamieniec był ruiną. Forum Romanum w czasach Wandalów. Kamienice rozpadały się w kruszejące kawałki, w pył. Pył się zresztą nad tym wszystkim unosił. Żółty pył.

W tym pyle, na tej wyspie pośród wzgór, wszystko wydawało się niesamowite i odrealnione. Przy katedrze Piotra i Pawła w bramie stały starsze panie handlujące cebulą. Nad ich głowami, przy samej kościelnej ścianie, wznosił się minaret. Postawili go tu Turcy po tym, jak zdobyli miasto. To było wtedy, kiedy pierwowzory Wołodyjowskiego i Ketlinga wysadziły się w powietrze, zabierając ze sobą do nieba wielu niczego niespodziewających się obrońców zamku. Możliwe zresztą, że do eksplozji doszło przypadkiem, co by trochę usprawiedliwiało pierwowzory Wołodyjowskiego i Ketlinga. A gdy się Turcy z Kamieńca wycofywali, zastrzegli w traktacie pokojowym warunek, że Polacy minaretu burzyć nie mogą.

Polacy się zgodzili: minaretu nie zburzyli, za to postawili na jego czubku Matkę Boską, bo o Matce

Boskiej nic w traktacie nie było. Polak potrafi, i potrafił jeszcze za I RP. I tkwi Matka Boska do tej pory.

*

Tak więc tkwiła Matka Boska na minarecie w tym skwarze i upale, deptała stopami półksiężyc, a nad jej głową unosił się gwiezdny nimb. W przykościelnym ogrodzie stały bezgłowe rzeźby. Upalne powietrze zastygało jak ścinające się białko na patelni. Nieliczni ludzie grzęźli w nim jak w wosku.

Tylko w okolicy dawnego ratusza coś się działo: stała tam drewniana knajpa pełna urżniętych studentów architektury z Krakowa. Sprzedawali tequilę i na zmianę z ruską popsą leciała muzyka z *Desperado* z Antonio Banderasem. *„Me gusta tocar guitarra, me gusta cantar el sol, mariachi me acompana, cuando canto mi canzion"* – śpiewał Antonio Banderas, a razem z nim Ukraińcy i polscy studenci.

Dookoła zapadała noc, jakby kto smołę lał. Noc i ciężka, wschodnioeuropejska nicość po kraniec świata, od Rumunii, a wtedy to może i od Węgier, po Sachalin, od Murmańska po Bułgarię. Wschodnioeuropejska noc, gdzie świateł jak na lekarstwo, za to upiorów i wampirów co niemiara, i gdzie ludzie barykadują się w domach albo zbierają w zuchowate kupy i piją wódkę, gorączkowo i frenetycznie, żeby jakoś doczekać poranka, piania kogutów i pierwszych promieni słońca. Wschodnioeuropejska noc, kiedy to czarne zaświaty naprawdę szorują brzuchem po ziemi i pozostawiają potem na niej czarne widma.

*

Nocą na starym mieście w Kamieńcu Podolskim nie było więc widać prawie niczego. Na ulicach brakowało latarni. Most prowadzący do miasta był oświetlony tylko do połowy. Wyglądał, jakby znikał w czarnej pustce. Nad miastem wisiał księżyc, a pod nim widać było oświetloną tarczę zegara na ratuszowej wieży, wyglądało więc to tak, jakby księżyc miał jakiegoś brata robota.

*

Teraz przy wjeździe do starego miasta stoi szlaban. Kierowcy płacą za przejazd i szlaban się podnosi. Autobus przejechał przez Rynek Polski, mijając odnowione kamienice i potworki nabudowane między nimi przez lokalny kapitalizm. W kamienicach mieściły się nowe knajpy. Większość wyglądała jak wariacje na temat staromiejskości i okolicznej chłopskości. Na ścianach wisiały obrazki starego Kamieńca i imitacje drewnianych płotów. Gliniane garnki, gliniane solniczki. W każdej knajpie to samo: solanka, barszcz, rosół, kilka rodzajów kurczaka, kilka rodzajów wieprzowiny, kilka rodzajów pierogów.

Wszedłem do jednej z nich. Kelnerzy przebrani byli w lniane, chłopskie giezła. Knajpa była pusta, a oni nie mieli co robić. Siedzieli przy szerokich, drewnianych ławach i oglądali amerykańską głupawą komedię. Komedia była dubbingowana na ukraiński i wyglądało to bardzo mało przekonująco, gdy hollywoodzcy aktorzy przemawiali do ukraińskich chłopów w ich rodzimym języku, biegając pomiędzy wieżowcami Nowego Jorku.

*

Stare miasto stało puste, jakby przez szlaban przy
wjeździe przeszła śmierć, zapłaciła za wjazd i wszystkich wysiekła. Nawierzchnia wyremontowana, fasady kamienic i potworków odmalowane, nowy bruk
położony. Po radziecku, z przyzwyczajenia pewnie,
pomalowano nowe krawężniki na biało. Ciekawy jestem, czy Ukraińcy zdawali sobie sprawę z tego, jak
wiele rzeczy, które robią intuicyjnie, jest radzieckich.
Tak samo jak Polacy nie zdają sobie sprawy, jak wiele
rzeczy, które robią, jest po prostu rosyjskich.

Pod jedną z knajp siedziała jakaś para. Pisali coś na
komórkach. Nie zwracali uwagi na siebie wzajemnie
ani na nikogo innego. Turystów nie widziałem, choć
nadciągnął nad Kamieniec już środek wiosny. Była
w końcu wojna i ludzie mieli inne rzeczy na głowie,
niż oglądać Kamieniec Podolski. Na środku rynku stał
tylko pomnik turysty. Ten turysta wyglądał jak typowy radziecki inteligent, moja ulubiona postać radzieckiego świata: chudy, w podkoszulku na ramiączkach,
czapeczce i lamerskich sandałach. Wyglądał jak letnia
wersja wujka Wowy z *Kin-dza-dzy*. Patrzył w jakieś
dziwne, nieokreślone miejsce. Wszystko tu wyglądało
na trochę sztuczne. Niedaleko mostu stała sportowo
stuningowana łada samara. Oparty o maskę czekał
jakiś byczek. Podjechało audi. Wysiadł z tego audi
kierowca i trzasnął drzwiami, żeby byczek sobie nie
myślał. Byczek nawet nie pomyślał, tylko przyskoczył
do tego z audi. Naparli na siebie klatami jak koguty
i zaczęli na siebie wrzeszczeć. Nie dotykali się, ale
stali pierś w pierś, czoło w czoło i kręcili się wokół

siebie. Przechodziłem obok i głupio mi było stawać na chodniku i czekać na to, jak się to wszystko skończy, więc poszedłem dalej. I do tej pory nie wiem. I już się pewnie nigdy nie dowiem.

*

Spałem w hotelu, przed którego bramą poustawiano rycerzy w blaszanych zbrojach. Przypominali nieudane roboty. Wyglądało to o tyle głupio, że hotel był po prostu blokoidalną bryłą wetkniętą w to miasto z finezją uderzenia pałą.

Mój ulubiony hotel, w którym dawniej się zatrzymywałem, stary, państwowy, obłupany, potężny, w otoczeniu starych drzew – zamknięto. Kupił go lokalny biznesmen i próbował dobudować do niego jeszcze kilka pięter, a na czubku postawić coś w rodzaju kopuły nad Reichstagiem, ale nic z tego nie wyszło. Zabrakło kasy, czasu, energii, entuzjazmu – cholera wie. Hotel w każdym razie stał pusty, w pół remontu, nieczynny do odwołania, jak trup w środku miasta, na którego nikt nie zwraca uwagi. Szkoda, bo lubiłem ten hotel. Na każdym piętrze siedziała pani etażowa w niebieskim fartuchu i rozwiązywała krzyżówkę. Krzyczała, gdy w pokojach było za głośno. Opierdalała polskich studentów architektury, którzy najebani łazili po schodach na czworakach. Na podłogach leżały ciężkie wykładziny. Zbierały kurz. Z okien widać było blaszane dachy i cebule cerkwi. Jak słońce przyrżnęło w taki dach, to trzeba było mrużyć oczy jak po nuklearnym wybuchu.

No, ale ten hotel był zamknięty, więc poszedłem do hotelu obok, tego z rycerzami. W jego piwnicach mieściło się spa i po hotelu snuli się ludzie w białych szlafrokach, jak baszowie w żupanach. Zjeżdżali windą do piwnic, do lochów, a tam wszystko: basen, masaże, zabiegi. Była też siłownia. Niby hotelowa, ale wchodził, kto chciał i kto zapłacił, więc ci w szlafrokach raczej się tam nie zapuszczali. Na siłowni siedziało kilku lokalnych gopników i wyciskało, pohukując. Kręciłem się pomiędzy srogo wyglądającymi maszynami, a oni gapili się na mnie złym wzrokiem.

Coś tam marudziłem przy sprzęcie i podsłuchiwałem ich. Rozmawiali o poborze do wojska. Nikt się nie palił. Nie za taki kraj, mówili, nie za to gówno, mówili. Majdan nic nie zmienił, nie pójdą się dać zabić albo zamęczyć na śmierć w niewoli, walcząc za pieniądze tych pierdolonych oligarchów, których w gruncie rzeczy należałoby wziąć na sznur i zawlec na zupełnie nowy Majdan. Czym się ta kurwa Poroszenko różni od tej kurwy Janukowycza, pytali, czym?! Rozpierdolić, mówili, wyciskając na ławeczce, rozpiździć to wszystko w kurwę, dwie kurwy, trzy kurwy, cztery kurwy, i jeszcze raz, dasz radę, pięć kurew, sześć kurew, sto kilo kurew, a potem chuj, jak będzie, tak będzie. A póki co, trzeba żyć, trzeba jakoś sobie radzić.

Ciekawy byłem, gdzie pracują, ciekawy byłem, czy są na przykład ochroniarzami w jakichś dyskotekach prowadzonych przez lokalnych nababów, oligarchów lokalnej skali, czy gardzą swoimi panami, czy zastanawiają się, jak tu rzucić im się do gardeł, zadusić stalowymi palcami, wyrwać ścięgna z obmierzłych ciał i na tych ścięgnach powywieszać na drzewach, a na gruzach tego wszystkiego, tych dyskotek z migającymi, kolorowymi światełkami, tych sklepów z odzieżą z importu, tych bud z niezdrowym jedzeniem, tych salonów samochodów z wysokim zawieszeniem, bo inne mają coraz mniej sensu na tych kościotrupach szos – stworzyć nowy świat. Świat, którym to oni będą rządzić, bo mają największą masę mięśniową i biorą najwięcej na klatę, i który będzie postapokalipsą po postapokalipsie, bo bez dwóch zdań: współczesna Ukraina to jednak jest postapokalipsa.

*

Po hotelu w ogóle snuło się sporo dziwnych ludzi. Kilku podstarzałych Niemców i Francuzów woziło się po hotelowej restauracji z lokalnymi dziewczynami. Korzystali z kursu wojennie upadłej hrywny, za sprawą którego wszystko na Ukrainie było dla nich, walutowców, praktycznie za darmo.

Dziewczyny rozmawiały z nimi po angielsku, a na boku, między sobą, po ukraińsku obrabiały im dupy. Zastanawiałem się, kto kogo bardziej wykorzystywał. Traktowały tych bladych zachodniaków jak ostatnich frajerów, a oni trochę to wyczuwali i wyglądali na dość przestraszonych. Ich auta na zachodnich rejestracjach stały równie przerażone na hotelowym parkingu. Daleko od domu, daleko od strefy Schengen, od autostrad za unijne, od ciepła brukselskich standardów, tutaj, w postapokalipsie, w wielkim i niemrawym udawaniu Zachodu, przez które to udawanie przeziera tatarskość, mongolskość, mordorskość, azjatyckość – na wskroś.

Zresztą, wszyscy tu ich traktowali z lekkim szyderstwem. Kelnerki szyderczo przynosiły im menu i szyderczo przyjmowały zamówienia. Lokalni faceci patrzyli na nich jak na robaki. Jak na chodzące worki pieniędzy wyciskane przez tlenione laski, które udawały, że śmieją się z ich żartów. Albo i nie śmieją.

– Co tu można robić interesującego, poza tym waszym spa i zwiedzaniem starego miasta? – pytał jakiś Niemiec recepcjonistki w hotelu. – I piciem, oczywiście. – Puścił jej oko.

– Pić jeszcze więcej – odpowiedziała bez cienia uśmiechu.

*

Hotel był w nowszej części miasta, niedaleko głównej ulicy, która wyglądała jak wszystkie inne główne ulice we wszystkich innych miastach na Ukrainie. Pięciopiętrowe bloki z białej cegły, kostka brukowa co parę metrów inna, zabudowane balkony i mieszczące się na parterach tych bloków biznesy typu firma „iCredit" oferująca *„kredyty hotiwkoju z dostawkoju dodomu, szwydko, łehko, zruczno",* albo salon mody damskiej „Glamour" oferujący *„odiah widomych switowych brendiw",* do którego dobudowano tarasik z ponurej kostki, pomalowanej jednak różową farbą. Albo salon mody męskiej z białymi, plastikowymi drzwiami i doklejonym do ściany zdjęciem młodzieńca w stylu *Wywiadu z wampirem* czy Doriana Graya z *Ligi niezwykłych dżentelmenów,* którego oblegają dookoła piękne dziewczyny i który patrzy na świat niby spod demonicznie ściągniętych brwi, ale w gruncie rzeczy spode łba. Pod spodem nazwa sklepu, „Voronin", pisana takim liternictwem, jakim w latach osiemdziesiątych opisywały się kapele metalowe. Czar ruskiego, dzikiego, ale z klasą, czar białej carskiej emigracji, pijącej najlepszą wódkę i strzelającej do kryształowych żyrandoli i luster, porucznik Galicyn ukąszony przez wampira Lestata, a wszystko pod plastikową rynną, na parterze radzieckiego bloku z białej cegły, pod balkonami przerobionymi na letnie sypialnie i składy konfitur na zimę. Na nienawidzącej chwilowo Rosji Ukrainie.

Tak więc to tutaj biło serce miasta. Bo do starego miasta nikt poza turystami nie chodzi.

*

Tak mówiła Tamara, z którą spotkałem się w hotelowej restauracji.

– Nie ma – mówiła – po co chodzić do starego miasta. Zresztą – dodawała – stare miasto i tak wygląda lepiej z zewnątrz niż od środka.

Tamara była miejską aktywistką i filozofką. Przyszła ubrana w postrzępione krótkie rybaczki, czarne pończochy i podkoszulkę na ramiączkach. Miała dość groźne, grubo rysowane brwi, które widać było najpierw, a dopiero później – Tamarę. Nie wiadomo by było, szczerze mówiąc, czego się po tych brwiach można spodziewać, gdyby nie łagodne oczy, które rozładowywały te brwi tak, jakby rozładowywały pistolet.

Tamara pochodziła ze Lwowa, ale przyjechała tutaj, na Podole. Mieszkała tu na wsi. Ma święty spokój, mówiła, ogródek, rozmowy z sąsiadami i olewkę na to, na co nie ma się wpływu.

Piliśmy kawę i patrzyliśmy na miasto. Na ulicę, którą smutno, jak niewolnicy, przeciągały zakurzone samochody przygonione tutaj z Niemiec. I cwaniacko wyglądające auta z byłego Związku: łady, czasem jeszcze jakieś wołgi, rzadziej moskwicze. Te radzieckie i poradzieckie wyglądały wśród tych zachodnich jak urki.

– Lubię – mówiła – obserwować Kamieniec. To Ukraina w pigułce. Wszystko tutaj jest. Całe ukraińskie społeczeństwo. Widać wszystkie procesy jak na szkolnym modelu. Skorumpowane władze, korumpujący ich biznesmeni, nieliczni aktywiści i pasywna masa... No i też to – dodawała – że tutaj tak samo jak i gdzie indziej nic się po Majdanie w gruncie rzeczy nie zmieniło. Jak brali, tak biorą, jak dawali – tak dają. Władze jak były niekompetentne – tak są. Władza to po prostu przefarbowana opcja projanukowyczowska, ludzie z dawnej Partii Regionów, którzy po rewolucji udają nowoczesnych, prozachodnich demokratów. A udają, bo to prostsze, niż rozmontowywać korupcyjne schematy. Przecież to wszystko sięga głęboko, głęboko w dół. Przecież Majdan mógł strącić głowę temu całemu korupcyjnemu systemowi, ale nie zmienić całe ciało. A władza jest groteskowa. Jakiś czas temu namalowali na ulicy czerwono-białe pasy dla pieszych. Rozumiesz – nie po prostu białą zebrę, tylko na przemian: białe i czerwone. „Europejskie". Rany, ile było chwalenia się. Do internetu wrzucali zdjęcia, puszyli się po lokalnych mediach. Pasy na jezdni! – Tamara się roześmiała, popukała w głowę i upiła łyk cappuccino. – Na fejsa wrzucili, bo oni są nowocześni i tacy europejscy, i mają PR na Facebooku.

Tamara poskrobała po telefonie i pokazała mi. Był to profil Serhija Babija, p.o. przewodniczącego Rady

Miejskiej w Kamieńcu. Faktycznie – na zdjęciu widniały pasy. Białe i czerwone. Szło po nich dwóch chłopaczków i jedna dziewczyna. Za ich plecami rozciągało się gigantyczne targowisko.

„KOLOROWE PRZEJŚCIE DLA PIESZYCH!" – wrzeszczał podpis pod zdjęciem. I dalej: „Mer Kamieńca Podolskiego, Simaszkewycz M. E., polecił władzom miejskim pilnie zająć się bezpieczeństwem na pieszych przejściach w mieście. Na naradzie zarządu miasta porozumiano się w sprawie nowego projektu »Przejście dla pieszych«, jaki przewiduje odnowienie drogowego oznakowania na wszystkich skrzyżowaniach miasta. Przy czym w centralnych rejonach miasta przejścia dla pieszych będą wykonane w dwóch kolorach: białym i czerwonym. Dziś, w rejonie głównego bazaru, wykonane były przez miejskiego podwykonawcę, Miśkliftswitło (dyrektor – Wołodymyr Kryłow). Wyglądają dosyć ładnie i są dobrze widoczne zarówno dla pieszych, jak i kierowców".

– Aha – powiedziałem.

– No – odparła Tamara. – To już rozumiesz.

– No rozumiem – odpowiedziałem. – A dużo ci podwykonawcy z firmy Miśkliftswitlo pod przywództwem dyrektora Wołodymyra Kryłowa wykonali tych kolorowych przejść dla pieszych w ramach projektu „Przejście dla pieszych"?

– Jedno – powiedziała Tamara, wyłączając telefon. – Już się starło. Albo – podjęła – aktywiści chcą dróg rowerowych. Władza, żeby pokazać, jaka jest europejska, powołała wcześniej rowerowe patrole, to wszyscy myślą: pewnie zrobią też drogi rowerowe. Zrobili:

władze namalowały farbą linię – czyli jest, powiedzmy, droga rowerowa. Piszą o niej w gazecie, chwalą się. Droga rowerowa ma pięćdziesiąt metrów i kończy się na słupie. Bydło z drogich samochodów parkuje na tych drogach rowerowych. Aktywiści, oburzeni, piszą o tym na Facebooku i powiadamiają rowerowy patrol milicji, że nie ma po czym na rowerach jeździć. Patrol rowerowy podjeżdża, gada chwilę z kierowcą, który źle zaparkował, i jedzie dalej, bo oni nie są drogówką i mandatów wystawiać nie mogą. Ale „droga rowerowa" jest, i władza się nią chwali, i wszyscy myślą, jakie to tam w Kamieńcu zajebiste merostwo.

– No a nie można zadzwonić po drogówkę? – spytałem.

– Można – Tamara upiła łyk cappuccino – powodzenia.

*

Taksówkarz parkował na ścieżce rowerowej.

– Aaa, kurwa – powiedział – na czym stoję? Na ścieżce rowerowej? Kurwa, w życiu tu człowieka na rowerze nie widziałem. Jakie, kurwa, ścieżki rowerowe? Wsiadasz czy nie wsiadasz?

*

Truskawiec wyglądał jak Dubaj. No, Dubaj-Zdrój. Nie poznawałem tego miejsca. Byłem tu dość dawno temu, a wtedy to miasteczko było tylko obudowanym betonem trupem swojego dawnego uroku. Ale teraz – mój Boże. Świeciły się hoteliska jak transatlantyki teleportowane między te karpackie pagórki. Wielkie, z błyszczącymi nazwami, rozświetlone, oświetlone, podświetlone. Wszystkim, tylko nie oknami, bo gości, sądząc po wielkich ciemnych plamach na fasadach, zbyt wielu nie było. W ogóle to świetliste, to wielkoświatowe – było tylko na górze. Na dole, na ulicach – pustka i wilgotna ciemność. Wyglądało to wszystko dość porządnie. Mała oaza ukraińskiej stabilizacji. Czasem przemknęło parę osób. Jakieś parki najczęściej, najczęściej młode, trzydzieści parę lat. Kręciłem się po tych kilku ulicach na krzyż i nie wiedziałem, gdzie szukać noclegu. Wszystkie te gigantyczne hoteliska wyglądały na cholernie drogie, nawet przy kursie hrywny, która wtedy mocno zaryła pyskiem w glebę. Znalazłem w końcu jakiś niewielki hotelik. Niewielki i sympatyczny dość. Wyglądał trochę jak z gotyckiego horroru kręconego w latach dziewięćdziesiątych w Europie Wschodniej, gdzie cała posępność otynkowana jest tandetnie i wyłożona płytkami PCV, gargulce pomalowane na różowo, a rzygacze zamienione na plastikowe rury.

A facet w recepcji wyglądał jak karpacka wersja Frankensteina. Zajmował się głównie ignorowaniem rosyjskojęzycznych chłopaczków, które chciały oglądać jakiś mecz w świetlicy, ale ciągle coś było nie tak: a to za cicho, a głośniej się nie dało, a to szum, a to coś tam. Oni do niego mówili po rosyjsku, takim ciężkim, tłustym rosyjskim, a on odpowiadał im suchym, żylastym ukraińskim. Od niechcenia i od czasu do czasu. Oni mu dwadzieścia słów – on im jedno. Oni mu dziesięć – on im pół.

Dał mi ciężki klucz do pokoju i zapadł w odrętwienie jak wampir w trumnę.

*

Andrij jakiś czas temu przeniósł się z Drohobycza do Truskawca. Spokojniej tu, mówił, a jemu się dziecko urodziło. Gdzie jest lepszy klimat dla dziecka niż kurort, mówił. A jak coś, to do Drohobycza, do znajomych – kilkadziesiąt hrywien taksówką. Andrij zabrał mnie na piwo. Miałem ochotę na jakąś obskurną mordownię, gdzie można było się najebać wódką pod śledzia i odpalać szluga od szluga, ale nic takiego w okolicy Andrij nie znał. Nie te czasy, mówił, patrząc na mnie z lekkim politowaniem. Zamiast tego poszliśmy do utrzymanej w pastelowej tonacji knajpki, w której mieli piwa z całego świata i miseczki z orzeszkami zamiast popielniczek. Zajarać trzeba było wychodzić, wychodziłem więc i paliłem, patrząc na pomnik Stepana Bandery, którego było mi trochę szkoda. Stał, biedak, pośrodku reklamowego szumu tak samo jak nasze Kościuszki i Piłsudskie i patrzył ze smutkiem na państwo, które tak bardzo chciał stworzyć i które trochę mu się jednak wymknęło spod kontroli. Budynki dookoła były ni z gruszki, ni z pietruszki. I od Sasa do Lasa. Pomarańczowe ściany, zielone półkoliste dachy, okna zwężające się ku dołowi. Bandera na pomniku miał dziwaczne, przerażające, długie, wielkie, wampirze dłonie. Krawężniki pomalowane były na biało. Skiepowałem papierosa i wróciłem do pastelowego wnętrza knajpy, w której dawali wszystkie piwa świata.

Andrij mówił, że te wszystkie cuda, to wszystko nabudowane – to za donieckie albo rosyjskie pieniądze. Przed Majdanem, mówił, ostro tu inwestowano. Potem jakoś zelżało. No i Rosjanie przestali przyjeżdżać, mówił, popijając piwo i pogryzając orzeszki.

— To znaczy: przyjeżdżają jeszcze czasem, ale teraz to się boją, że my im tu będziemy tryzuby na czołach rezali. Taka tam u nich propaganda.

Przez chwilę siedzieliśmy w milczeniu. Ten sam mecz, który rosyjskojęzyczne chłopaczki chciały obejrzeć w moim najtisowo-gotyckim hotelu, tu leciał na wielkiej plazmie na ścianie. Co chwila przy sąsiednich stolikach podnosił się rwetes: albo wrzask radości, albo buczenie. Popatrywaliśmy na ekran. Zielono-białe spodenki, żółte koszulki, bieganina. Jedliśmy orzeszki.

— Może — powiedziałem — odstręcza ich Stepan Bandera na placyku przed knajpą? I napisy „Prawy Sektor" na ścianach.

Andrij machnął ręką.

— Przecież to tu zawsze było — odpowiedział — i nikt się nie przejmował.

— Prawego Sektora nie było.

Andrij sięgnął po orzeszka, zjadł, po czym znów machnął ręką.

— Prawy Sektor... — powiedział z niechęcią. — A wiesz — spytał — że ja znam Jarosza ze studiów jeszcze? Bo on, jak ja, studiował w Drohobyczu. O, jaki to był fajny chłopak, choć ze wschodu, z Dnieprodzierżyńska. A wschód to jednak coś zupełnie innego niż my. Nie trzeba aż do Dnieprodzierżyńska jechać, żeby zobaczyć, już za Zbruczem jest inaczej. A ten Jarosz — w porządku był. Ja nie wiem, co mu potem się stało.

Zupełnie tu było inaczej niż dawniej. Kiedyś tu, pamiętam, przyjechaliśmy – i wieczorem nie było jak wyjechać, bo ostatnia marszrutka do Lwowa odjechała. Chodziliśmy po domach w okolicy dworca i pytaliśmy ludzi, czy ktoś by nas nie odwiózł za jakąś kasę, ale była niedziela i wszyscy mówili, że już są po kielichu. Było lato, więc pamiętam nagie torsy i bose stopy wsunięte w kapcie, metalowe bramy domów pociągnięte łuszczącą się farbą i fajerwerki zieleni na podwórzach. I atmosferę prowincjonalności. I brak spójnej zabudowy. Owszem, był deptak, po którym dzieci jeździły na wynajmowanych samochodzikach, nie pamiętam, czy już elektrycznych, czy jeszcze na pedały. Nikt nie chciał nas zabrać, spaliśmy więc w końcu w przydworcowym hoteliku. Siedziałem na parapecie okna i paliłem papierosy, popijając dżintonik za dżintonikiem. Do miasta nie było po co iść. Było czarne i puste jak podczas zaciemnienia przy ataku bombowym. Ci z nagimi torsami i w klapkach, którzy wypili, pili w dzień – a teraz już spali.

Teraz też było pusto. Świeciło się, błyszczało tu i ówdzie, reklamy i szyldy obrosły miasto jak rafa koralowa, ale na ulicach prawie nikogo. Wyglądało to trochę jak na tym rysunku Mleczki, na którym nagi facet, siedzący pośród zastawionych stołów, mówi zmartwiony do słuchawki: „Zorganizowałem orgię, ale nikt nie przyszedł". Te wszystkie neony nie miały dla kogo świecić, reklamy nie miały komu wciskać reklamowanego towaru.

Wracałem uliczkami tego pustego Dubaj-Zdroju dość przybity, przysnułem się do swojego hotelu z najtisowego horroru, minąłem zasuszonego za kontuarem wampira, otworzyłem ciężkim kluczem ciężkie, drewniane drzwi i zapadłem w ciężki sen.

*

Rano przed urzędem miejskim wystawał spory tłum. Niby zanosiło się na to, że ludzie będą szturmować drzwi, bo pokrzykiwali, przeciskali się, wygrażali rękami, falowali – ale jakimś cudem ta fala, jak oddzielona od budynku niewidzialną szybą, nie wylewała się na niego. Wszystko odbywało się trochę chaotycznie. Ktoś zaintonował „Szcze ne wmerła" – ale nikt nie podjął. Ktoś krzyknął – „Sława Ukrainie!" – niby wszyscy odkrzyknęli „sława bohaterom", ale jakoś niemrawo, instynktownie. Każdy krzyczał swoje. „Oszuści", „zabieracie nam chleb".

– Was też oszukali? – spytał mnie dość obojętnie jakiś facet, który stał obok, wysoki, dziwacznie przypominający George'a Clooneya w takiej wersji historii, w której Clooney rodzi się w obwodzie lwowskim na Ukrainie, po czym, nie czekając na odpowiedź, dodał, kręcąc głową: – To miasto jest bankrutem.

*

Ludzie protestowali przeciwko zwolnieniom u największego pracodawcy w Truskawcu – firmie Truskaweckurort, potentatowi lokalnego rynku. Do Truskaweckurortu należą jedne z największych hoteli, sanatoriów i kompleksów medycznych. Szefowie firmy uznali, że w czasie wojny nie należy spodziewać się zbyt wielu klientów z krajów tradycyjnie najczęściej odwiedzających Truskawiec, czyli Rosji i Białorusi, i wprowadzili cięcia budżetowe. Na bruk miało pójść ponad półtora tysiąca ludzi.

— Ludzie już od dawna nie dostawali pieniędzy — opowiadał George Clooney, zapalając papierosa. — A jak dostawali, to takie, że śmiechu warte... a wie pan, jak teraz stoi hrywna. Ale protestować nie było co. Słyszało się zawsze to samo: nie podoba się? Na wasze miejsce jest stu innych. A przecież tam całe rodziny pracują często w tym Truskaweckurorcie.

— Znacjonalizować Truskaweckurort! — krzyknęli ludzie, w końcu zdecydowawszy się na wspólne hasło. Do protestujących wyszedł jakiś bardzo krótko ostrzyżony facet z bardzo poważną miną i próbował coś mówić, ale go zakrzykiwano.

Dookoła nich szczerzyły się te wszystkie neony, dobrze, że w dzień wygaszone.

*

Szedłem w stronę deptaka. Minąłem parę, która fotografowała się pod pomniczkiem papieża Iwana Pawło II. Byli co prawda rosyjskojęzyczni, ale oboje nosili dresy ukraińskiej reprezentacji olimpijskiej. Podszedłem zapytać, skąd są. Z Odessy. Jan Paweł II był dla nich egzotyczny. Element zachodniej cywilizacji na zachodzie Ukrainy. Musieli tu, w Truskawcu, się czuć tak jak Izaak Babel, też z Odessy, kiedy z Armią Czerwoną przekroczył granicę dawnej austriackiej Galicji i wszędzie szukał śladów „Europy".

Na głównym deptaku wrzało, ale nie od ruchu turystycznego bynajmniej. Wrzało w powietrzu, bo próbowały się przekrzyczeć melodie ryczące jednocześnie z kilku knajp. *Killing Me Softly* z jednej, a z drugiej jakaś dziwna, trochę przypominająca disco-polo wersja *Naływajmo brattia*. Z miejskiego radiowęzła huczały jakieś reklamy. „Ciepło ci? Oni wojują w chłodzie i głodzie" – wzbudzała poczucie winy jakaś kampania społeczna. Przy ogródku jednej z kawiarni stały drewniane armaty z wyrzeźbionymi na lufach tryzubami. A w ogródku – siedziało spore chłopisko w dresowej bluzie z wyszytym na plecach wielkim smokiem. Chłopisko wyglądało na takie, że jak coś, to potrafi nie tylko piszczel przestrzelić, ale w palcach ją złamać jak zapałkę, było jednak jakieś smętne i zamyślone. Z melancholią w oczach patrzyło na truskawiecki deptak, a w końcu wstało, westchnęło, przyzwało gestem kelnera, wręczyło mu sto hrywien, nie chciało reszty i poszło.

Usiadłem. Zerknąłem w kartę. Przy daniach były zdjęcia. Pod pieczonym prosiakiem wyglądającym jak ofiara pożaru napisano po angielsku „*piggy*". Było drogo jak cholera, ale w innych knajpach dudniło głośnym basem, więc wziąłem kawę. Piłem i też mi się robiło smętnie. Podszedł jakiś staruszek, podniósł do oczu menu i kartkował przez chwilę, wpatrując się uważnie przez grube szkła i krzywiąc usta. W końcu rzucił kartę na stolik z taką pogardą i nienawiścią w oczach, jakiej dawno nie widziałem.

– Przecież to się nie mieści w głowie! – krzyknął pod adresem wszystkich siedzących w ogródku. – Kogo na to stać! Przecież to jakieś żarty! Czy wy sobie zdajecie sprawę, czego dożyliśmy? Czy wy sobie zdajecie sprawę?

Potem się uspokoił, poprawił rozchełstaną koszulę, odchrząknął i poszedł dalej, odprowadzany skrzywionym wzrokiem kelnera, który na odgłos krzyków stanął w drzwiach. Tak, wzrok miał skrzywiony, ale chyba zdawał sobie sprawę, jakich czasów dożył, choć innych raczej pamiętać nie mógł. Ale zdawał sobie sprawę. Wszyscy sobie zdawali sprawę. Tylko że on się już raczej nie dziwił, bo jemu nikt nie mówił, że istnieje sprawiedliwość i coś innego niż postapokalipsa. No, poza starymi i księdzem w kościele, ale kto, kurwa, słucha starych i księży.

*

Po mieście kręciło się trochę wojskowych urlopowanych z Donbasu. Kręcili się wśród tej radosnej, zachodnioukraińskiej zieleni i sami nabierali kolorów. Niektórzy byli w dresach, niektórzy o kulach. Pod wielkim hoteliskiem, pustym jak hotel Panorama z *Lśnienia* Stephena Kinga, stała jakaś dziwna rzeźba-instalacja przypominająca kule od łożyska powiększone kilkaset razy. Na murku pod nimi ktoś nakleił kartkę, na której w językach ukraińskim, rosyjskim i angielskim umieszczono groźbę, żeby pod żadnym pozorem tam nie siadać.

Na deptaku rozłożył się fotograf, który na poczekaniu robił fotomontaże z przywódcami różnych krajów świata. Byli to wyłącznie przywódcy państw poradzieckich. Nazarbajew z Kazachstanu, Łukaszenka z Białorusi, Alijew z Azerbejdżanu. Co ciekawe, nie było Saakaszwilego. Kawałek dalej trwała promocja na nagrobki. Z gwarancją. Na innym plakacie, jakiegoś sklepu z ciuchami, zamieszczono szczęśliwą rodzinę. Każdy członek rodziny był wycięty z innego zdjęcia i zestawiony z pozostałymi zupełnie na chama.

*

To był koniec świata. Tak wyglądają końce świata. Zielono, przyjemnie, pusto i poczucie ulgi.

Dalej, niedaleko, była już granica, a za granicą – Polska i polskie Bieszczady.

Wioski maleńkie, rozwłóczone, małe domki kryte eternitem.

Babcie smagłoskóre, w ciemnych chustkach. Chłopy w czarnych, niezgrabnych butach. Wszyscy stąpali po stężałym błocie. Jesienią, zimą i wczesną wiosną te drogi muszą być nieprzejezdne przez wszystko, co nie jest radzieckie. Młode chłopaki ostrzyżone krótko szły gdzieś przez te wsie ciężkie, czasem z plastikowymi torbami w dłoniach, jeden z napisem „BOSS", drugi z napisem „FASHION", trzeci z jeszcze innym. Szczupli, ubrani w obcisłe, w podrabianych najkach airmaxach.

Wszędzie – na blaszanych dachach walących się przystanków, na koślawych prętach mostów – żółto--niebieskie narodowe malowanie. I, gdzie się da – a to Kozak wąsaty, czubaty, a to bojec z karabinem, w mundurze, a to Niebiańska Sotnia z Majdanu, w kominiarkach, ze zdobycznymi berkucińskimi tarczami, przy pałach i prętach, z mołotowami.

I napisy – „sława Ukrainie", „sława bohaterom", „sława nacji", „szcze ne wmerła". Na rozkraczonych przystankach, na walących się ścianach, na rozpadających się mostach.

Kraj – partyzant. Kraj – który sam zainstalował sobie upadek, sam spuścił sobie wpierdol, a teraz chciał się z tego wszystkiego wydobyć. Trochę jak Münchhausen, ciągnący się za własne włosy.

*

Po drodze jechało się różnie, ale rzadko szybciej niż pięćdziesiąt. Już pięćdziesiąt to często było ryzyko. To znaczy – były miejsca, gdzie i do osiemdziesiątki udawało się rozbujać, ale dobre trzeba było mieć oczy, bo tutaj rozpadliny w asfalcie lubiły się pokazać w ostatniej chwili. I pozostawało wtedy rozpaczliwe „kurwaaaa", warczane w pędzie, noga na hamulec do samego końca, bujanie, podskok, i drugie „kurrrrwa", soczyste i z dociskiem, z myślą, czy resory i osie nie pójdą. No więc lepiej się było nie rozpędzać.

A potem w ogóle się asfalt skończył i to była ulga, bo wykroty w asfalcie ostre, zadzierzyste, a na gruntówce – łagodne, falujące.

*

Starszy facet, wyglądał na jakieś siedemdziesiąt lat, stał na poboczu przy przystanku we wsi Jawora. W burokawowym płaszczu i ciemnym berecie, pod pachą trzymał coś zawiniętego w reklamówkę. Zatrzymałem się, otworzył drzwi, nachylił się:

– Chrystus zmartwychwstał – huknął do środka, jakby strzelił z nadmuchanej torby.

Jechał do Turki, to na mapie niedaleko, ale po tej drodze to jednak trochę jest. Umościł się na siedzeniu, wiercił się, był wielki, baleronowaty taki, z wyglądu trochę przypominał Janukowycza zrobionego z krojonej wędliny, mówił, że uciekła mu marszrutka i że miał już iść na piechotę, ale na szczęście się napatoczyłem. Rzucił na deskę rozdzielczą banknot pięciohrywnowy i ani nie chciał słyszeć, że nie trzeba, bo ja i tak do Turki.

– Świeczkę – mówił – zapalicie w cerkwi.

Jechaliśmy przez las, omijając wykroty, a on opowiadał o broni jądrowej. Że Ukraina miała, a oddała, głupia, pod naciskiem świata. A jakby sobie zostawiła, toby przecież zupełnie inna rozmowa była. Ani NATO, wywodził, by nam nie było potrzebne, ani Rosja. A z Rosją w ogóle, mówił, byłby spokój.

Później znów zaczęły się zabudowania, wyszli ludzie na ulice, psy obszczekiwały koła, znów stężałe błoto i żółto-niebieskość po przystankach poliszajowionych, po koślawych płotach, a facet opowiadał o broni jądrowej i o tym, że do cerkwi coraz mniej ludzi chodzi. On działacz cerkiewny, on wie, jak było dawniej i jak jest teraz, jego to smuci. I dalej: o masonerii, o światowym żydostwie, o tym, że nie wiadomo, kto gorszy, czy Zachód, czy Putin. Chciałem się wtrącić w ten monolog, ale nie miałem pomysłu, z której strony się wciąć, gdzie wbijać otwieracz, więc milczałem i omijałem dziury w drodze, a on po raz kolejny zaczął opowiadać o broni atomowej, o jakimś batiuszce z kościoła w Turce, który jest bardzo mądrym człowiekiem, i o swoim pochodzeniu. O tym, że jego ojciec był Polak, matka Niemka, a on sam – zaśmiał się i klepnął otwartą dłonią w kolano – Ukrainiec na sto procent.

– A skąd pana matka, Niemka – wtrąciłem się w końcu – tu się wzięła? W tych górach?

– A to – powiedział – efekt bardzo mądrej polityki Austriaków, bo – wywodził – zanim tu Austriacy przyszli, to lokalni prawie jak półzwierzęta żyli, ledwo co jaką sosnę ścięli na chałupę, ziemię uprawiali tak, jak się ją uprawiało przed chrztem Rusi, a tak to Austriacy sprowadzili niemieckich osadników, słowem: przyszli Niemcy i coś tam tępym ludziom jednak wytłumaczyli. – Chwilę pomyślał, po czym stwierdził, że jednak też jest trochę Niemcem. Po mamie. *Rasse*, powiedział, *ist Rasse*. *Blut ist Blut*. No, ale bardziej jednak Ukraińcem.

Puszczałem sobie akurat Laibacha z komórki.

– Świeczkę zapalcie – powiedział, jak wysiadał, wskazując na pięć hrywien na desce rozdzielczej. – Pamiętajcie. Chrystus zmartwychwstał.

Wyłączyłem Laibacha, włączyłem radio. Ktoś mówił coś o „ukraińskim genotypie".

*

Zmartwychwstał, bo to były okolice greckiej Wielkanocy, niektórzy w Turce chodzili w wyszywanych koszulach, na to puchowe kurtki z targu, podróby adidasa i najka, tureckie, chodzili tam i z powrotem po bruku, który położono jakieś dziesięć lat temu i który kruszał i krzywił się niemiłosiernie.

Turka, koniec świata, mówili mi znajomi we Lwowie i Drohobyczu, małe gówno na końcu świata. Dalej już nic nie ma. To znaczy – Polska jest. Ale przejścia nie ma.

Do Turki, opowiadał jeden kolega, jeździło się z plecakami, teraz to młodzi, opowiadał, pewnie już nie jeżdżą, nie te czasy, ale my jeździliśmy. W Karpaty, magia, rozumiesz, góry, tajemnica, Bojkowie, a też ta granica niedaleko, bliskość obcego świata to ciekawa sprawa była. No i przyjeżdżamy do tej Turki, jakimś tam samochodem byliśmy kolegi, a tu nam jeden lokalny jak nie przyjebie z boku ładą! I długa. Ucieka. Ledwie zapisałem, opowiadał, numery, a tu z drugiej strony – jak nam inny nie przypierdoli! I też długa. To my, mówił, na posterunek milicji, pokazujemy te zapisane numery, milicjant mówi ochoczo, że on już tym draniom nie popuści, że on ich tu nauczy moresu, że na jego rewirze takie rzeczy to nie mają prawa odchodzić. Sprawdza te numery – i smutnieje nagle. Słuchajcie, mówi z żalem, ale ja tu nie mogę nic zrobić, bo jeden to mój szwagier, a drugi to taki jeden kolega. My tu się wszyscy znamy, tłumaczy się, rozkładając ręce.

*

W Turce naprawdę widać było koniec świata. Dworzec autobusowy wyglądał mniej więcej tak, jak wyobrażam sobie dworce autobusowe w Peru: beton, sucha ziemia i ludzie o ciemniejszej nieco karnacji niż jeszcze kawałek dalej. Bojkowie, mówiący ruskim narzeczem potomkowie Wołochów, którzy przyciągnęli tu, dawno, dawno temu, grzbietem Karpat, pędząc przed sobą swoje stada. Faceci mieli na sobie stare swetry, a kobiety – chustki na głowach. Niżej było już ciepło, a tu ciągle nagie drzewa i nieporadna trawa.

Ale centrum było schludne i przyjemne, tą cudowną, pozwalającą odetchnąć schludnością końca świata. Stała tam stara kamieniczka, która udawała secesję w dość nieporadny, prowincjonalny sposób, ale wyglądało na to, że był to jeden z największych zabytków miasteczka. Mieścił się w niej sklep z kawą, od którego pachniało na pół ulicy. Wszedłem do środka. Właściciel nudził się setnie. I w sklepie, i w mieście. Znał, mówił, wszystkich. Przynajmniej z widzenia. Napełnił mi biały, plastikowy kubeczek. Kawa była pyszna.

Kiedyś, za Sojuza, mówił, to było lepiej. Widziało się świat. Jeździło się, mówił, wszędzie. Do Lwowa, do Równego nawet. On był inżynier, to go wozili. W delegacje, na kontrole. A teraz... Machnął ręką. Nic, tylko ten sklep z kawą i sklep z kawą.

Napełnił mi drugi kubeczek, mówił, że na koszt firmy. Wyklinał Rosjan i wychwalał Sojuz. Potem przyszli inni. Zamawiali kawę, on nalewał im ją, w białe, plastikowe kubeczki nalewał. I wszyscy mówili o tym, że za Sojuza było lepiej. I wyklinali Rosjan.

*

W Turce wisiały plakaty informujące o śmierci Romana Motyczaka. Czterdziestopięciolatek, zginął w strefie ATO. Na czarno-białym zdjęciu Motyczak miał poważną twarz i nie bardzo wiedział, jak pozować. Co zrobić z rękami, jaką przybrać minę. Jego zdjęcie wyglądało trochę tak, jak wyglądają zdjęcia Indian z przełomu wieków. Na plakacie było też napisane, że „brał aktywny udział w Rewolucji Godności" jako członek 29. Sotni Bojkowskiej. Żona została sama z dwójką dzieci. Potrzebna pomoc.

Motyczak mieszkał we wsi Limna, po polsku Łomna. Dwa kilometry od polskiej granicy. Po drugiej stronie była pętla bieszczadzka i Lutowiska, które, o czym mało kto wie, przyłączone zostały do Polski dopiero w 1951 roku, a przez tych kilka powojennych lat w ukraińskiej SRR nazywały się Szewczenko. Do Donbasu było stąd ponad tysiąc kilometrów. Tyle samo co do Rzymu, do Szwajcarii, do francuskiej czy duńskiej granicy. A do Polski – dwa. Gdy wyjechałem pod górę i po gruntowej drodze zmierzałem w stronę Limnej, łapałem polskie radio. Ale tej Polski, która była przecież zaraz za górką – w ogóle tu nie było czuć. Nie było czuć, że za chwilę zaczyna się inny świat, choć czuć było wyraźnie, że jeden się kończy.

Kończył się pięknie. Wzgórza były zielone i przynosiły ulgę. Ten koniec świata przynosił ulgę. To, że się kończył. Że to już wszystko. Domy były drewniane, a płoty, by sobie ulżyć, ciążyły do domu. Wszystko nieco ciążyło. Ale nawet tu, nawet na końcu świata, nie było wytchnienia od narodu. Od Ukrainy. Nawet tutaj co się dało malowano na żółto-niebiesko, choćby stare szopy i stodoły.

Wieś była długa i cerkwi w niej kilka. Na początku, w środku, na końcu. Żeby dla każdego starczyło. Zatrzymałem się przy tej ostatniej, bo za nią, na pagórku, widziałem cmentarz.

Wysiadłem z auta, starając się nie podpaść stadu gęsi, które rzuciło się na mnie, wysuwając głowy. Zieleń, wydeptane ścieżki, zaschnięte błoto, drewno i pagórki. Znałem to wszystko. Z mojej, było nie było, dzikoeuropejskiej podświadomości, z dzieciństwa, nie wiem. Limna w każdym razie przypominała mi dzieciństwo.

*

Drewniana cerkiew była inna. Trochę obca, ale nie do
końca. Wychowywałem się w miejscach, w których
nie pachniało drewnem kościółków, tylko chłodnym
zapachem kościelnego kamienia i tynku. Ale reszta
była taka sama. Takie same wąskie ścieżyny między
kępami trawy, zielonej, aż oczy nabiegały łzami. Taki
sam żółty piasek przemieszany z kurzymi gównami
jak z plasteliną. Takie same płoty. Drewniane cerkwie
w moim świecie istniały prawie wyłącznie jako muzea,
jako część wystawy skansenów, do których chodziłem,
będąc dzieckiem, i gdy widziałem je w użyciu, ot
tak, normalnie – wydawało mi się to czymś nienaturalnym. Tutaj, przed cerkiewką, siedział jakiś wielki
facet i bawił się kluczami, wyglądał na dziwaka albo
trochę bożego wariata. Spytałem o księdza. Pokazał na pagórek. Na pagórku trwał pogrzeb. Właśnie
zaczęto śpiewać i ten śpiew niósł się ponad tymi
polami, ponad pagórkami, i wyobrażałem sobie, że
jakieś jego strzępki płyną też nad polskie Lutowiska,
w których z kolei w jakimś barze leci Kayah i Bregović
albo Muniek Staszczyk śpiewa o „zielonym Żoliborzu,
pieprzonym Żoliborzu".

Skinąłem głową kościelnemu i poszedłem w stronę
cmentarza. Starałem się nie zwracać na siebie uwagi,
ale obszczekiwały mnie zza płotów psy i żałobnicy
co chwila na mnie zerkali. Było mi wstyd, że odwra-
cam uwagę od osoby zmarłego i starałem się skurczyć,
zniknąć, stać się tak niewidzialny, jak tylko mogę –
ale w pół drogi zawracać nie miało sensu. Przy wejściu spotkałem jakąś staruszkę i szeptem spytałem

jej, gdzie leży Roman Motyczak. Pokazała mi grób pokryty żółto-błękitnymi kwiatami i flagami. Właściwie mogłem już do niego nie podchodzić. Chciałem po prostu zobaczyć, gdzie leży. Jak leży. Jak to jest leżeć na krańcu świata po tym, jak się zginęło za jego drugi kraniec. Jak to jest żyć tak blisko linii zmiany rzeczywistości, bo jakoś nie dawało mi spokoju, że gdyby w tym 1951 roku, przy zmianie granicy z ZSRR, komuś ręka nad mapą drgnęła, to Roman Motyczak mógłby teraz, dajmy na to, być polskim emigrantem w Londynie, szukać szczęścia w Warszawie, w Rzeszowie, może w Krośnie. A może po prostu w Łomnej. A Donbas byłby dla niego tak odległym światem jak Mombasa. Jak Limna dla ludzi z Lutowisk. Jak to jest dać się zabić za coś, co jest częścią wielkiego wyobrażenia, bo wszystkie te narodowe konstrukcje są wielkimi wyobrażeniami, złudzeniami, które w pewnym momencie stają się rzeczywistością, tak oczywistą, tak namacalną jak kula, która w ich imieniu leci i rozrywa skórę, kości, mięśnie, narządy wewnętrzne.

No ale gdy już tak daleko podszedłem – głupio mi było wracać. Wszyscy na mnie zerkali. Jak to tak – podejść pod bramę cmentarza, zapytać, gdzie kto leży – i wrócić. Czułem się niepoważnie, bo w gruncie rzeczy nie miałem pojęcia, czego chciałem od tego Motyczaka. Gdyby ktokolwiek mnie zapytał – nie byłbym w stanie odpowiedzieć.

Ale nikt nie pytał. Poszedłem na jego grób. Postałem chwilę, nie wiedząc, co robić z rękami, i czując na sobie spojrzenia żałobników, popatrzyłem na zielone,

zielone wzgórza dookoła. Zastanowiłem się, za którym z nich są Lutowiska, po czym wróciłem do samochodu, odprowadzany wzrokiem, śpiewem, szczekaniem psów i syczeniem gęsi.

*

– Dostał pod kamizelkę kuloodporną – mówił mi facet, którego zabrałem na stopa, jadąc z powrotem przez wieś. – Głupia śmierć.

Przez chwilę milczeliśmy. Facet miał podłużną jasną twarz i jasne włosy. Ubrany był na sportowo. Pochodził ze wsi obok. Zatrudniała go jakaś firma, energetyczna albo gazownicza, żeby spisywał stan liczników. Kręcił się więc po karpackich wioskach – i spisywał. Powinna zapewnić mu transport albo chociaż rower – ale nie zapewniła, więc łapał stopa. Poza tym nogę sobie skręcił jakiś czas temu – i utykał. Znał Romana Motyczaka. Razem na Majdanie, mówił, byli.

– Motyczak jeździł dawniej autobusem – opowiadał. – W wojsku też służył... poważny taki był zawsze. Rzadko się uśmiechał.

Gdy zamilkł, jechaliśmy przez dłuższą chwilę w milczeniu. Omijałem jamy w drodze. Żeby przerwać ciszę, spytałem, czy według niego coś się zmieniło po Majdanie.

– Gówno się zmieniło – powiedział facet. – Bieda, korupcja, to, co było. Ale jeśli trzeba, to wyjdziemy jeszcze raz. I jeszcze raz. I jeszcze raz. I tak do skutku.

– A co, jeśli to nie wystarczy? – wyrwało mi się. Popatrzył na mnie.

– W amerykańskich filmach – odpowiedział z uśmiechem – zawsze mówią: *„you can make it".* No to jak ma się nie udać.

Też się uśmiechnąłem. Wysadziłem go na skrzyżowaniu i pojechałem dalej, do Turki.

Oddalałem się od granicy i polskie radio słychać było coraz słabiej.

Nota edytorska

Fragmenty niektórych tekstów ukazały się wcześniej na łamach „Nowej Europy Wschodniej", „Polityki" oraz „Dziennikarzy Wędrownych".

Spis treści

Wydawnictwo Czarne sp. z o.o.
www.czarne.com.pl

Sekretariat: ul. Kołłątaja 14, III p., 38-300 Gorlice
tel. +48 18 353 58 93, fax +48 18 352 04 75
e-mail: mateusz@czarne.com.pl, tomasz@czarne.com.pl,
dominik@czarne.com.pl, ewa@czarne.com.pl, edyta@czarne.com.pl

Redakcja: Wołowiec 11, 38-307 Sękowa
e-mail: redakcja@czarne.com.pl

Sekretarz redakcji: malgorzata@czarne.com.pl

Dział promocji: ul. Marszałkowska 43/1, 00-648 Warszawa
tel./fax +48 22 621 10 48
e-mail: agnieszka@czarne.com.pl, dorota@czarne.com.pl,
zofia@czarne.com.pl, marcjanna@czarne.com.pl,
magda.jobko@czarne.com.pl

Dział marketingu: honorata@czarne.com.pl

Dział sprzedaży: piotr.baginski@czarne.com.pl,
agnieszka.wilczak@czarne.com.pl, urszula@czarne.com.pl

Audiobooki i e-booki: anna@czarne.com.pl

Skład: d2d.pl
ul. Sienkiewicza 9/14, 30-033 Kraków, tel. +48 12 432 08 52
e-mail: info@d2d.pl

Drukarnia Opolgraf SA
ul. M. Niedziałkowskiego 8–12, 45-085 Opole, tel. +48 77 454 52 44

Wołowiec 2015
Wydanie I
Ark. wyd. 11,2; ark. druk. 20,5